国家出版基金项目
NATIONAL PUBLICATION FOUNDATION

General Textual Research
on Dissemination of Editions of
Marxist Classical Works

马克思主义经典文献传播通考

杨金海　李惠斌　艾四林　主编

《反杜林论》钱铁如译本考

李　劲　著

辽宁人民出版社

图书在版编目（CIP）数据

《反杜林论》钱铁如译本考 / 李劲著. —沈阳：辽宁人民出版社，2021.1
（马克思主义经典文献传播通考 / 杨金海，李惠斌，艾四林主编）
ISBN 978-7-205-10130-5

Ⅰ. ①反… Ⅱ. ①李… Ⅲ. ①《反杜林论》—恩格斯著作研究 Ⅳ. ①A124

中国版本图书馆CIP数据核字（2021）第026447号

出版发行：辽宁人民出版社
地址：沈阳市和平区十一纬路25号　邮编：110003
电话：024-23284321（邮　购）　024-23284324（发行部）
传真：024-23284191（发行部）　024-23284304（办公室）
http://www.lnpph.com.cn
印　　刷：辽宁新华印务有限公司
幅面尺寸：160mm×230mm
印　　张：23.5
字　　数：290千字
出版时间：2021年1月第1版
印刷时间：2021年1月第1次印刷
责任编辑：郭　健
装帧设计：晓笛设计工作室　舒刚卫
责任校对：冯　莹
书　　号：ISBN 978-7-205-10130-5

定　　价：99.00元

马克思主义经典文献传播通考

出版委员会

本丛书研究得到“教育部哲学社会科学研究‘庆祝中国共产党成立百年’重大专项”资助

总序

呈献给读者的这套“马克思主义经典文献传播通考”，旨在立足于21世纪中国和世界发展的历史高度，对我国1949年以前马克思、恩格斯、列宁等重要著作的中文版本进行收集整理，并作适当的版本、文本考证研究，供广大读者特别是致力于深入研究马克思主义经典作家原著的读者阅读使用。计划出版100种，4年内陆续完成编写和出版工作。

一、“马克思主义经典文献传播通考”概念界定

“马克思主义经典文献传播通考”在我国学术界是一个全新的概念。之所以这样说，是因为过去从未有人用过这一术语，甚至未曾有过这一理念。在我国学术界，对中国传统经典文献的考据乃至通考性的整理研究并不鲜见，包括对儒、释、道等经典的通考性整理研究成果十分丰富，但对近百年来中文版马克思主义经典文献的考据以及整理性研究只是近年来才逐渐为人们所认识，至于在此基础上的通考性整理研究还几乎没有进入人们的视野。所以，首先有必要对这里所说的“马克思主义经典文献传播通考”这一概念

的含义进行说明。

第一，这里所说的“马克思主义经典文献”，主要是指中文版的马克思、恩格斯、列宁的著作，斯大林的重要著作也适当列入。这些经典文献在中国的翻译传播，如果从1899年初马克思、恩格斯的名字和《共产党宣言》的片段文字传入中国算起，迄今已有120年时间，而且经典著作的翻译传播今天仍然在进行中。但为了工作方便，我们这里主要收集整理1949年以前的经典文献。原因是中华人民共和国成立后的经典著作翻译成果比较系统、完整，又使用比较标准的现代汉语，翻译术语也比较一致，在可见的时间内不需要进行深入的考证说明，同时我们人力有限，也无力做如此浩大的经典文献整理研究工作，只好留待后人去做。再则，这里所列入的主要是比较完整的经典著作文本，不包括片段译文文本，因为这些片段译文太过繁多复杂，我们也无力进行全面的整理研究。当然，个别十分重要的片段译文，也会在考据说明中论及，有的还会附上原文或部分原文。但总体说来，片段译文整理研究工作，也只能留待后人去作分门别类的整理研究了。

第二，这里所说的马克思主义经典文献“传播”，主要是指上述经典文本的翻译、出版，有时也会涉及学习、运用这些著作及其社会影响的情况。这些经典文献在我国的片段翻译传播从清末就开始了。其中，中国资产阶级改良派、革命派等都做过一些工作，但那时人们只是把马克思主义作为西方学术思潮之一来介绍，并没有自觉地把它当作指导中国社会发展的思想来研究运用。真正自觉把马克思主义作为指导中国革命的思想是十月革命之后的事。毛泽东曾经说过：“十月革命一声炮响，给我们送来了马克思列宁主义。”[①]正是从这个意义上说的，是完全正确的。也正是在这个意义上说，李大钊是马克思主义中国化的第一人。在李大钊的引领下，五四新文化运动期间，马克思主义经典文献在中国的翻译传播形成了高潮。在这一时代大潮的推动下，1920年8月，陈望道翻译的《共产党宣言》完整中文译本在上海出版，这是我国历史上第一本完整的中文版马克思主义经典著作，从此开始了大量翻译马克思主义经典著作的历程。特别是1921年中国共产党成立后，我们党更加自觉地有组织、有计划地翻译经典著作。在土地革命战争、抗日战争、解放战争期间，在十分困难的条件下，这一工作始终没有停止。特别是在延安时期，于1938年5月5日马克思诞辰纪念日，中共中央成立了“马列学院”，其主要任务之一就是翻译马列经典著作。以此为阵地，我们党所领导建立的马克思主义翻译和理论研究队伍做了大量工作，到1949年中华人民共和国成立前，主要的马克思主义经典著作中文文本基本上都出版了。同时，在国民党统治区和日伪军占领区，很多进步人士和出版机构特别是三联书店，为马克思主义经典著作的翻译出版作出了重要贡献。设在苏联的莫斯科外国文书籍出版局的中文部为翻译出版中文版马克思主义经典著作作出了特殊重要的贡献。我们这套丛书就是要系统地反映经典著作翻译传播的这一历史过程。同时，也适当反映学习、运用马克思主义理论的历史面貌。

第三，这里所说的马克思主义经典文献传播“通考”，主要是指对上述经典文本的考据性整理和研究。文献考据或考证研究是中国学者作

① 毛泽东：《论人民民主专政》，载《毛泽东选集》第四卷，人民出版社1991年版，第1471页。

学问的优秀传统，也是中国学术的一个显著特点。比如古代的经学研究，一定要作相关的文字学、训诂学、版本学、辨伪学、音韵学等的考证研究。没有这些考证工作，得出的结论就靠不住。我们力求继承这个传统，同时，借鉴现代文献学研究方法，来从事马克思主义经典文献传播研究。按照古今文献考据方法，我们将深入考证研究马克思主义经典著作等文献传入中国的各个方面、各个环节，包括文本考据、版本考据、术语考据、语义考据、语用考据、辨伪考据、人物事件考证等。(1) 文本考据是对经典著作文本的翻译以及文本内容进行考证研究。如对《共产党宣言》1949年前多个中文版本的翻译情况进行考证并进行各个文本内容的比较研究，考证前人对有关重要思想理解的变化。(2) 版本考据是对经典著作等文献的出版性质和版次的考证研究。如《共产党宣言》的某个中文译本是否一个独立译本、是第几次印刷等，都要考证清楚。(3) 术语考据主要是对经典著作中的重要概念、术语以及人名、地名的考证研究。如“社会主义”这个概念在历史上曾经有多种译法，这就需要考证清楚。(4) 语义考据是对概念含义变化的考证研究。如对“社会主义”的理解在历史上曾经多种多样，需要考证清楚。(5) 语用考据是对概念的运用和发展的考证研究。(6) 辨伪考据是对有关文献的真假进行考证研究。如有的文章不是马克思写的，而被误认为是马克思写的，后来收入了《马克思恩格斯全集》中文第一版中，这就需要澄清。(7) 人物事件考证是对翻译者、传播者以及相关事件等进行考证，以期弄清经典文献翻译出版的来龙去脉。进一步讲，每一类考据又有很多种具体研究工作。如文本考据，包括中外文的文本载体形式研究、文本内容类别研究、文本收集典藏研究、文本整理利用研究、经典作家手稿研究、翻译手稿比较研究、文本研究的历史发展概况研究等。一句话，要做到“辨章学术，考镜源流”。这样，我们的文献考证工作才能做扎实。

同时，还力求借鉴西方解释学的方法，对有关重要概念作更深入的考证研究。既要对某一概念作小语境的考证，即上下文考证，又要作大语境考证，即对当时人们普遍使用此类术语的情况以及当时的历史文化背景作考证研究。进行这些考据工作很有意义，但绝非易事，这就要求我们掌握马克思主义经典著作的翻译史、传播史以及当时整个社会的语言文字环境，还要掌握外文，能够进行外文和中文的比较研究、各个中文版本的比较研究以及相关版本的比较研究。只有这样，才能准确把握经典作家思想的含义，对有关文本、译者的工作等作出公正合理的评价。

在这里，“通考”工作的两个方面即文献整理与考证研究是不可分割的。一方面要把这些文本整理出来，另一方面要把这些文本以及相关的问题考证研究清楚。文献整理是前提和基础，没有前期的文献收集整理就不可能进行深入研究；但考证研究又能够反过来促进文献整理，帮助我们进一步弄清文献之间的关系以及发现新文献，比较完整地再现经典文献的历史风貌。

第四，“马克思主义经典文献传播通考”是一个跨学科、跨专业、综合性、基础性的概念。总体上说，它是马克思主义学科的范畴，但也是文献学、传播学、翻译学、语言学、历史学、文化学、思想史等学科的概念。所以，要深化考证研究工作，需要各个学科的学者共同努力。我们这里只能为各个学科的研究做一些基础性工作。

还需要说明的是，正如大家所知道的，对任何概念的界定都有其局限性，它只能大致说明事物的本质、内涵，而不可能囊括一切。“马克思主义经典文献传播通考”这个概念也是如此，因为它涉及问题、学科太多，不可能十分精确，故而只能作上述大致说明。对这项工作内涵的理解，大家还可以进一步探讨。我们的想法是，“行胜于言”，无论如何，先把这一工作开展起来，在以后的工作中再逐步完善。

二、马克思主义经典文献传播通考何以必要

开展马克思主义经典文献传播通考这项工作之所以必要，是因为事出有因，且势在必然。总体而言，这是中国改革开放40多年实践发展的必然，也是马克思主义理论界乃至整个社会思想文化界深入研究探讨一系列重大理论问题的逻辑必然。

“问题是时代的呼声。”20世纪80年代和90年代初，伴随着改革开放的推进，人们对以往所理解的马克思主义基本理论、基本观点等提出了不少质疑。特别是在“什么是马克思主义”“什么是社会主义”这些重大问题上，人们普遍感觉到过去没有弄清楚，需要重新加以理解。邓小平曾经说过：“不解放思想不行，甚至于包括什么叫社会主义这个问题也要解放思想。”①他后来又强调说：“什么叫社会主义，什么叫马克思主义？我们过去对这个问题的认识不是完全清醒的。”②于是，如何真正全面而准确地理解马克思主义、社会主义成为改革开放时代的大问题。围绕着这个重大时代课题展开了多方面讨论，形成了很多不同

---

①《邓小平文选》第二卷，人民出版社1994年版，第312页。

②《邓小平文选》第三卷，人民出版社1993年版，第63页。

观点。

为回答时代面临的课题，人们重新回到“经典文本”，力图把握马克思主义、科学社会主义最原初最本真的含义。这种情况反映到理论界，就提出了“回到马克思”的口号。由此很多学者发表了一系列文章、著作，讨论了各种解读马克思主义经典文本的方式，如“以马解马”即用马克思的话解读，“以恩解马”即以恩格斯的话解读，“以苏解马”即以苏联式马克思主义解读，“以中解马”即以中国化马克思主义解读，等等。这些讨论对人们从不同角度深化对马克思主义的认识发挥了积极作用，但是，问题依然没有被很好解决，因为对文本的理解各有不同，争论仍然不可避免。

随着探讨的深入，人们进一步追问起“文本翻译”问题。有人力图回到经典著作的外文文本即欧洲语言文本，认为中文版的“文本翻译”存在问题。例如，有人认为《共产党宣言》中的“消灭私有制”翻译错了，影响了对所有制改造的理解，这是我们在很长时期内追求“一大二公”社会主义所有制的根源所在，应当翻译为“扬弃私有制”，即对私有制既克服又保留。此种理解似乎可以为改革开放政策提供理论支撑，但也有对马克思主义经典著作的实用主义解读嫌疑，由此同样遭到了批评。

随着对经典文本翻译问题探讨的深入，“版本研究”被提上日程。人们发现在不同历史时期，翻译者对经典著作中重要术语的翻译是不同的，这表明中国人对马克思主义重要观点的理解是在不断变化、不断深入的。比如，在中华人民共和国成立之前，《共产党宣言》有6个完整而独立的中文译本，其中对“消灭私有制”的翻译均不完全相同。1920年陈望道译本是："所以共产党的理论，一言以蔽之，就是：废止私有财产。"1930年华岗译本是："所以共产党的理论可以用一句话来综结，就是：废止私有财产。"1938年成仿吾、徐冰译本是："在这个意义上，共产党人可以把自己的理论归纳在这一句话内：废除私有财产。"1943年8月博古译本是："在这个意义上，共产党人可以用一句话表示自己的理论：消灭私有财产。"1943年9月陈瘦石译本是："从这一意义上说，共产党的理论可用一句话概括：废除私产。"1949年莫斯科译本是："从这个意义上说，共产党人可以把自己的理论概括为一句话：消灭私有制。"可见，关于"消灭私有制"这一重要语句的译法有一个越来越准确的过程。原来译为"废止私有财产"等，只看到了这一观点的表象，只有译为"消灭私有制"才能抓住实质，即从经济制度上解决资本主义国家的社会问题。陈瘦石（当时生活在国民党统治下的知识分子）译为"废除私产"，很不准确，甚至有曲解，因为共产党人要废除的是私有财产制度，而不是简单废除包括私人生活资料在内的私产。由于人们在不同时期、不同社会条件下对《共产党宣言》理解不同，这就需要深入研究这部书的各个版本，并在此基础上进行历史性的文本比较研究。

经典著作"版本研究"深化的一个重要标志应当说是对《共产党宣言》版本的全面考证研究。1998年是《共产党宣言》发表150周年。为纪念这部不朽经典，也为更好理解马克思主义的本质要义，中央编译局和中央电视台联合制作了大型电视文献纪录片《共产党宣言》，笔者作为本片的主要撰稿人，和老专家胡永钦研究员一起对《共产党宣言》的中文版本第一次作了比较全面的梳理，发现这部书总共有12个独立而完整的中文译本，中华人民共和国成立前后分别有6个译本。[①]后来中国人民大学的高放教授又作了进一步研究，认为连同中国香港、台湾等地中文译本，《共产党宣言》共有23个中译本。[②]此后，学术界研究《德意志意识形态》《资本论》等经典著作版本的成果也越来越多。通过版本比较研究，人们对经典作家思想的理解越来越深。

对经典文本、翻译、版本研究的深入，又促使马克思主义“传播史”研究兴盛起来。人们发现，只孤立研究某一经典著作的文本、翻译、版本还不够，要深入把握中国人对马克思主义基本观点理解的变化，还需要研究马克思主义在中国传播的完整历史，包括马克思恩格斯列宁名字的翻译、经典著作的片段翻译、经典文本的完整翻译以及出版传播等。比如，关于马克思的名字翻译在历史上就有十几种，包括“马克司”“马尔克斯”“马陆科斯”“马尔格士”“麦喀氏”“马儿克”“马尔克”“马克斯”等。通过研究传播史，才能把各个历史阶段的各种经典著作文本的关系弄清楚，通过对其中话语体系主要是概念体系的研究，从整体上弄清中国人100多年来对马克思主义、社会主义的重要概念、主要思想观点的理解。比如“社会主义”一词，在1899年2月发表的《大同学》一文中被译为“安民新学”，这是按照中国传统儒家思想对社会主义的理解；后来借用日文翻译术语，学术界广泛认同并接受了“社会主义”一词的译法，但对它的理解仍然很不相同。比如，孙中山理解

---

① 杨金海、胡永钦：《〈共产党宣言〉在中国的翻译、出版和传播》，载《科学社会主义》1998年“纪念《共产党宣言》发表一百五十周年”特刊；又见杨金海：《〈共产党宣言〉与中华民族的百年命运》，载《光明日报》2008年7月3日。

② 高放：《〈共产党宣言〉有23种中译本》，载《光明日报》2008年10月16日。

的社会主义和后来共产党人理解的社会主义就很不相同。实际上，直到今天我们学术界乃至整个思想界对社会主义的理解还在深化。传播史研究就是要研究这种变化发展的历史，从中发现规律性的东西，澄清人们在一些重大理论问题上的模糊认识，特别是要避免重复劳动。因为有很多现在争论的问题在历史上曾经出现过，有的早已解决，但由于人们不了解历史，常常旧话重提，造成重复劳动甚至新的思想混乱。传播史研究可以有效弥补这方面的不足。

中央编译局的学者们在马克思主义传播史研究方面做了大量工作。从20世纪50年代开始，由于翻译马克思主义经典著作的需要，编译局前辈学者就在不断研究梳理前人的翻译成果，并开展了马克思主义传播史方面的初步研究和宣传普及工作。1954年，中央编译局举办了“马列主义在中国的传播”展览，之后编辑了《马克思列宁主义著作在中国的传播》一书；1957年，为纪念十月革命胜利40周年，又与北京图书馆（即现在国家图书馆前身）合作主办展览；1963年，中央编译局专家丁守和、殷叙彝出版了《从五四启蒙运动到马克思主义的传播》一书；1983年，为纪念马克思逝世100周年，举办了“马克思恩格斯著作在中国”展览，之后编辑整理并由人民出版社出版了《马克思恩格斯著作在中国的传播》一书；1998年，举办了“《共产党宣言》发表一百五十周年”展览，并与中央电视台合作创作了两集文献纪录片《共产党宣言》，笔者为主笔；2011年，为庆祝中国共产党成立90周年，建立了我国第一个“马克思主义传播史展览馆”，创作了8集文献纪录片《思想的历程》，并由中央编译出版社出版《思想的历程——马克思主义在中国的百年传播》一书，笔者为总撰稿；2018年，为纪念马克思诞辰200周年，在国家博物馆举办“真理的力量——纪念马克思诞辰200周年”主题展览。2018年，根据中央机构改革方案，中共中央编译局与中共中央党史研究室、中共中央文献研究室合并成立了中共中央党史和文献研究院，但中央编译局的牌子仍然保留，以便继续用该名出版马列著作，有关专家学者仍然奋斗在马克思主义传播史研究的前沿阵地。由笔者牵头、一批中青年学者参加承担的国家社科基金重点项目“马克思主义传播史研究”正在进行，其出版成果《马克思主义传播史（中国卷）》两卷本也即将推出。

我国各高校、科研机构以及有关学者在马克思主义传播史研究方面作出了重要贡献。1955年，苏联学者柯托夫的《马克思主义在俄国的传播》一书由于深翻译，在时代出版社出版；次年，苏联学者巴特里凯也夫的《俄国现代无产阶级的出现——马克思主义在俄国的传播》由孟世昌翻译，在上海人民出版社出版。受苏联专家的影响，中国学者也开始研究马克思主义传播问题。比如，北京大学的黄楠森教授等于20世纪50—60年代，就开始研究马克思主义哲学史，其中包括马克思主义传播史内容，70年代初编成油印本。改革开放后，他与施德福、宋一秀教授一起正式出版了三卷本的《马克思主义哲学史》；后来黄楠森又与庄福龄、林利一起主编了八卷本《马克思主义哲学史》，其中第四卷讲马克思主义哲学在俄国的传播与发展，第七卷讲马克思主义哲学在中国的传播和发展。北京大学的林代昭、潘国华于1983年编辑了《马克思主义在中国——从影响传入到传播》，作为“中国近代思想和文化史料集刊”出版。中国人民大学的林茂生于1984年出版了《马克思主义在中国的传播》一书。中国社会科学院近代史研究所的唐宝林于1997年出版了《马克思主义在中国100年》，后来又再版，影响很大。此外，还有其他学者发表了若干关于马克思主义传播史的著作和文章。如姜义华在1983年《近代史研究》第1期发表《马克思主义在中国的初期传播与近代中国的启蒙运动》一文；高军在1986年完成《五四运动前马克思主义在中国的介绍与传播》一书，由湖南人民出版社出版；王炯华于1988年出版《李达与马克思主义哲学在中国》；桂遵义于1992年出版《马克思主义史学在中国》等。

进入21世纪后，我国学者在马克思主义传播史方面的研究成果更多，视野更广阔，特别是深化了分门别类的研究。一是加强早期传播的研究。如王东等于2009年出版《马列著作在中国出版简史》；田子渝等于2012年出版《马克思主义在中国初期传播史（1918—1922）》；方红于2016年出版《马克思主义在中国的早期翻译与传播》等。二是加强分支学科传播史的研究，包括马克思主义哲学、经济学、法学、新闻学、文艺理论、党建理论、宗教理论等传播史研究。如谈敏于2008年出版《回溯历史——马克思主义经济学在中国的传播前史》；庄福龄于2015年出版《中国马克思主义哲学传播史论》；胡为雄于2015年出版《马克思主义哲学在中国传播与发展的百年历史》；文正邦于2014年出版《马克思主义法哲学在中国》；张小军于2016年出版《马克思主义法学理论在中国的传播与发展（1919—1966）》；丁国旗于2017年出版《马克思主义文艺理论在中国》等。三是加强地方传播史研究。如淮北市委党史研究室于2004年出版《中国共产党淮北地方史》第一卷，专门用一节讲述了“马克思主义在淮北的传播”；闫化川于2017年出版《马克思主义是怎样生根中国的——马克思主义在山东早期传播研究》；2017年，黄进华出版《马克思主义在哈尔滨传播的历史经验和现实启示》。四是加强对马克思主义翻译家和理论家的研究。如叶庆科于2006年出版《杨匏安：我国传播马克思主义的先驱》；郭刚于2010年出版《中国早期马克思主义的传播——梁启超与西学东渐》；笔者主编的《姜椿芳文集》《张仲实文集》分别于2011年、2015年问世，其中包括对姜椿芳、张仲实两位马克思主义翻译大家所作贡献的研究介绍；西南财经大学经济学院和马克思主义经济学研究院编《陈豹隐全集》于2013年之后陆续出版；湖南常德市赵必振研究会对我国马克思主义传播的早期学者赵必振的文献进行整理编纂，于2018年出版《赵必振文集》。五是加强对经典文本解读史、概念史的研究。如王刚于2011年出版《马克思主义中国化的起源语境研究——20世纪30年代前马克思主义在中国的传播及中国化》；尹德树于2013年出版《文化视域下马克思主义在中国的早期传播与发展》。近几年来，一些学者还发表了一系列关于马克思主义概念史的文章，深化了传播史研究。

随着马克思主义传播史研究的深化，系统性的马克思主义“文献编纂”乃至“马藏编纂”工作被提上日程。人们越来越发现，要完整把握马克思主义精髓，特别是要完整把握100多年来中国人对马克思主义理解的情况，需要系统整理马克思主义经典文献。在经典文献典藏方面，中央编译局做了较多工作。由于工作需要，这里的专家学者收集整理了国内最丰富、最齐全的马克思主义经典文献，其中包括中华人民共和国成立后所有中文版的马克思主义经典文献，以及各种外文版的马克思主义经典文献，也包括中华人民共和国成立前的不少经典著作文本文献。国家图书馆、上海图书馆等也拥有丰富的马克思主义经典文献典藏。但即使如此，也不能够满足马克思主义经典文本、版本以及传播史研究的需要，因为这些文献典藏总的来说具有零散性，特别是早期文献，分散珍藏在不同图书馆和有关机构的资料室，人们使用起来很不方便。为此，近些年来不少学者把文献考据研究与文献编纂工作紧密结合起来，推出不少成果。如吕延勤主编《马克思主义在中国早期传播史料长编（1917—1927）》（上、中、下卷），2016年由长江出版社出版；田子渝主编《马克思主义在中国早期传播著作选集（1920—1927）》三卷本，于2018年由湖北人民出版社出版。这些经典文献整理出版大大方便了马克思主义传播的考据研究。但目前的文献整理出版工作仍然有局限性，十月革命之前和大革命之后的经典文献整理出版较少。

于是，学者们提出应当编纂“马藏”。大家知道，中国历史上各个主要学派都有自己的典藏体系，儒家有“儒藏”，佛家有“佛藏”，道家有“道藏”。马克思主义作为在近现代中国影响最大的思想体系，也应当而且能够建立自己的典藏体系。顾海良教授是这方面的领军人物，他领导的北京大学《马藏》编纂工程于2015年3月启动，已经取得初步成果，于2017年5月4日发布出版第一批书共5卷，370万字。他认为，《马藏》编纂工作的任务是“把与马克思主义发展有关的文献集大成地编纂荟萃为一体”，这是很正确的。但这项工作太复杂庞大，需要众多学者一起来做才有可能最终完成。

最近几年，笔者根据中央编译局马克思主义文献典藏情况，围绕“马藏”体系建立也提出了一些想法。笔者认为，“马藏”体系应当包括三个层次：一是核心层，即马克思、恩格斯、列宁等经典作家的手稿以及最初发表的文献；二是基本层，即《马克思恩格斯全集》历史考证版即原文版（亦称MEGA版）、《列宁全集》俄文版等经典著作的外文版本，《马克思恩格斯全集》中文第一、二版，《列宁全集》中文第一、二版，中国化马克思主义经典著作；三是外围层，包括经典著作各种版本的选集、文集、专题读本、单行本，以及研究马克思主义经典的代表性著作。这些经典文献有上千卷，可以与中国历史上任何典藏系列（如儒藏、道藏、佛藏）相媲美。[①]顺便说一句，“马藏”体系的建立将意味着中国现代文化典藏基础的确立，它和中国传统文化典藏一起构成中华文化的典藏体系，其意义远远超出了马克思主义经典著作文本和传播史研究本身。根据这个想法，我们不同单位或部门的学者应当根据自己的工作实际开展工作。“马藏”体系的核心层、基本层实际上一直是由中央编译局在做的，也比较完善了。我们今天最需要做的就是“补短板”，即把外围层中的各种零散的历史性的经典文本文献收集整理起来，供大家作历史性研究之用。这些历史性的经典文献也很多，所以应当首先把中华人民共和国成立前比较完整的经典著作文本整理出来，以供马克思主义经典文本、版本、传播史考据等研究之用。

于是，我们的“马克思主义经典文献传播通考”丛书也就应运而生了。可见，开展这项工作，不是我们一时激动的产物，而是我国学术界马克思主义理论研究逐步深化的逻辑必然，做好这项工作也是当务之急。这项工作做好了，不仅有助于马克思主义经典著作翻译和文本、版本、传播史的研究，也能够为建立完整的“马藏”体系提供历史上的各种基础文本，还有助于整个中国现代思想文化的研究和建设。

① 杨金海：《马克思主义发展史学科群建设之思——马克思主义传播史研究视角》，载《北京行政学院学报》2018年第1期。

三、马克思主义经典文献传播通考何以可能

今天进行马克思主义经典文献传播通考是否可行？回答是肯定的。如果放在20年前，做这项工作几乎是不可能的。因为那时大家还没有对马克思主义理论进行深入的文本、版本、传播史、概念史、解读史等考据研究的概念，更没有建立“马藏”的想法，所以，也就不可能有此思想动力。这是从主观上讲的。从客观上看也是如此。当时的研究还很不够，也还没有今天这样发达的信息技术，所以要弄清中华人民共和国成立前究竟有多少经典著作文本已经翻译出来、藏在何处，是很困难的，就更不用说把各种经典著作的不同文本收集起来并整理出版了。

经过长期的积累，特别是近几十年的经典著作研究，今天我们已经具备了进行马克思主义经典文献传播通考的基本条件。

一是越来越多的人意识到经典文献考据研究的重要性，不仅把马克思主义作为意识形态来研究，而且进一步把马克思主义作为科学的学术体系乃至“新国学”之重要内容来研究。长期以来，在我国有一种不正确的认识，就是认为马克思主义是一种意识形态，没有学术性，甚至不是学问。实际上，意识形态也有科学与非科学之分。马克思主义是一种科学的意识形态，由此决定了它具有科学性，完全可以作为学术来研究。之所以有人认为它不具有学术性，一方面，是因为这些人不懂马克思主义；另一方面，是因为我们马克思主义学界在学术、文化层面研究马克思主义不够，有分量的学术成果不多。要克服这一缺陷，就要努力借鉴其他学科的研究方法，包括借鉴我国传统的学术文化研究方法，拿

出可以与其他学科相媲美的学术成果来。例如建立“马藏”体系就是很好的学术性工作。2014年在成中英先生八十大寿庆祝会上，笔者尝试性地提出“新国学”概念。所谓“新国学”，就是包括马克思主义学说在内的中华学术体系，是当代整个中华文化的基础。我们以往所说的“国学”实际上是“老国学”，即以儒、释、道为主的中国传统学术体系，今天这样讲还说得过去，但实际上已经不准确了，再过若干年就更不科学了，因为我们今天还有马克思主义学说。毫无疑问，自五四新文化运动以来，马克思主义在我国已经逐步成为中华学术体系的重要组成部分，可以与传统的儒、释、道等相媲美，因此不能把它排斥在国学之外。类似情况，在历史上是有过先例的。大家知道，佛学是西汉时传入中国的，是外来文化，但2000年后的今天，谁还能说它不是中国文化之一部分呢？马克思主义也是这样，况且它比佛学的作用要大得多，它传入中国才100多年，就深刻改变了中华民族的命运，也深刻改变了中国传统文化，已经成为当今中华文化的重要组成部分乃至核心部分。随着时间的推移，将来我们的国学体系一定会把“马学”加进来，形成“儒、释、道、马”并驾齐驱、以“马”为魂的繁荣发展局面。当然，“马学”作为“新国学”的重要组成部分并为人们所接受，还需要努力构建自己的学术体系。比如要借鉴中国传统学术文化研究的方法，像整理编纂《四库全书》那样，把马克思主义“经”“史”“子”“集”等都整理出来，形成蔚为壮观的经典体系、学术体系，供后人研究之用。此外，我们对马克思主义的各种研究也要具有深厚的学理性。这样，“马学”作为科学的学术体系才能够完善起来。“知难行易”，应当说经过这些年学界同仁的共同努力，已经有越来越多的人意识到马克思主义经典文本整理和考据工作的重要性。这就为顺利推进这项工作奠定了思想基础。

二是这些年有关马克思主义经典文本整理研究的成果越来越多，使得我们基本知道了有哪些经典文本、版本及其传播、珍藏等情况。特别是近几年来，这些研究成果每年都在成倍地增长。很多深藏密室的历史文献被挖掘出来，包括一些经典文本、马克思主义经典著作翻译家、出版家、教育家以及取经潮、取经路线、传播方式等，成为学界研究的热点。与之相伴随，马克思主义经典著作原文版、手稿的收集整理和深度研究成果也越来越多。中央编译局的学者在这方面的成果较多。笔者在经典文献研究方面也做了一些工作，如与冯雷共同主编了37卷“马克思主义研究资料”丛书；与李惠斌主编了40卷“马克思主义经典著作研究读本”丛书。王学东主编了64卷“国际共产主义运动历史文献”丛书。这三套丛书均由中央编译出版社出版。清华大学艾四林主编了20卷“马克思主义经典著作导读”丛书。北京大学聂锦芳主编了12卷“重读马克思——文本及其思想”丛书。其他单位学者在这方面的成果也越来越多。这些经典文献的收集整理和相关大型丛书的编辑出版，以及学术界同仁的大量相关研究成果的发表，为我们推进马克思主义经典文献考据工作提供了丰富资料。

三是马克思主义经典文本考据研究队伍日益壮大，经验日益丰富，方法不断更新。不仅马克思主义理论界很多学者在从事这方面工作，而且其他各界学者也参与进来，包括翻译界、历史学界、民族学界、宗教学界、文学艺术界等方面的学者近些年来都在积极挖掘整理、考据马克思主义的有关历史文献，使得马克思主义经典文本考据研究逐渐成为

“显学”。自2004年中央马克思主义理论研究和建设工程实施以来，培养了一支老、中、青结合的马克思主义学术队伍。各个大学马克思主义学院相继建立，各级社会科学院的马克思主义研究机构日益建立和完善，党和政府、军队研究机构里马克思主义理论研究队伍不断扩大，社会思想文化界对马克思主义理论的研究、宣传和普及工作在加强，这些都大大加速了马克思主义学术队伍培养和学科建设的步伐。特别是近年来，一批优秀的中青年马克思主义学者茁壮成长。他们思维敏捷，年富力强，外语水平很高，知识结构新颖，研究方法现代，不仅能够借鉴中国传统的考据方法，也能够借鉴西方解释学方法等进行研究，越来越具备了中外比较研究、历史比较研究的能力，由此，成为经典文本考据研究的中坚力量。

四是当今发达的信息技术为我们查找、收集、研究经典文本文献提供了快捷便利的条件。进行深入的经典文献考证，需要掌握大量国内外文献资料。比如要用到马克思手稿，而原始手稿的大约三分之二珍藏在荷兰皇家科学院国际社会历史研究所档案馆，三分之一珍藏在俄罗斯国家社会政治史档案馆；要考证经典文本的翻译，还会用到日文版经典著作文本，而这些大多珍藏在日本，个别文本分散珍藏在我国各地的图书馆。要大量使用这些资料在过去几乎是不可能的，但是在今天，通过网络信息技术，就可以比较好地解决这些问题。再者，随着我国现代化事业的推进，我们的经济实力越来越强，在马克思主义经典文本研究方面的投入越来越多。这些物质力量的增强为我们开展这样大规模的整理编纂工作提供了保障。

总体而言，经过马克思主义学界同仁的长期努力，中国已经成为当今世界最大的马克思主义经典著作翻译和研究国家。特别是近些年来，我国学者关于经典文本考据研究的理念越来越新、成果越来越多、队伍越来越强、保障条件越来越好。随着马克思主义学院的建立，马克思主义理论教学和科研工作越来越受到重视，学科体系建设越来越完善，我们的研究成果也越来越有用武之地。这些都为我们深入开展大规模的经典文献整理和研究提供了现实可能性。

四、"马克思主义经典文献传播通考"丛书编写的思路和原则

马克思主义经典著作是学习和研究马克思主义理论的基础文本，历来为人们所重视。在我国马克思主义传播史上，曾经翻译出版过很多种经典著作的中文本。比如，《共产党宣言》总共有至少12个完整的中文译本；《资本论》在1949年以前也有好几个中文译本。这样说来，光是1949年以前翻译出版的经典著作文本或专题文献文本就有上百种。这些不同的中文译本反映了中国人在不同历史时期对马克思主义经典著作理解的不同水平。

编辑这套丛书的直接目的，是要把1949年以前的主要经典著作文本原汁原味地编辑整理出来，并作适当的考证说明，供大家作深入的历史比较研究、国际比较研究之用；从更长远的目的看，是要为建构完整的中国马克思主义典藏体系、学术体系、话语体系乃至为建构现代中华文化体系做一些基础性工作；最终目的，则是要通过历史比较，总结经验，澄清是非，廓清思想，统一认识，破除对马克思主义错误的或教条

式的理解，全面而准确地把握马克思主义理论精髓，弘扬马克思主义精神，继承马克思主义理论，在此基础上深化对中国化马克思主义的理解和研究，为推进当代中国马克思主义、21世纪马克思主义，确保科学社会主义伟大事业长久发展提供科学的理论支撑。

本丛书体现如下特点，这也是丛书编写工作所力求遵循的原则：第一，体现历史性和系统性。本丛书主要收集1949年以前的经典著作中文译本，对1949年以后个别学者的译本也适当收入。中华人民共和国成立后由中央编译局翻译出版的经典著作，由于各大图书馆都可以查到，且各种译本变化不大，故不在收录范围。对所收集的历史文献力求系统、完整，尽可能收集齐全1949年以前经典著作的各种译本，按照历史顺序进行编排。对同一译本的不同版本，尽可能收集比较早且完整的版本。对特别重要的片段译文作为附录收入。第二，突出文献性和考证性。力求原汁原味地反映各种经典著作的历史风貌。为此，采取影印形式，将经典著作的文本完整地呈现给读者。同时，要对文本的情况进行适当的考证研究，包括对原著者、译者、该译本依据的原文本、译本翻译出版和传播的情况及其影响等作出科学说明。这些考证研究要有充分的史料根据，经得起历史检验。要力求充分反映国内外有关研究成果，特别是要充分反映我国改革开放以来在经典著作文本、版本研究方面所发现的新文献、取得的新成果。第三，力求权威性和准确性。一方面，所收集的经典著作文本力求具有权威性和准确性。力求收集在当时具有权威性的机构出版的、质量最高的经典译本，避免采用后人翻印的、文字错误较多的文本。另一方面，考证分析所依据的其他文献资料，也力求具有权威性和准确性。要选择国内外在该研究领域最具权威性的专家学者的最具代表性的观点和最有影响力的文章。再者，对文本有关问题的阐述，比如，对人名、地名、术语变化的说明，或对错字、漏字等印刷错误的说明等，要具有权威性和准确性。第四，力求做到史论结合、论从史出。本丛书的主要任务是对经典文本以及相关问题进行历史性的考证梳理，但考证不是目的，而是手段，根本目的还是要深化对马克思主义基本理论和基本观点的全面的、准确的理解，并最终用以指导实践。所以，在考证研究的同时，要始终牢记最终目标，以便从历史文献的分析研究中得出令人信服的科学结论。所以，在每一经典文本的考证说明中，都既要说明经典文本文献的来龙去脉以及考证梳理的情况，又要从中得出若干具有启发性的结论，以帮助读者正确认识经典著作中的有关重要思想，特别是要在统一认识、消除无谓争论上下功夫。这样，该丛书就不仅能够为读者提供原始的经典著作文本文献，还能够为读者进一步研究这些文本提供尽可能丰富的、具有权威性和准确性的相关文献资料，并提供尽可能中肯的观点和方法，从而能够使丛书成为马克思主义典藏的重要组成部分而流芳后世。

基于上述考虑，本丛书采取大致统一的编写框架。除导言外，各个读本均由四个部分组成。一是原著考证部分，其中包括对原著的作者、写作、文本主要内容、文本的出版与传播情况的考证性介绍；二是译本考证部分，包括对译本的译者、翻译过程、译本主要特点、译本的出版和传播情况的考证梳理；三是译文考订部分，包括对译文的质量进行总体评价，对有关重要术语进行比较说明，对错误译文、错误术语或错误印刷进行查考、辨析和校正性说明；四是原译文影印部分，主要收入完整的原著译本，同时作为附录适当收入前人关于该书的片段译文。

通过这样的考证研究，力求凸显这套丛书的编辑思路，即对经典著作的文本、版本有一个建立在考据研究基础上的总体性认识。每一本书都要能够回答这样一些问题：如这本书是什么，它在马克思主义发展史上的地位如何，它在世界上的传播情况怎样，它是什么时候传播到中国的；该中文本的译者是谁，译本的版本、传播、影响、收藏情况怎样；该译本中的重要概念是如何演化的，中国人对这些概念的理解过程怎样，对我们今天的理论研究和实践探索特别是对解决今天有关重大理论问题的争论有何启示，等等。这些问题回答好了，就能够帮助读者更深入地理解经典著作中的思想观点，并能够从文本的历史比较、国际比较中把握中国化马克思主义发展的思想历程，从而为进一步深化马克思主义理论研究提供深厚的思想资源和学理支撑。

“日月光华，旦复旦兮。”我们是怀着一种迎接中华民族伟大复兴的历史使命感、对马克思主义学术文化的深深敬畏之情来做这项工作的。一是敬畏经典。近百年来，为振兴中华民族，为推进中国思想文化的现代化，无数志士仁人历经千辛万苦把马克思主义真经取回来，并通过翻译研究形成了汗牛充栋的马克思主义经典文献，由此奠定了中国现代文化的典藏基础，为实现中华文化从传统形态向现代形态转化作出了巨大贡献。我们面前的这些文献，正是在马克思主义传播过程中形成的“马藏”中的重要经典文本。拂去历史尘埃，整理、考证和再现这些经典文献的历史原貌，发掘其中的深厚文化意蕴，敬畏之心油然而生。能够通过我们的工作使这些闪耀着历史光芒的典籍和伟大思想更好地传承下去，为中国现代文化体系的建设打下坚实的典藏基础，正是本丛书作者和编者的共同期愿所在。二是敬畏先驱。近百年来，一代又一代翻译家和理论家薪火相传，把马克思主义经典引进中国，特别是在民主革命时期，很多翻译工作是在十分困难和危险的条件下进行的，有不少先辈为此贡献了一生乃至宝贵生命。他们的事迹可歌可泣，他们的艰辛堪比大唐圣僧玄奘西天取经，他们的历史功绩和伟大精神将在历史的天空熠熠生辉！能够通过我们的这项工作，让一代代后人记住这些历史人物和历史故事并将先辈们的宝贵精神传承下去，我们将备感荣幸。三是敬畏责任。面对百年来形成的浩如烟海的马克思主义经典文献需要研究整理，面对百年来一批批可敬可爱的译介者需要研究介绍，面对百年来马克思主义中国化的伟大历程需要梳理继承，我们需要做的工作太多太多。由此，不论是作者还是编者，都不能不对自己所从事的这项工作产生出由衷的敬畏之情。唯有通过努力，精心整理好这些文献，为最终形成完整的中国特色马克思主义典藏体系作一点贡献，为马克思主义学说在中国乃至世界千秋万代薪火相传做一点铺路工作，才能告慰马克思主义经典作家，告慰这些理论先驱和翻译巨匠们！

2018年是马克思诞辰200周年，《共产党宣言》发表170周年；2019年是中国先进分子自觉选择马克思主义作为观察中国和世界命运之思想武器100周年；2020年是《共产党宣言》第一个完整的中文译本问世100周年；2021年是中国共产党成立100周年，这一个个光辉的历史节点展现出马克思主义在中国发展的强大生命力。在这个新时代的新时期，陆续出版大型丛书“马克思主义经典文献传播通考”，对推进马克思主义理论研究和建设工作，有着特殊重要的意义。

需要说明的是，对于经典文本的研究，往往会有仁者见仁、智者见智的情况。所以，尽管我们在组织编写工作中努力体现上述编写思路、原则和精神，书中的观点也不一定都很成熟，不可能与每一位读者的观点完全一致。加之每位作者研究角度不同，水平各异，每一本书的结构、篇章、内容、观点都不尽相同，其权威性也不尽一致，其中很可能有疏漏和错误之处，谨请读者批评指正。

该丛书在设计、编写和出版过程中，得到了各方面的大力支持。清华大学马克思主义学院将这项工作列入重要议事日程，作为该院马克思主义传播史研究中心重大项目，艾四林院长以及各位同事对此项工作给予大力支持。中共中央党史和文献研究院（中央编译局）十分重视对马克思主义传播史的研究，对此项研究给予各个方面的支持。国家出版基金将该丛书列入资助项目，辽宁省委宣传部将此项目列入文化精品扶持项目。辽宁出版集团和辽宁人民出版社在丛书的选题策划和编辑出版中做了大量工作。在编写过程中，中共中央党史和文献研究院（中央编译局）信息资料馆、国家图书馆、上海图书馆、清华大学图书馆、北京大学图书馆、国家博物馆等单位给予鼎力支持。本丛书中汲取了我国学者大量的研究成果。该项目顾问、我国马克思主义理论界德高望重的陈先达教授、赵家祥教授等专家对丛书的编写工作给予热情指导，编委会成员和各位作者为丛书的编写付出了辛勤劳动。

谨在此一并致以衷心的谢意！

杨金海

2019年5月5日于清华大学善斋

目录

CONTENTS

导言

恩格斯的《反杜林论》是全面而又系统地阐述马克思主义基本内涵的重要著作，是马克思主义发展史、传播史上的代表作之一，它在国际工人运动中的作用及其在中国的传播带来的思想启迪都非常重要。这部著作采取了同杜林论战的形式，运用犀利独到的语言阐述了马克思主义的基本原理。马克思十分支持和认可恩格斯批判杜林的斗争，指出“真正有科学知识的人，都能够从恩格斯的正面阐述中汲取许多东西”①。列宁评价《反杜林论》的内容，认为它“分析了哲学、自然科学和社会科学中最重大的问题”②。在列宁的《马克思主义的三个来源和三个组成部分》中，他继承和发展了恩格斯在《反杜林论》中呈现的思想观点，将马克思主义哲学、马克思主义政治经济学和科学社会主义看作马克思主义的三大组成部分。因此，《反杜林论》也被誉为马克思主义的百科全书，它对有觉悟的革命的工人来说是必不可少的读物。

《反杜林论》1878年在莱比锡、1885年在苏黎世、1894年在斯图加特三次出版，是作为德国社会民主党内的思想斗争的直接结果而产生的。《反杜林论》用清晰明了的大众化的笔调向工人阶级包括很多不了解马克思主义的人阐述了马克思恩格斯的主张，帮助他们提高认识，促进马克思主义理论和工人运动相结合。因而在马克思主义传播进程中体现出重要的实际意义。1894年，伯恩施坦在名为“弗里德里希·恩格斯

① 《马克思恩格斯全集》第三十四卷，人民出版社1972年版，第242页。

② 《列宁全集》第二卷，人民出版社1984年版，第9页。

的《反杜林论》”的文章中对这部著作所产生的积极影响也作了充分说明：“没想到这是一件幸事。清算杜林这项十分明确的工作，使社会主义得到一本第一流的教科书，它通过连贯的通俗的论述，列举各个科学领域中的例子，第一次阐明了现代科学社会主义理论的基本思想，尽管社会主义者自那时以后对杜林的兴趣已经降到‘绝对冰点’，但丝毫无损于这部著作的价值。”①1925年，考茨基在《弗里德里希·恩格斯》一文中更明确地指出：“《欧根·杜林先生在科学中实行的变革》（1878年）彻底清算了杜林，其意义远远超过了（70年代的）那些小文章，产生这本书的背景早已被人遗忘，它的论战部分的针对性也已消失，但是对马克思主义来说却是意义重大的。这本书第一次详细而透彻地从各个方面阐明了马克思主义的特点，特别是它的辩证唯物主义及其唯物史观，剖析了当时流行的折中主义的社会主义。当时我们都很尊敬马克思和恩格斯，也推崇《共产党宣言》和《资本论》。但是，在恩格斯的《反杜林论》出版以后，我们才开始比较深入地探究了马克思主义的思维方式，开始系统地按马克思主义来思考和工作了。从那时起才开始出现了一个马克思主义的学派。”②由此可见《反杜林论》在当时的工人阶级中产生的积极影响对国际工人运动的推动作用。

《反杜林论》是较早一批被翻译成中文的马克思主义经典著作。在中国共产党带领中国人民进行革命、建设和改革的历程中，马克思主义

---

① ［德］爱·伯恩施坦：《弗里德里希·恩格斯的〈反杜林论〉》，载《新时代》1894—1895年第1期，第172页。

② ［德］曼·克利姆：《恩格斯文献传记》，中共中央马克思恩格斯列宁斯大林著作编译局译，湖南人民出版社1985年版，第476—477页。

的经典文本是源源不断的精神食粮。马克思主义不是教条，而是行动的指南，在马克思主义中国化的过程中，其理论不断创新发展。在革命时期，毛泽东反复阅读和研究《反杜林论》，结合中国实际发展了马克思主义辩证法的相关原理。新中国成立后，《反杜林论》成为普及和宣传马克思主义理论体系的重要著作。全国高等院校、党校和科研单位的一百多位从事《反杜林论》研究的学者和专家，于1982年8月经过反复酝酿和协商，成立了全国《反杜林论》研究会，自成立以来，积极组织并深入开展了各种类型的学术研究活动……参加讨论的人数之多，内容之广泛，科研成果之丰硕，学术研究空气之活跃，都是新中国成立以来不多见的[①]。这种研究热潮对深入研究马克思主义具有深远的现实意义。

钱铁如译本《反杜林论》在1930年出版以后，以其对马克思主义坚守的初心，本着全面系统译介马克思主义的使命，用自身理解的马克思主义中国化的概念范畴，和其他马克思主义理论译著一起，推动了马克思主义在中国的传播和发展。从马克思主义经典著作传播史的角度看，我们更要研究和探寻这些马克思主义传播初期各种版本的贡献和学术价值，全面系统地梳理经典著作的译本脉络，冀求对马克思主义文本做最大化的研究。

---

① 马云鹏、陈贵言:《全国〈反杜林论〉学术研究概观》，载《西北师大学报》(社会科学版) 1989年第4期，第70—74页。

《反杜林论》原版考释

巴黎公社失败后，马克思主义得到了广泛传播。但是，德国工人运动组织的两派逐渐受到错误思想的影响，恩格斯为批判小资产阶级社会主义者欧根·杜林的错误观点，回击其对马克思学说的攻击，清除杜林思想对德国社会民主党的不良影响，历时两年时间完成了《反杜林论》的创作，随后在《前进报》陆续发表，很快以单行本的形式出版。梳理130余年来国际学界对《反杜林论》的翻译和研究历程，需要我们回到原版考释中理解当时的历史境遇和精神实质，从而全面把握文本的理论实质和思想要义。

一、写作与出版背景

《反杜林论》用德文写于1876年9月—1878年6月，最初在德国社会民主党中央机关报《前进报》及其副刊上陆续发表时题为“欧根·杜林先生在科学中实行的变革——哲学。政治经济学。社会主义”。从1886年第二版起，德文各版只保留了主标题，题为“欧根·杜林先生在科学中实行的变革”。恩格斯是出于解决德国社会主义工人党内部思想斗争的目的和适应国际无产阶级革命运动形势写的。19世纪70年代，欧洲工人运动进入了崭新的发展阶段，表现为马克思主义在工人中的广泛传播，已经在国际工人运动中取得主导地位。资产阶级为了瓦解工人运动，加紧了攻击和歪曲马克思主义的步伐。在国际工人运动中，有人也试图通过攻击和歪曲马克思主义来争夺思想上的主导权。1875年，德国社会民主工党（即爱森纳赫派）与全德工人联合会（即拉萨尔派）在哥达城合并为社会主义工人党，威廉·李卜克内西[①]所领导的爱森纳赫派抛弃了马克思主义基本原则，同意并接纳了拉萨尔派的错误思想，在党的纲领草案中采用了许多拉萨尔派的提法，使得以折中主义为核心的庸俗社会主义理论影响了工人运动。虽然这次合并得到了形式上的统一，但是实际却导致了思想和理论的混乱。德国社会主义工人党要想继续发动群众，就需要扫清理论上的障碍。在此阶段，面对纷杂的错误思想，马克思和恩格斯的主要任务就是捍卫马克思主义，巩固马克思主义在工人运动中的主导地位，以及推动国际工人运动的稳健发展。

欧根·杜林（1833—1921）出生于普鲁士一个官吏家庭，是小资产阶级空想社会主义者、庸俗经济学家，1856年毕业于柏林大学法律系，1861年取得哲学博士学位，1864年获得私人讲师资格。1863—1877年在柏林大学任编外讲师，讲授哲学、国民经济学和社会主义课程。19世纪60年代，杜林研究了美国庸俗经济学家凯里的学说，并成为他的门徒。19世纪70年代，他转向社会主义，并连续出版了《哲学教程——严格的科学的世界观和人生观》（1875年）、《国民经济学和社会主义批判史》（1871年第一版与1875年第二版）、《国民经济学和社会经济学教

---

① 威廉·李卜克内西（Wilhelm Liebknecht，1826—1900）：德国工人运动和国际工人运动的著名活动家，德国社会民主党领袖，第二国际主要创始人和领导人。恩格斯在《致保尔·拉法格（1885年5月19日）》中提到："李卜克内西在说话的时候，总是相信自己的话有道理，可是一同别的什么人说话，又相信别的了。他一会儿十分革命，一会儿十分谨慎。这不会妨碍他在决定性的日子同我们站在一起，并且对我们说：我一向就是对你们这样说的！"（《马克思恩格斯全集》第三十六卷，人民出版社1974年版，第315页。）

程，兼论财政政策基本问题》（1873年第一版与1876年第二版），以理论权威和实际改革家的身份向马克思主义发起进攻。

德国1871年实现统一之后，为了维持联合专政，一方面积极支持俾斯麦政府用暴力镇压无产阶级革命，另一方面宣扬各种庸俗的经济理论和折中主义社会理论。杜林曾一度想投靠俾斯麦政府，不能如愿后便转而“拥护”社会主义，以社会主义的信徒和改革家的面目出现，声称要在哲学、政治经济学和社会主义理论中实行“全面改革”，向马克思主义三个组成部分发动了全面进攻，妄图以杜林学说取代马克思主义。19世纪70年代时，杜林在社会民主党人中的影响是相当大的。最积极的杜林分子有爱·伯恩施坦、约·莫斯特、弗·威·弗利切。甚至奥·倍倍尔也一度受到了杜林体系的影响。1874年3月，他在社会民主工党（所谓爱森纳赫派）中央机关报《人民国家报》上匿名发表了两篇关于杜林的文章，标题是“新共产主义者”。为此，马克思和恩格斯向该报编辑威廉·李卜克内西提出了强烈的抗议[1]。

在哲学方面，杜林把马克思的辩证法和黑格尔的辩证法等同起来，宣扬以庸俗唯物主义为基础的折中主义；在经济学方面，他攻击马克思的劳动价值学说和剩余价值学说，倡导资产阶级庸俗政治经济学，把暴力当作一切经济现象的终极原因；在社会主义理论方面，他否定了马克思阐明的社会主义取代资本主义的客观必然性，鼓吹资产阶级改良主义，希望在不改变资本主义生产方式的前提下实行“劳动平等”和“分配平等”。杜林的政治态度十分激进，抨击当时德国的现状并赞扬了巴

①《马克思恩格斯全集》第二十卷，人民出版社1971年版，第713页。

黎公社，公开宣称自己是德国社会工人党的积极支持者，被誉为“民主斗士”。杜林在攻击马克思思想观点的同时，也批评拉萨尔主义的观点，以革新者的姿态迷惑了德国社会主义工人党的成员。另外他的社会主义思想含有机会主义的性质，具有一定的迷惑性，他的“共同社会”概念，强调在现有的经济制度下，工人依靠自己的社会自助有摆脱雇佣奴隶制的可能性。同时杜林借助教师身份在大学讲坛大肆宣扬自己的思想观点，在青年学生中产生了很大影响。杜林的思想在党内传播开来，造成了严重的思想混乱。马克思和恩格斯始终对杜林的做法持否定态度，而着意于马克思主义科学方法论的创立。但这种做法极大地限制了他们著作的通俗性和系统性，使得认知水平较低的工人阶级难以读懂和接受[①]。

1867年9月，马克思的经典著作《资本论》第一卷问世，杜林随即在12月出版的《现代知识补充材料》杂志第三卷第3期上发表了题为“马克思的《资本论》·政治经济学批判”的评论文章，针对《资本论》中的价值理论和辩证法思想进行批判。马克思和恩格斯注意到了杜林及其思想，但此时的杜林在德国工人运动中影响不大，马克思和恩格斯只是在1868年1—3月的通信中分析和驳斥了杜林的一些错误观点。

到1875年初，杜林思想体系的传播已经到了十分危险的程度，威廉·李卜克内西等党的领导人逐渐认识到杜林理论危害的严重性。杜林的著作《国民经济学和社会主义批判史》和《哲学教程》的出版尤其助长了这点。在这两本书中，自命为社会主义信徒的杜林，对马克思主义

① 姚颖：《恩格斯〈反杜林论〉研究读本》，中央编译出版社2014年版，第14—15页。

进行了特别猛烈的攻击。这就促使李卜克内西写信建议恩格斯反击杜林。1875年2月1日，李卜克内西第一次致信恩格斯，希望他能批判杜林，消除不良的影响。直至同年11月，李卜克内西接连四次致信恩格斯，请求他尽快彻底地对杜林思想进行批判。

到了1876年2月，恩格斯就认为有必要公开反驳杜林了。恩格斯在《人民国家报》上发表的《德意志帝国国会中的普鲁士烧酒》[①]文中便这样做了[②]。

1876年至1878年间，恩格斯不得不中断《自然辩证法》这部对于论证和发展科学社会主义理论具有重要意义的著作的写作，来应对杜林产生极坏影响的反马克思主义言行，反击新出现的所谓“社会主义”学说，捍卫作为无产阶级政党的唯一正确的世界观的马克思主义。

这个决定是在1876年5月底作出的。恩格斯在1876年5月24日给马克思的信中表示打算批判杜林的著作。马克思在5月25日的回信中坚决支持这个想法，“我的意见是这样的：‘我们对待这些先生的态度’只能通过对杜林的彻底批判表现出来”[③]。5月28日恩格斯再次致信马克思，决定了著作的总计划和性质：“既然我已卷入一场没完没了的论战，那也只好这样了；否则我是得不到安宁的。此外，友人莫斯特对杜林的《哲学教程》的吹捧已明确地给我指出，应当从哪里进攻和怎样进攻。这本书一定要仔细读一读，因为它在许多关键问题上更明显地暴露

---

① 《马克思恩格斯全集》第十九卷，人民出版社1963年版，第51页。
② 《马克思恩格斯全集》第二十卷，人民出版社1971年版，第713—714页。
③ 《马克思恩格斯全集》第三十四卷，人民出版社1972年版，第15页。

了《经济学》中所提出的论断的弱点和基础。”恩格斯接着说，写作“开始时我将纯粹就事论事地、看起来很认真地对待这些胡说，随着对他的荒谬性和平庸性这两个方面的揭露越来越深入，批判就变得越来越尖锐，最后给他一顿密如冰雹的打击”①。于是，恩格斯便立即着手工作。

在《反杜林论》第一版序言中恩格斯曾指出，由于“杜林先生的‘体系’涉及非常广泛的理论领域，这使我不能不跟着他到处跑，并以自己的见解去反驳他的见解”②。在这种情况下，《反杜林论》在形式上呈现出“体系”的特征。恩格斯还专门对“体系”进行了批判：“‘创造体系的’杜林先生在当代德国并不是个别的现象。近来，天体演化学、一般自然哲学、政治学、经济学等等的体系如雨后春笋出现在德国。最不起眼的哲学博士，甚至大学生，动辄就要创造一个完整的‘体系’”，而“这本书的目的并不是以另一个体系去同杜林先生的‘体系’相对立”③，因为批判对象的特殊性——杜林庞杂的哲学体系，所以恩格斯的论证不得不无奈地跟着杜林“到处跑”。但是在发表以后却收获了意想不到的广泛的影响和很好的效果。恩格斯在论战中“不得不”建立起来的“体系”，让广大工人和德国社会工人党内的领导人都深入理解了原本艰深的马克思思想，《反杜林论》如同理解马克思思想的一个中介。例如卡尔·考茨基就认为这部著作为完整理解马克思主义提供了最有效的途径，是其他马克思主义著作不可替代的：“如果要我

①《马克思恩格斯文集》第十卷，人民出版社2009年版，第414—415页。
②《马克思恩格斯文集》第九卷，人民出版社2009年版，第10—11页。
③《马克思恩格斯文集》第九卷，人民出版社2009年版，第8页。

判定恩格斯的《反杜林论》对我的影响，那么对于理解马克思主义来说，没有别的书能比得上这部著作的作用了。诚然，马克思的《资本论》是很了不起的。但是，我们只是通过《反杜林论》才正确地阅读和学习《资本论》的。”①

二、各版本说明

恩格斯写《反杜林论》用了两年的时间——从1876年5月底开始到1878年7月初止。1894年5月23日，恩格斯在《反杜林论》第三版序言中指出，“我感到十分满意的是，自从第二版以来，本书所主张的观点已经深入科学界和工人阶级的公众意识，而且是在世界上一切文明国家里”②。作为恩格斯批判的对象——杜林及其著作却“几乎已被遗忘了”③。

---

① 参见乌尔利希等：《〈反杜林论〉的产生过程和历史作用（1876—1895）》，载《哲学译丛》1979年第4期。

②《马克思恩格斯全集》第二十六卷，人民出版社2014年版，第18页。

③《马克思恩格斯全集》第二十六卷，人民出版社2014年版，第10页。德国学者H. 柯柏在《欧根·杜林的“共同社会体系”》一文中把杜林的社会经济思想体系的发展划分为四个时期。第一个时期从1865年起，这一时期杜林的著作有《凯里在国民经济学说和社会科学中实行的变革》（1865年）、《资本和劳动。对老问题的新回答》（1865年）、《凯里的毁谤者和国民经济的危机》（1867年），这时的杜林是一位纯粹的现存经济制度的社会改革者，他坚决维护这种制度，极力证明它是正当的。第二个时期为1871—1875年，杜林出版的三部著作《国民经济学和社会主义批判史》（1871年）、《国民经济学和社会经济学教程。兼论财政政策的基本问题》（1873年）和《哲学教程——严密科学的世界观和人生观》（1875年）使他的观点的形成达到了高潮。第三个时期为1892—1900年，这一时期他的学说中的重要内容部分地被收回，有些还明显被限制，这可以从他在1892年出版的《国民经济学和社会经济学教程》第三版和1900年出版的《批判史》第四版中看出。第四个时期是1906—1907年，这时杜林的学术水平已经“降低到不像样”了。（参见中共中央马克思恩格斯列宁斯大林著作编译局国际共运史研究室编：《研究〈反杜林论〉参考史料》，生活·读书·新知三联书店1980年版，第129、190—191页。）

该书的第一编基本上写于1876年9月到1877年1月。这一编以“欧根·杜林先生在哲学中实行的变革”为题，以一组论文的形式陆续发表于1877年1—5月的《前进报》（1月3、5、7、10、12、14、17、24、26日，2月9、25、28日，3月25、28日，4月15、18、27、29日，5月11、13日第1、2、3、4、5、6、7、10、11、17、24、25、36、37、44、45、49、50、55、56号）。这一编还包括后来第一次出版该书单行本时抽出来作为整个三编的独立的总的引论的第一、二两章。

该书的第二编基本上写于1877年6—8月。这一编的最后一章即论述政治经济学史的第十章是马克思写的；第二编以“欧根·杜林先生在政治经济学中实行的变革”为题发表于1877年7—12月《前进报》学术附刊和附刊（7月27日，8月10、17日，9月7、14日，10月28日，11月4、28日，12月30日第87、93、96、105、108、127、130、139、152号）。

该书的第三编基本上写于1877年8月至1878年4月。它以“欧根·杜林先生在社会主义中实行的变革”为题发表于1878年5—7月的《前进报》附刊（5月5、26日，6月2、28日，7月7日第52、61、64、75、79号）。

《反杜林论》的发表引起了杜林分子的激烈反抗。1877年5月27—29日在哥达举行的党代表大会上，他们曾力图禁止在党的中央机关报上发表恩格斯的这部著作。该报在发表《反杜林论》时有很大的间歇，不能说不是由于他们的影响。

1877年7月，恩格斯这本书的第一编以“欧根·杜林先生在科学中实行的变革。一、哲学”为题在莱比锡出版了单行本。1878年7月，第二和第三两编以“欧根·杜林先生在科学中实行的变革。二、政治经济学。社会主义”为题也在莱比锡出版了单行本。同时，即在1878年7月8日前后，全书由恩格斯写了序言，出版了第一版，标题为：弗·恩格斯《欧根·杜林先生在科学中实行的变革。哲学。政治经济学。社会主义》[①]1878年莱比锡版（F. Engels. Herrn Eugen Dühring's Umwälzung der Wissenschaft. Philosophie. Politische Oekonomie. Sozialismus. Leipzig. 1878）。在以后的德文各版中，该书都是以上述标题出版的，只是没有副标题——“哲学。政治经济学。社会主义”。1886年该书第二版在苏黎世出版。经过修订的第三版于1894年在斯图加特出版，这是《反杜林论》在恩格斯生前出的最后一版。

恩格斯这本书的书名是讽刺地套用了1865年在慕尼黑出版的杜林的《凯里在国民经济学说和社会科学中实行的变革》（Carey's Umwälzung der Volkswirtthschafslehre und Sozialwissenschaft）一书的书名。杜林在该书中吹捧了庸俗经济学家凯里，后者实际上是他在政治经济学方面的门徒。恩格斯在1879年11月14日给奥·倍倍尔的信中把这部书称作《反杜林论》。1895年，列宁在他的《弗里德里希·恩格斯》一文中，沿用了“反杜林论”书名。后来，“反杜林论”就成为这部著作的正式书名，而原书名则作为副标题载入史册[②]。

1878年10月，《反杜林论》第一版出版后不久，俾斯麦政府开始实施“反社会党人非常法”，限制思想自由及打压马克思主义思想的传播。《反杜林论》和恩格斯的其他著作一样，遭到查禁。这一时期，德

① 《马克思恩格斯全集》第二十卷，人民出版社1971年版，第714—715页。

② 姚颖：《恩格斯〈反杜林论〉研究读本》，中央编译出版社2014年版，第20—21页。

国社会民主党被置于非法地位，马克思和恩格斯的著作以及宣传社会主义的图书和报刊均遭到查禁。恩格斯在第二版序言中曾写道：“在反社会党人法颁布之后，这部著作和几乎所有当时正在流行的我的其他著作一样，立即在德意志帝国遭到查禁。”①可是，这项法律查禁图书，限制社会主义思想发展的目的并没有达到，反而得到了适得其反的结果。

1880年，恩格斯应保·拉法格的请求，把《反杜林论》的三章（“引论”的第一章以及第三编的第一章和第二章）改写成一本独立的通俗小册子，小册子首先以“空想社会主义和科学社会主义”为题，后来又以“社会主义从空想到科学的发展”为题出版。这本小册子在恩格斯生前翻译成了多种欧洲语言，并且在工人中间得到了广泛的传播。这本小册子在恩格斯生前出的最后一个德文版（第四版），是1891年在柏林出版的。这本小册子在材料安排上与《反杜林论》的有关章节有所不同，并对《反杜林论》作了一些补充和改动②。

三、内容简介

恩格斯通过批判杜林哲学，对马克思主义基本理论作了系统的论述，形成了马克思主义理论体系的三个组成部分，即哲学、政治经济学和科学社会主义，这无疑成为后来人们理解和掌握马克思主义最直观和便捷的方式。《反杜林论》的基本结构主要由三个版本的序言、引论和正文组成，正文分为三编即“哲学”“政治经济学”“科学社会主义”，

① 《马克思恩格斯文集》第九卷，人民出版社2009年版，第10页。

② 《马克思恩格斯全集》第二十卷，人民出版社1971年版，第714—715页。

分别系统阐发了马克思主义三个组成部分的基本内容，并第一次揭示了三者之间的内在联系。

在“引论”中，恩格斯围绕社会主义这个核心概念，评述了社会主义理论产生的社会历史条件，回顾了马克思以前的各种社会主义流派的观点和表现，阐明了唯物史观和唯物辩证法的形成过程，以及唯物史观和唯心史观、辩证法和形而上学的根本区别。最后，恩格斯指出，马克思创立的唯物史观和剩余价值理论使社会主义从空想变为科学，而《反杜林论》就是对“这门科学的一切细节和联系作进一步的探讨”①。

“引论”中的概论是全书的总纲。恩格斯系统阐述了社会主义从空想到科学的发展过程，论证了马克思主义哲学、政治经济学、科学社会主义的基本观点以及三者之间的内在联系。其一，科学社会主义是社会经济和思想发展及工人阶级实践的产物。科学社会主义产生的直接思想来源是18世纪法国启蒙学者思想特别是19世纪的空想社会主义。启蒙学者提出对封建社会进行理性批判，提出“一切都必须在理性的法庭面前为自己的存在作辩护或者放弃存在的权利”②。这是具有历史进步意义的。但“这个理性的王国不过是资产阶级的理想化的王国”③，“为了使社会主义变为科学，就必须首先把它置于现实的基础之上”④。置于现实的基础之上即探讨一切社会变迁和政治变革的根本原因应到资本主义生产方式和交换方式中去寻找，到无产阶级实践中去寻找。而要实现

① 《马克思恩格斯全集》第二十六卷，人民出版社2014年版，第30页。
② 《马克思恩格斯文集》第九卷，人民出版社2009年版，第19—20页。
③ 《马克思恩格斯文集》第九卷，人民出版社2009年版，第20页。
④ 《马克思恩格斯文集》第九卷，人民出版社2009年版，第22页。

这一革命，需要有世界观上的革命性变革。

其二，唯物辩证法奠定了科学认识社会的理论基础。恩格斯深入考察了人类认识史和哲学发展史，论述了马克思主义哲学的变革以及唯物辩证法的产生，指出“现代唯物主义本质上都是辩证的”[①]。恩格斯主张自然观和历史观上都坚持辩证思维的方法。唯物史观的创立，是马克思主义哲学实现革命性变革的关键。唯物主义历史观的创立及其在现代社会中的应用，只有借助于辩证法才有可能。在此基础上，恩格斯系统地论述了唯物史观的基本原理：有文字记载以来的以往的全部历史都是阶级斗争的历史；任何时代的阶级斗争都是自己的时代的经济关系的产物；每一时代的社会经济结构形成一定的现实基础，而每一时代由法律设施和政治设施以及宗教的、哲学的和其他的观点所构成的全部上层建筑，归根到底都应由这个基础来说明，等等。这就科学地说明了社会历史是由经济必然性决定的自然历史过程，每一种生产方式都有其产生、发展和灭亡的历史，从而揭示了人类社会发展的普遍规律。

其三，唯物史观和剩余价值学说的创立使社会主义从空想变成科学。恩格斯具体审视了以往的社会主义理论的局限及唯心史观的错误，并指出了它们同唯物主义历史观是不相容的。它们不是剖析资本主义生产方式的客观的物质经济事实，去发现社会主义的必然性，而是到天才人物的头脑中去寻找；不是用社会存在说明人们的社会意识，而是用抽象的理性说明社会存在。他们虽然无情地揭露了资本主义剥削的罪恶，

---

① 《马克思恩格斯文集》第九卷，人民出版社2009年版，第28页。

却不能指出这种剥削是在哪里和怎样发生的。这样，他们既“不能说明这个生产方式，因而也就不能对付这个生产方式；它只能简单地把它当做坏东西抛弃掉”[①]。他们不是从现实的人类社会及其发展规律出发，其学说只能陷于空想，而不能变为现实。只有用唯物辩证的历史观来代替形而上学的唯心史观，才能使社会主义立足于现实之上成为可能。

唯物史观和剩余价值学说的发现，使得社会主义的任务“不再是构想出一个尽可能完善的社会制度，而是研究必然产生这两个阶级及其相互斗争的那种历史的经济的过程；并在由此造成的经济状况中找出解决冲突的手段”[②]。正是这两大发现，使社会主义由空想变成了科学。

在“引论”第二部分“杜林先生许下了什么诺言”中，恩格斯通过列举杜林对德国古典哲学家莱布尼茨和黑格尔，空想社会主义思想先驱傅立叶和欧文，以及拉萨尔和马克思的谩骂和攻击，说明杜林的狂妄自大：“这样，他就把自己说成是当代和‘可以预见的’未来的唯一真正的哲学家。谁同他不一致，谁就违背真理。”[③]

在“哲学”编中，恩格斯在批判杜林的反动的社会主义理论时，首先清算的是它的哲学基础，杜林的社会主义是以所谓新哲学体系的“最终形式”出现的。“新的社会主义理论是以某种新哲学体系的最终实际成果的形式出现的。因此，必须联系这个体系来研究这一理论，同时研

① 《马克思恩格斯文集》第九卷，人民出版社2009年版，第387页。
② 《马克思恩格斯文集》第九卷，人民出版社2009年版，第388页。
③ 《马克思恩格斯文集》第九卷，人民出版社2009年版，第31页。

究这一体系本身。”[①]杜林的庸俗社会主义观点是建立在唯心主义哲学体系基础上的，恩格斯首先批判杜林的哲学基础，指出其唯心主义世界观的实质，同时阐明马克思主义哲学基本观点，对唯物史观作出丰富论述，将同杜林思想的论战转变成对马克思和恩格斯主张的“辩证方法和共产主义世界观的比较连贯的阐述”[②]。这对统一德国社会民主党及工人阶级的思想具有重要意义。

“哲学”编包括四个部分，共12章。批判杜林在构建哲学体系，进行哲学分类问题上的唯心主义先验论，自然观的机械论，真理观上的绝对主义，以及社会历史观的唯心主义。在批判杜林的同时，恩格斯论述了唯物论反映论的原理，世界的物质统一性的原理，真理观的辩证法，唯物辩证法及其基本规律，并对道德和法、平等和自由作了唯物辩证的分析。其一，恩格斯首先揭露和批判了杜林世界模式论的唯心主义和形而上学实质。杜林颠倒思维原则和客观存在的关系，把原则看作在世界形成之前就永恒地存在着，并以此来构造现实世界的东西，其性质是先验唯心主义的。杜林错误的根源，在于他完全形而上学地看待事物，把意识、思维当成某种现成的东西，而不去考虑意识产生和发展的过程，思维和存在的对立统一关系。对此，恩格斯阐明了原则和现实世界的关系，提出“原则不是研究的出发点，而是它的最终结果；……原则只有在符合自然界和历史的情况下才是正确的”[③]。其次，阐明了世界的统一性并不在于它的存在性而在于它的物质性。恩格斯指出杜林的错误在

① 《马克思恩格斯文集》第九卷，人民出版社2009年版，第8页。
② 《马克思恩格斯文集》第九卷，人民出版社2009年版，第11页。
③ 《马克思恩格斯文集》第九卷，人民出版社2009年版，第38页。

于：杜林不仅把存在的唯一性变成它的统一性，而且用世界统一的概念来说明现实世界的统一。而事实却是世界的统一性决定思维的统一性。杜林错误的根源，在于他不理解“存在”的科学含义及其和世界统一性的辩证关系。恩格斯科学阐述了“存在”的基本内容，论述了存在与世界统一性的辩证关系，强调世界的统一性并不在于它的存在，而在于它的物质性，这是由哲学和自然科学的长期的持续的发展来证明的。

其二，在有关“道德和法”的章节中，恩格斯批判了杜林形而上学绝对主义的永恒真理观、永恒道德观，进一步论述了马克思主义的真理观和道德观。他首先批判杜林真理观的绝对主义性质。杜林提出“永恒真理”的概念，认为真正的真理是根本不变的，杜林认为，“把认识的正确性设想成是受时间和现实变化影响的，那完全是愚蠢”[①]。恩格斯指出，杜林的永恒真理观，是以形而上学的思维方式为基础的绝对主义真理观，忽视了认识的历史性，把人们在一定历史条件下获得的认识作了非历史的理解。杜林“企图从永恒真理的存在得出结论：在人类历史的领域内也存在着永恒真理、永恒道德、永恒正义等等”[②]。其次，是批判杜林的永恒真理论，阐述了真理的相对性。在恩格斯看来，杜林的错误在于他把当下的真理看成永恒的，并把这个看法推广到一切领域。他的永恒真理是对科学真理的庸俗化。人们对真理的认识和把握是一个过程。否认人可以把握绝对真理是错误的，而认为绝对真理在一定的历史条件下就能够被把握同样是错误的。恩格斯从人们关于无机界、有机界、人类社会的认识成果的实际情况，具体说明了真理以及人们对它的

① 《马克思恩格斯文集》第九卷，人民出版社2009年版，第90页。

② 《马克思恩格斯文集》第九卷，人民出版社2009年版，第95页。

把握总是不断发展的，因而每个历史条件下人们获得的真理在本质上总是相对的，而人们把握绝对真理正是通过人们把握相对真理的无限延续来实现的。再次，逻辑地提出思维至上性是在一系列非至上的思维着的人中实现的。杜林的永恒真理观是以肯定思维的至上性、贬抑思维的非至上性为前提的。此处的思维的至上性，是指思维所具有的对整个世界的完全正确把握的性质；而思维的非至上性，是指思维所具有的对世界的相对的、有限的正确把握的性质。杜林认为，个人的思维都是至上的、无限的。恩格斯则批判认为，思维的至上性只有在人类的层面上才是可能的，而每个人的思维总是非至上的、有限的。然而，思维的至上性和非至上性之间存在着密切的关系，人类思维的至上性是在一系列非至上的思维着的人们中实现的，只有通过人类生活的无限延续才能完全实现。而它的个别实现和每次的实现，又是非至上的。杜林就是没有看到这一点，从而陷入了非此即彼的片面思维中。最后阐明了真理和谬误的对立只是在非常有限的领域内才具有绝对的意义。针对杜林认为真正的真理是不变的这一绝对主义观点，恩格斯分析了真理和谬误之间的关系，进一步说明认识的辩证性质。他认为，在特定条件下，在认识论中，真理和谬误的对立“只是在非常有限的领域内才具有绝对的意义”[①]。在一定条件下，真理和谬误的对立是绝对的，二者界限不能混淆。但是，一旦超出这个一定的范围，真理和谬误的对立就是相对的了。恩格斯批评说，只要杜林稍微知道一点“辩证法的初步知识”[②]，他就会知道“只要我们在上面指出的狭窄的领域之外应用真理和谬误的

---

①《马克思恩格斯文集》第九卷，人民出版社2009年版，第96页。

②《马克思恩格斯文集》第九卷，人民出版社2009年版，第96页。

对立，这种对立就变成相对的……对立的两极都向自己的对立面转化，真理变成谬误，谬误变成真理”①。

从唯物史观出发，恩格斯批判了杜林的超历史、超阶级的永恒道德观，阐述了马克思主义道德观的主要内容。恩格斯首先批判了杜林的永恒道德观，阐述了道德的历史性、阶级性。他认为，“一切以往的道德论归根到底都是当时的社会经济状况的产物”②，并随经济关系的变化而变化，根本不存在永恒不变的道德原则。恩格斯依据原始社会、封建社会、资本主义的社会经济状况不同决定了人们的道德观念也不同的事实，强调在阶级社会中，道德具有强烈的阶级性。由于不同阶级之间利益的根本对立，决定不同阶级的道德观念以及善恶标准也不一样，根本不存在超阶级的道德观念。其次是恩格斯肯定了共同的经济基础所决定的道德的共同性的存在，“对同样的或差不多同样的经济发展阶段来说，道德论必然是或多或少地互相一致的”③。但这种共同性也是相对的，会随着经济基础的变化而变化。恩格斯最后论述了只有消灭了私有制和阶级对立的经济基础，真正形成人的道德才成为可能。

其三，杜林从抽象的人和人性出发，主张超阶级、超历史的平等观，否认了道德、平等的社会历史根源，陷入了唯心史观。恩格斯通过分析批判，论述了马克思主义平等观的基本内容。首先，恩格斯指出杜林的平等观念充分暴露出其唯心主义和形而上学性质。杜林认为，社会生活中最简单的要素是“两个人”，平等就是“两个人的意志”彼此完

---

①《马克思恩格斯文集》第九卷，人民出版社2009年版，第96页。

②《马克思恩格斯文集》第九卷，人民出版社2009年版，第99页。

③《马克思恩格斯文集》第九卷，人民出版社2009年版，第99页。

全的平等。他把这个原则当作“公理”，说这个公理不仅是“道德上的正义的基本形式”，而且也是“法律上的正义的基本形式”。杜林的平等观是超阶级、超历史的抽象的平等观，是唯心主义和形而上学在平等问题上的典型表现。杜林对某一对象的特性不是以对象本身去认识，而是从对象的概念中逻辑地推论出来，纯粹是一种本末倒置的唯心主义。恩格斯强调，如果脱离一切现实的社会关系和阶级关系，这两个人就不是现实的人，而是两个十足的幽灵，是杜林想象出来的抽象的人性。而两个人的意志彼此完全的平等则只是杜林的臆想，在现实的社会中是不可能存在的。所以，杜林的平等观不过是资产阶级抽象平等观点的翻版。其次，恩格斯论述了平等的本质及其特征，认为平等观念像道德观念一样植根于社会经济状况，是对一定经济关系的反映。平等是随着经济社会的变化而变化的。平等观念具有历史性和具体性，在阶级社会具有阶级性。恩格斯还对平等观念的发展过程，进行了详尽的历史和阶级考察，进一步说明绝对平等是不存在的。他指出：“平等的观念，无论以资产阶级的形式出现，还是以无产阶级的形式出现，本身都是一种历史的产物，这一观念的形成，需要一定的历史条件，而这种历史条件本身又以长期的以往的历史为前提。”[①]在此基础上阐明了无产阶级平等要求的实质是消灭私有制。

其四，恩格斯揭露和批判了杜林在法的方面的自我吹嘘和无知，以及在自由和必然关系问题上的谬论，科学地解决了自由和必然之间的辩证关系。

---

①《马克思恩格斯文集》第九卷，人民出版社2009年版，第113页。

恩格斯在实践基础上唯物地辩证地阐明自由与必然的关系。首先，自由不在于摆脱自然规律而独立，相反是以自然界和社会的客观必然性为前提的，这就明确划清了唯物主义决定论和唯心主义非决定论的界限。其次，自由是对必然性的认识，自由的大小取决于对客观必然性认识的深浅。再次，更为重要的是，自由是依据对必然性的认识去支配外部世界，即有效地改造世界。不管是对必然性的认识，还是对外部世界的改造，都要靠人们的社会实践。因此，实践是自由和必然相互转化的基础和条件。最后，自由是历史发展的产物，人类的发展过程是从必然王国走向自由王国的过程。列宁在《唯物主义和经验批判主义》一书中，高度评价了这一思想在认识论上的重要意义。毛泽东在1962年《在扩大的中央工作会议上的讲话》中进一步提出了自由是对必然的认识和对客观世界的改造的思想。

在“政治经济学”编中，恩格斯批判了杜林的“暴力论”，论述了暴力在社会发展中的作用——暴力是每一个孕育着新社会的旧社会的助产婆。恩格斯首先阐明了暴力是手段、经济利益是目的。杜林在《国民经济学和社会经济学教程》一书中，提出了政治决定经济的暴力论思想，并以此作为其经济学的理论基础，认为政治暴力是社会生活的本原的东西，是产生私有制和阶级的根源，并斥责暴力的作用，以暴力说明历史过程，颠倒了经济和政治暴力的关系。恩格斯认为杜林的原理并不独特，已像历史记载本身一样古老了。从有文字记载的历史以来，所谓政治暴力指的是国家权力的主要支柱——军队警察，等等。以往很多思想家在政治和经济的关系问题上不了解经济的决定作用，认为国家机器具有强制性的作用，历史发展的动力是由少数人动机决定的，这是唯心史观的突出表现之一。而唯物史观认为，“暴力仅仅是手段，相反，经济利益才是目的”[①]。不是暴力决定经济状况，而是政治暴力为经济服务。

其次是论述私有制在历史上出现，绝不是掠夺和暴力的结果。针对杜林的暴力产生奴役制的观点，恩格斯首先认为奴役制是生产发展和分配关系变化的产物。一个人想要奴役另一个人必须具备两种东西：一是奴隶劳动所需要的工具和对象，二是维持奴隶生存最低限度的生活资料，这些都需要一定水平的财产。而这些财产，是生产力发展到一定阶段才能生产出来的。只有先有私有财产，然后暴力才能掠夺。奴役制的产生不是暴力作用的结果，而是生产力发展的结果。他还详细分析了阶级产生和私有制产生的原因、过程，进一步证明私有制的形成不是暴力的结果，而是由于纯粹经济的原因造成的。他强调，在私有财产形成的任何地方，这都是由于改变了的生产关系和交换关系，是为了提高生产和促进交流，因而是由于经济的原因产生的。在这里，暴力根本没有起任何作用。在人类社会发展的历史过程中，暴力虽然可以改变占有状况，但是不能创造私有财产本身，私有制的产生、更替和消灭的根源，不是政治暴力，而是社会经济的发展。

最后指明暴力是社会运动借以为自己开辟道路并摧毁僵化的垂死的政治形式的工具。在杜林看来，暴力造成奴役制，就是原罪。对此，恩格斯科学地论述了政治和经济的关系，在肯定经济决定作用的前提下，分析了暴力在历史上的作用，指出暴力不是绝对的坏事。暴力的好坏，

---

① 《马克思恩格斯文集》第九卷，人民出版社2009年版，第167页。

取决于它对经济和社会发展作用的性质。暴力在一定的社会历史条件下起着革命的作用，它是每一个孕育着新社会的旧社会的助产婆，是社会运动借以为自己开辟道路并摧毁僵化的垂死的政治形式的工具。马克思主义强调，由于无产阶级和资产阶级之间不可调和的对抗性，无产阶级革命必须通过暴力的手段，打碎资产阶级国家机器，建立无产阶级专政，才能彻底改变资本主义生产方式，为发展生产力开辟广阔道路。革命暴力是无产阶级获得解放、用无产阶级专政代替资产阶级专政的一般原则。

在“科学社会主义”编中，恩格斯从空想社会主义者的思想材料出发探索了社会发展的经济根源，在对独立的空想社会主义的批判中，概括地论述了社会主义的基本特征，全面看待和评论空想社会主义者的观点。通过唯物主义历史观和剩余价值理论的科学运用，指出资本主义生产存在的问题，同时提出他对社会主义发展特征的认识。恩格斯提出要以社会的名义直接占有生产资料，就是指社会的全体成员，不是由社会部分成员联合成一个个独立的经济组织的集体所有制，而是随着国家的消亡，对人的统治开始由物资管理和对生产过程的领导所代替。这个时候，在整个社会直接占有一些生产资料的前提下，未来社会将在全体成员的参与中来管理运行。全社会有计划地自觉组织生产。恩格斯说，一旦社会占有了生产资料，商品生产就将被消除，而产品对生产者的统治也将随之消除。社会主义社会是在消灭了资本主义私有制条件下实行全部生产资料公有制的基础上组织生产，所以用来代替资本主义社会生产内部无政府状态的是有计划地、自觉地组织生产。

《反杜林论》钱铁如译本考释

《反杜林论》出版以后，迅速在世界各国广泛传播。根据《反杜林论》中两个章节改写的《社会主义从空想到科学的发展》，在一定时期内翻译、译介、重印的版次比《共产党宣言》和《资本论》还要多[①]，这甚至出乎恩格斯的预料。“这本东西产生了完全出乎我意料的影响，特别是在俄国。可见，尽管同不足道的对手进行论战不可避免具有枯燥的性质，但是我们百科全书式概述了我们在哲学、自然科学和历史问题上的观点，还是起了作用。”[②]到1960年前，苏联曾用18种文字出了63种版本的《反杜林论》，总发行量达2461000册。[③]《反杜林论》有力地推动了国际工人运动，促进了马克思主义在更大范围内的传播和发展。

从1920年第一篇有关《反杜林论》的中文版译著出现算起，到今天已经整整有一百年了。这期间，《反杜林论》被不同的译者翻译了很多不同的版本，今天我们比较熟悉的有吴亮平不同时期的四个版本、钱铁如译本、中央编译局组织编译的《马克思恩格斯全集》和《马克思恩格斯选集》不同时期的各种版本等。它们共同推进了唯物辩证法、自然观、唯物史观以及科学社会主义等马克思主义中国化范畴、概念、逻辑

---

① 恩格斯在1892年4月20日英文版导言中说：“据我所知，其他任何社会主义著作，甚至我们的1848年出版的《共产主义宣言》和马克思的《资本论》，也没有这么多的译本。”

② 梁家珍：《恩格斯与伯恩施坦通信集（1879—1895年）》，人民出版社1982年版，第326页。

③ 高海清主编：《马克思主义哲学名著评介》，吉林大学出版社1989年版，第248页。

以及思维倾向的确型。作为我国早期《反杜林论》译著的一本，钱铁如译本在传播马克思主义、寻找民族复兴理论、扩大共产党的影响等方面，都发挥了极其重要的作用。

一、译介背景

《反杜林论》被介绍到中国是在五四运动以后。早在19世纪40年代，马克思的学说就已经在欧洲创立了，并在世界范围内逐渐产生了影响。在中国，孙中山、朱执信、梁启超等人也都提及和宣传马克思主义，孙中山甚至还去俄国考察和总结过俄国革命胜利的经验。但直到俄国十月革命胜利之后，马克思主义才越来越多地被中国人所接受。“由于俄国与中国都属于经济、文化比较落后的国家，俄国社会和中国社会有不少相似或相近之处，俄国革命的经验、十月革命的道路和列宁主义的基本内容，便对中国的革命者和先进的知识分子有着极大的吸引力。所以，在五四‘运动’之后，在传入中国的众多的西方思潮和派别中，惟有马克思列宁主义‘独领风骚’，为进步知识分子和广大革命群众所接受和选择，发生最为持久而深远的影响。”①

这一时期翻译了一系列的政治性很强的经典著作，如《共产党宣言》《社会主义从空想到科学的发展》以及《哥达纲领批判》《国家与革命》《无产阶级专政时代的政治与经济》等。比如，1920年12月，上海《建设》杂志第三卷第1号上刊载了一篇题为“科学的社会主义与唯物史

① 王守常、张翼星、陈岸瑛、李菱：《马克思主义哲学在中国》，首都师范大学出版社2002年版，“前言”第1页。

观”的译文，这篇文章的作者是日本著名的马克思主义经济学家河上肇[①]，译者为同盟会成员徐苏中。该文摘录了《反杜林论》第三编第二、三章和《社会主义从空想到科学的发展》中的部分内容，被认为是《反杜林论》一书中最早和我国读者见面的内容[②]。这一时期，中国共产党利用有利的革命形势，建立了以上海书店为中心的新的出版发行网，专门印行马克思主义、列宁主义著作和《向导》《新青年》《前锋》等刊物。1921年9月1日，在上海正式成立了党的第一个出版机构——人民出版社。该出版社主要出版马克思主义的理论著作和翻译著述。该社曾计划出版《马克思全书》15种。除《马克思传》外，其中有马克思著作11种，恩格斯著作1种，马克思、恩格斯著作2种，包括了马克思主义的3个组成部分——哲学、政治经济学、科学社会主义的基本内容。但由于种种原因，计划没有实现，实际上只出版了3种著作：《共产党宣言》《工资、劳动与资本》《马克思资本论入门》。这些出版机构和刊物为马克思主义在中国的更广泛的传播创造了有利的宣传条件[③]。

此外，《反杜林论》还通过被党的早期理论家在著作或文章中借鉴和使用的方式而传播于世。相比于唯物史观和科学社会主义的著作，以《反杜林论》为代表的唯物辩证法的著作传播进来得相对比较晚一点。

---

① 河上肇（1879—1946），日本经济学家，日本马克思主义研究的先驱者。有志于解决贫困等社会问题，从研究资产阶级政治经济学，逐渐转变为马克思主义的宣传和阐述者。创刊《社会问题研究》，发表多种政治经济学著作，对马克思主义在日本的传播有一定的影响。参加过无产阶级解放运动，一度被捕入狱。主要著作有《贫乏物语》《唯物史观研究》《社会组织与社会革命》《经济学大纲》《资本论入门》。河上肇的著作，不仅在日本，对中国的革命者也曾产生巨大影响。

②《〈反杜林论〉中译版本琐记》，载《四川图书馆学报》1982第3期，第44—45页。

③ 王守常、张翼星、陈岸瑛、李菱：《马克思主义哲学在中国》，首都师范大学出版社2002年版，第82—83页。

自马克思主义传入中国以来，李大钊、陈独秀、李达等人主要宣传唯物史观，对辩证唯物主义几乎没有涉及。1924年前，中国刊物上几乎没有一篇文章介绍辩证唯物主义和应用它去解决一些哲学问题。马克思主义传入中国主要有三条路径：欧洲、日本、俄国，从不同路径译介出来的理论侧重点也不尽相同。李大钊和李达传播的马克思主义来源于日本，他们将马克思主义界定为唯物史观。李大钊在《新青年》发表的《我的马克思主义观》，系统介绍了马克思主义理论，在当时的思想界产生了重要影响，他在文中就将马克思学说界定为唯物史观[①]。李达的早期著作《现代社会学》[②]的主要内容同样是唯物史观。这种普遍的理论主张却在之后成了瞿秋白从苏联引入马克思主义哲学时的批评对象。在瞿秋白看来："马克思主义，通常以为是马克思的经济学说，或者阶级斗争论，如此而已。其实这是大错特错的。马克思主义是对于宇宙、自然界、人类社会之统一的观点，统一的方法。"（《瞿秋白文集》第四卷，第18页）[③]1924年，上海书店出版刊行了瞿秋白的《社会哲学概论》，这是中国第一本马克思主义哲学教科书。瞿秋白在他的这一哲学论著中比较全面、系统地阐述了马克思主义哲学的基本理论观点，为马克思主

---

① 参见凌霜（黄文山）的《马克思学说批评》："马克思的学说大约可分为三大要点：（一）经济论，（二）唯物史观，（三）政策论。"同期渊泉（陈溥贤）的《马克思的唯物史观》转述河上肇的话亦云："马克思的社会主义在学问上有两大根基。其一是历史观，其一是经济论。"（《新青年》1919年第6期第5号，第466、509页。）

②《现代社会学》是李达在湖南自修大学等校讲授唯物史观的基础上用文言文写成的，由湖南现代丛书社于1926年6月出版。此书是一部系统阐述唯物史观和科学社会主义的专著，也是马克思主义哲学在中国传播中由中国知识分子自己编写的一部规模较大、独成体系的著作。此书出版后，就迅速在革命知识分子中广为流传，1926年至1933年的7年内连续印行了14版。

③ 王南湜、侯振武：《马克思主义哲学中国化的双重逻辑及其意蕴》，载《哲学研究》2014年第9期，第3—11页。

义的唯物论、认识论、辩证法思想在中国的深入传播奠定了基础。自五四运动马克思主义开始传入中国以来，许多进步的思想家对马克思主义的唯物史观进行了较多的研究和宣传，而对马克思主义的辩证唯物论思想却很少涉及，直到瞿秋白才开始注意这个问题。他在《社会哲学概论》中第一次把辩证法与唯物论作为一个整体进行宣传，使中国无产阶级开始全面认识和掌握辩证唯物论这一马克思主义哲学的重要原理。其主要观点就是参照了恩格斯《反杜林论》的观点，肯定了意识与实质（客观存在）的关系是哲学的基本问题，并区分了哲学上的唯物论与唯心论。1922年1月，邓中夏在中国社会主义青年团的机关报《先驱》①创刊号上发表了《共产主义与无政府主义》，其中就引述了《反杜林论》的内容，他用马克思主义阶级分析的方法，深入分析了共产主义与无政府主义的异同，给当时的青年很大启发。

20世纪20年代的中国知识界，特别是中国共产党对马克思主义哲学文本材料的占有程度还非常有限，对马克思主义哲学的外延、所涵盖的内容等方面的定性、分疏尚未明晰。虽然马克思主义哲学已经频频在杂志报纸等媒介上登台亮相，受到社会各方的关注讨论，马克思主义也在新文化运动中引起过广泛的社会论争，但是从文本形态来看，此时对马克思主义哲学的介绍还多为第三方的转述、引证和原典的摘译、选

① 《先驱》在“发刊词”中提出“本刊的任务”：“一是努力唤醒国民的自觉，打破因袭、奴性、偷情和倚赖的习惯而代以反抗的创造的精神，使将来各种事业都受着这种精神的支配而改变；二是努力研究中国的客观的实际情形，而求得一最合宜的实际的解决中国问题的方案。此外，还要介绍各国社会主义运动的成功和失败之点提供我们运动的参考。”邓中夏的《共产主义与无政府主义》即是在这样的创刊任务下写成的。《先驱》在加强团的思想建设，宣传马克思列宁主义并倡导团员运用马克思列宁主义解决中国问题诸方面，都有开创作用，邓中夏无疑具有开创之功。参见李永春：《邓中夏对创建和发展社会主义青年团的贡献》，载湘潭大学毛泽东思想研究中心：《毛泽东研究》2014年卷，第155—165页。

译。1920年以前，马克思恩格斯的著作没有一部中文全译本，列宁的文章也未被译成中文。到中国共产党成立之际，全本翻译并以单行本出版的马克思恩格斯原典也只有《共产党宣言》和《〈资本论〉第一版（序言）》。中国共产党成立以后，建立了出版发行机构，印刷马克思主义哲学理论书籍；创设党报党刊，刊发马克思主义哲学类文章；兴办学校，由教员撰写马克思主义哲学讲义；设立“左联”“社联”等机构，学习宣传马克思主义哲学；北京和上海两地成为理论宣传的中心，等等。此后马克思主义哲学相关著作的翻译和撰写如雨后春笋涌现出来。因此，中国共产党的理解和阐释确立了中国马克思主义哲学的基本定向①。

1924年至1927年，中国大地上爆发了轰轰烈烈的反对帝国主义、反对封建军阀的革命运动。这场革命运动席卷全国，规模之大，发动群众之广，影响之深远，在中国近代革命历史上是前所未有的。1927年，大革命以失败落幕，中国革命也陷入低潮。马克思主义的传播暂时性受到影响，不能公开而广泛地传播。中国知识界开始进一步探寻辩证唯物主义与历史唯物主义的深刻内涵，中国的道路选择、中国的发展方向等一系列亟待解决的问题摆在中国人面前。所以，在这样的境况下，人们对马克思主义理论的渴求是很强烈的。马克思主义经典著作的翻译出版采取了隐蔽的形式进行，中国共产党人在白色恐怖的笼罩下，竭尽全力通过各种意想不到的方式组织了一批党的理论宣传骨干与先进知识分子，在国民党统治区域内以各种“伪装书”的形式传播马克思主义。从

---

① 黄自立:《〈反杜林论〉吴亮平译本对中国马克思主义哲学的贡献》，载《马克思主义研究》2018年第3期，第107—115页。

20世纪30年代开始，国民党在政治方面采取高压政策，在文化方面展开严密的控制和“围剿”，但中国马克思主义者依然利用上海那些由大大小小的书店为枢纽构成的翻译者、出版发行者和读者三位一体的出版传播网络，在马克思主义经典著作的翻译出版方面做了大量工作[①]。“不但‘商务’‘中华’‘开明’这样以文化积累和开启民智为本的书店得以繁荣，就是那些呼号救亡鼓吹进步的激进的灵魂们也在这里找到了栖身之所。”[②]

20世纪20年代末到30年代中期，中国的马克思主义经典著作翻译出版进入了一个新阶段，出版以德文本、英文本、日文本和俄文本为翻译底本的中文全译本是这一时期马克思主义著作在中国传播的主要形式。在这一背景下，《反杜林论》这部马克思主义的“百科全书”就成为中国革命者重点宣介的对象。

1927年大革命失败后，中国共产党中央和各级组织以及一些进步文化工作者，以公开或秘密的形式继续宣传马克思主义，翻译出版马克思主义经典著作。1928年5月，上海进步团体创造社出版了恩格斯的《社会主义从空想到科学的发展》（当时书名为《社会主义的发展》）单行本。这是朱镜我在日本时，根据敦克尔编的《社会主义的发展》一书翻译的。中译本出版时为了避免政府的注意就沿用了这个书名。当时上海泰东图书局出版了黄思越译的该著作的另一个版本，书名改为“社会发展史纲”。同年，创造社编辑出版了两种有影响的刊

① 徐素华：《马克思恩格斯著作在中国的传播》，中国社会科学出版社2013年版，第57页。

②《生活·读书·新知三联书店文献资料集》（上），生活·读书·新知三联书店1996年版，第178页。

物——《思想》和《流沙》。其中的《思想》月刊在第2、3期上刊载了马克思《哲学的贫困》一书的摘编，题目为“《哲学底贫困》底拔萃”。《流沙》也在1928年5月的特刊号上发表了编者李一氓为纪念马克思诞辰110周年而编译的《唯物史观原文》一文，辑录了马克思《〈政治经济学批判〉序言》《共产党宣言》和《资本论》中有关唯物史观的论述。

1929年，“可以说是关于社会科学出版物风行一时的年头”，仅据1930年1月《新思潮》刊物的调查数目统计就达150种以上，其中“新兴的社会科学类的马克思主义唯物辩证法、政治经济学书籍占绝大多数”[①]。到了20世纪30年代，中国的知识分子和理论工作者开始把重点转移到唯物辩证法方面，除了大量翻译有关这方面内容的书籍外，他们还自己撰文介绍和研究唯物辩证法，为此引起了一场关于唯物辩证法的论战。这一时期，许多马克思主义者和进步的文化工作者对马克思主义哲学的系统传播起到了重要的作用。其中，张如心、吴亮平、沈志远、艾思奇、李达等人较为突出。中国人自己撰写和出版了一些重要的马克思主义著作，如张如心的《无产阶级哲学》《辩证法学说概论》《苏俄哲学概论》《哲学概论》，吴亮平的《辩证唯物论和唯物史观》，沈志远的《黑格尔与辩证法》《新哲学词典》《现代哲学基本问题》，李达的《社会

---

① 君素：《一九二九年中国关于社会科学的翻译界》，载《新思潮》1930年第2、3期合刊。

学大纲》[1]，等等。

在马克思主义全面系统传入中国的思想文化背景下，1930年11月，吴亮平翻译的《反杜林论》全本在上海江南书店出版。随后，同年12月，钱铁如的《反杜林格论》（上册）由昆仑书店出版。一方面，马克思主义在中国的这样一种传播，给《反杜林论》的出现提供了一个理论支撑和文化土壤；另一方面，《反杜林论》的翻译推动了马克思主义具体系统全面的发展，表征着马克思主义哲学发展到了一个新的高度。马克思主义的先进思想是不会被高压政策和文化清扫所轻易击败的，它在所有追求进步和试图改造中国的人们心中埋下了理想的种子，成为马克思主义这棵参天大树的根基。当时的人们对马克思主义的兴趣大大提升，阅读和研究马克思主义成为进步的象征，进步青年争先恐后地获取马克思主义经典文本。比如，艾思奇的《大众哲学》，从1936年到1948年共出了32版，在中国知识界和普通民众中得到广泛传播。这种文化需求促进了马克思主义经典著作翻译出版。《反杜林论》正是在这样的背景下，被广泛宣传介绍，并拥有了众多的翻译版本。

---

① 这一时期，在系统传播马克思主义哲学方面最具有影响力的理论工作者，无疑非李达莫属。从1929年到1932年，李达翻译出版了5本马克思主义哲学著作，即《社会科学概论》《现代世界观》《理论与实践的社会科学根本问题》和《辩证唯物论教程》。与别人合作翻译了《马克思主义经济学基础理论》（再版）、《农业问题之理论》等。他的这些译著对马克思主义哲学的系统传播起到了重要的作用。除了翻译理论著作外，他还自己撰写理论专著，仅1929年，就连续出版了《中国产业革命概观》《社会之基础知识》《民族问题》3本专著。这是他在当时中国革命遭受挫折的情况下运用马克思主义哲学分析中国实际的重要著作。在这些书中，他分析了中国社会的性质和中国革命的性质，论述了中国革命的对象、动力和发展中国产业等问题（转引自王守常、张翼星、陈岸瑛、李菱：《马克思主义哲学在中国》，首都师范大学出版社2002年版，第96页）。李达的《社会学大纲》，被毛泽东誉为“中国人自己写的第一本马克思主义哲学教科书”，并号召党的高级干部学习此书，还曾当面称赞李达是“理论界的鲁迅”。毛泽东曾说他把《社会学大纲》读了10遍，写下了很多批注。这些书很多在昆仑书店出版。

二、编译出版情况

新中国成立前，出版了很多《反杜林论》的译著版本。除了吴亮平《反杜林论》中文全译本和钱铁如的《反杜林格论》上册，还有很多学者翻译了该书的中文摘译文或部分译本。尽管有些译本并不完整，但是对马克思主义基本原理在中国的传播也起到了不可忽视的历史作用。了解这些摘译本或部分译本的版次和内容有助于思考马克思主义基本原理在中国的传播进程。

杜畏之摘译《反杜林论》第二版序言和“概论”部分第一至六自然段，标题为“反杜林论别序”“现代自然科学中之辩证法”，收录于1932年8月出版的《自然辩证法》第159—168、557—560页。

程始仁摘译《反杜林论》“概论”部分，标题为“唯物辩证法与马克思主义”，著者译为“昂格思”。载于1930年4月上海亚东图书馆出版的《辩证法经典》第135—158页[①]。

叶作丹摘译《反杜林论》“哲学”编第七节“自然哲学。有机界”中“达尔文学说”部分[②]，标题为“达尔文学说之基础的要素”，载于1930年6月出版的《马克思学体系》第三册第39—41页。

周建人摘译《反杜林论》第一编第三、六、十、十一、十二、十三节，第二编第二、四节，第三编第二、五节的部分章节和段落，标题为

---

① 北京图书馆马列著作研究室编：《马克思恩格斯著作中译文综录》，书目文献出版社1983年版，第108—110页。

② 摘译部分参见《马克思恩格斯全集》第二十卷，人民出版社1971年版，第74—75页。

“杜林君在科学中的革命”，载于1948年8月出版的《新哲学手册》第24—84页。

梁武译《新哲学典范》和《新经济学典范》，1949年10月上海文源出版社出版，《新哲学典范》包括：《反杜林论》第一版序言，“引论”第二节“杜林先生许下了什么诺言”和第一编“哲学”编。全书共127页，32开，竖排平装本。《新经济学典范》包括：《反杜林论》的第二编“政治经济学”，书前有写于1949年7月的“编者序”。全书共134页，32开，竖排平装本。此外，郑易里还摘译了《〈反杜林论〉的准备材料》第二编第二章和第三编第一章，标题分别为“奴隶制度”和“傅利叶”，载于1950年9月版《自然辩证法》第374—375、375—376页。从“准备材料”中可以更好地把握恩格斯撰写《反杜林论》的思想历程。

比较这一时期《反杜林论》的不同版本见下表。

《反杜林论》作者及书名的翻译比较[1]

译者	苏中	吴亮平	程始仁	叶作舟	钱铁如	郑里镇	杜畏之	德文
书名	丟林科学底变革	反杜林论	反笛灵格论	反杜林格	反杜林格论	杜林格的科学的变革	反杜林论	Herrn Eugen Dührings Umwälzung Der Wissenschaft
译名	阴格尔	恩格斯	昂格思	恩格思	恩格斯	恩格尔	恩格斯	Friedrich Engels

① 在《反杜林论》的文本对比上，笔者讨教了中共中央党校（国家行政学院）何建华老师和黄自立博士，两人合作在国内重要期刊上发表多篇论文。黄博士研究的方向就是《反杜林论》的汉译传播，他给笔者提供了相当详细的译者考证，慷慨地把相关原始著作文本电子版发给笔者。同时坦诚地告知其博士论文答辩中老师提出的中肯的修改意见，以供笔者在写作中参考。本书在文本考证、译文解析、对比论证中吸收和借鉴了他们的一些观点，比如，其考证叶作丹实为叶作舟，此表采用其说法。

此处用以对比的文本中，除杜畏之译本以1949年10月初版的新译节选本为参照外，另外6个译本均以初版原文为参照。此外，还使用中共中央马克思恩格斯列宁斯大林著作编译局译、人民出版社出版发行的《反杜林论》1999年12月第三版，外文出版社（北京）出版的《反杜林论》德文本1972年第一版，外文出版社（北京）出版的《反杜林论》英文译本1976年第一版作为对照。此时对“恩格斯”的姓氏和“反杜林论”的书名翻译未达成普遍认同。在书名的选取上，苏中和郑里镇参照的是恩格斯使用的德文原名“欧根·杜林先生在科学中实行的变革”，其他版本的翻译依照的都是列宁所作的简称“反杜林论”。20世纪30年代的版本中，钱铁如版、程始仁版以及郑里镇版在名称上都有一个“格”，估计当时没有统一的译名，只能根据译者自己的发音习惯翻译而成[①]。

“虽然未有直接证据说明各译者的翻译母本确实从俄国版本而来，但从翻译的语言表现来看，能看到俄国马克思主义在此时中国马克思主义传播中的主要地位，俄国马克思主义的语言方式在此时的中国马克思主义中有重要影响力。”[②]

在这些版本中，吴亮平译本影响最大，毛泽东“其功不在禹

① 关于德语里“Dühring”中的“g”以及俄语“Анти-Дюринг”翻译中“г”的发音和变格的相关译法参考中央党史和文献研究院第五研究部姚颖研究员的相关研究成果。

② 黄自立：《〈反杜林论〉的汉译传播及其对中国革命的哲学致思》，中共中央党校（国家行政学院）2019年博士论文，第50页。

下”[①]的评价被广为传颂。其次就是钱铁如版《反杜林格论》上册，初版发行2000册，但这个译本后来没有再版过。

《反杜林论》第一个全译本，是1930年11月上海江南书店出版的，也就是吴亮平译本的初版本。该书32开，分平装、精装两种。米黄色封面，上端用粗黑体美术字横题书名：“反杜林论”。下端署有“上海”“江南书店印行”和“1930.11”等字样。扉页赤字红边，朴素大方，醒目雅观。与钱铁如译本正文竖排不同，此译本正文横排，共601页。正文前有“译者序言”，简要介绍了恩格斯批驳杜林的历史缘由、编章结构、所据原文，最后所署时间为1930年10月26日。

同年12月，上海昆仑书店出版了钱铁如的另一译本，题名“反杜林格论”。现在只见到该书的上册，32开，平装。封面书口处有一红边，占封面的三分之一，上下两端分别印有中文和德文书名。书名横书，蓝底白字。中文书名上方印有“1930”字样。德文书名下署有“昆仑书店版”。书名页上端，正题“反杜林格论”下有副题：“哲学　经济学　社会主义　批判”。中间印有“上册”“绪论　哲学篇”。下端署“昆仑书店版”。全书共228面，正文前有“译者的话”3面。这就是1930年我国

---

① “功不在禹下”的典故出自韩愈《与孟尚书书》：“然向无孟氏，则皆服左衽而言侏离矣。故愈尝推尊孟氏，以为功不在禹下者为此也。”韩愈认为孟子学说是对圣贤大道的正本清源，如果没有孟子对儒学的发扬光大，中原人就只能穿蛮夷的服饰、说蛮夷的话语了，因此称赞孟子“功不在禹下”。清代江藩在评价戴震的学问时，认为“惟榜以为功不在禹下”。曾国藩评价王阳明开创新风气，功不在禹下。关于毛泽东这一评价的时间，一种说法是在延安“整风”运动之后，比如邓力群等人的回忆。这种说法认为，毛泽东在延安“整风”运动过后找吴亮平谈话，对吴亮平译介、宣传马克思主义理论方面的工作评价甚高，说他翻译《反杜林论》“功盖群儒”，是“功不在禹下”。另一种说法是在“文革”期间，比如吴亮平、高小山等人的回忆。据吴亮平回忆，1973年3月，周恩来对国务院各部、所传达了毛泽东在1973年初接受采访时对吴亮平翻译《反杜林论》“其功不在禹下”的评价。吴亮平认为，这是毛泽东对《反杜林论》与中国革命实践结合的深刻认同。

较早出版的《反杜林论》的两个中译本[①]。

两个版本相差半月出版，其存在差异的原因主要取决于两人年龄、知识背景、留学目的地以及政治派别的差异。吴亮平1925年加入中国共产主义青年团，同年11月，被中国共产党派往莫斯科中山大学学习，1929年秋，回国后从事马克思主义理论宣传工作。钱铁如年轻时留学日本，在日期间加入共进会、同盟会。1930年以前，主要身份是民主革命者、报纸编辑、乡绅以及书店经理。另外，钱铁如译本只有上册，也是未能广泛传播的原因之一。为什么没能继续翻译出下册？推测其原因在于：

1930年5月20日，由钱铁如、何思敬、邓初民、朱镜我、李一氓、吴黎平、熊得山等发起，在上海成立中国社会科学家联盟（简称社联）[②]。大会讨论通过的《中国社会科学家联盟纲领》宣布其任务为：以马克思主义理论促进中国革命；普及马克思主义理论；批驳一切非马克思主义思想；领导新兴社会科学运动沿着正确的方向发展；参加无产阶级解放运动的实际斗争。因此，社联在成立之时就把传播马克思主义经典文献作为主要任务之一。《反杜林论》作为“恩格斯生平最大名著”（吴亮平语）必然列入了参与社联的各出版社的应有计划中。从目前看到的材料分析来看，《反杜林论》的翻译应该是社联提出此项任

① 《〈反杜林论〉中译版本琐记》，载《四川图书馆学报》1982年第3期，第44—45页。

② 社联是中国共产党在上海建立的传播马克思主义的文化理论团体，是第二次国内革命战争时期中国共产党领导的重要的革命文化团体之一。社联“最高权力机关”为全体会员大会，由会员大会推举执行委员会。内设党团组织，朱镜我任首届书记。其上级领导机关为中国左翼文化总同盟。先后在北平（今北京）、广州、日本东京等地成立分盟组织。1935年“一二·九”运动后大部分成员参加各界救国会，社联停止活动。

务，然后由各出版社根据自己的业务和实际情况自主决定翻译计划和出版内容，相互之间保持翻译出版业务的通气与合作。

第一，在20世纪30年代民国政府对新闻出版严密管控之下，大量的马克思主义进步书籍只能秘密翻译，并以迅雷不及掩耳之势出版，在这样的环境中，众多书店的出版计划没有条件做到统筹协调。吴亮平曾说，《反杜林论》幸好他译得快，不然，就有夭折的危险。因此，各个书店的出版书目和时间进度应该是各自主导的，以保持最大的灵活性和机动性。参加社联的各书刊报社，如机关刊物《社会科学战线》《研究》《新思潮》《社会现象》《时代论坛》以及江南书店、昆仑书店等据此安排各自的书报评论、社会科学著作出版等事宜。江南书店是由中共地下党负责，主要撰稿人有：吴亮平、朱镜我、王学文、彭康、李一氓、许涤新、杜国庠、韩托夫、梁晓、艾思奇、翦伯赞、柯柏年、王学文、何干之等；昆仑书店是由钱铁如、熊得山、李达等于1929年创办，主要参与者有宁敦武、邓初民、杨东莼、张定夫、陈启修等。此时，钱铁如等还没有加入中国共产党，社内成员以民主主义者居多。这一点从江南书店和昆仑书店在同时期的出版书目中就可以看得出。比如，昆仑书店在翻译出版《反杜林论》的同时，还编辑出版了《辩证法与科学》（上册）（德波林著，熊得山译），《宗教及正义善的观念之起源》（熊得山、张定夫译），《现代世界观》（李达译），《辩证法的唯物观》（杨东莼、张栗原译），《新唯物论的认识论》（杨东莼译），《马克思恩格斯的意特沃罗基观》（余思齐译），《现代社会学》（李达著），《社会科学概论》（李达、钱铁如译），《古代社会》（杨东莼、张栗原译），《社会进化史》（王子云编译），《社会思想解说》（熊得山著），《世界社会史》（施复亮译），《社会主义与进化论》（张定夫译），《资本论》（第一卷第一分册）（陈启修译），《资本论解说》（李云译），《马克思主义经济学基础理论》（李达等译），《唯物史观经济史》（熊得山、施复亮、钱铁如译），《物观经济学史》（熊得山译），《社会主义经济学史》（宁敦武译），《新经济学之任务》（钱铁如译）[①]，《世界农业史》（董之学译编），《农业问题之理论》（李达译），《政治科学大纲》（邓初民著），《帝国主义没落期之经济》（宁敦武译），《世界之现状》（杨东莼编），《国际帝国主义史论》（马哲民编），《第二次世界大战问题》（杨东莼编），《中国社会史研究》（熊得山著），《中国产业革命概论》（李达编），《日帝国主义与东三省》（徐兴凯著），《世界文学大纲》（木村毅著，朱应会译），《世界文学史纲》（盛尔斯著，朱应会译）等。从这一时期昆仑书店编著译著的书籍来看，主要是以马克思主义的哲学、政治经济学著作为主，这反映出20世纪30年代左翼学者和作家的理论方向和宣传重点，就是要把马克思主义的基本理论翻译介绍到中国，从而希冀达到开启民智、求治国家之目的。

第二，安排不同的出版社同时译介《反杜林论》，可以在部分出版社被国民党政府查禁时，保证有一本能够出版。社联作为一个有着严格章程和管理机构的社团组织来说，必然会有自己的工作计划和安排，虽然目前并没有看到这方面的历史资料，但从常理判断应该如此。钱铁如在“译者的话”中提到“担负这一任务”，并谦虚地说“承朋友们的再三鼓励和允许帮助”，说明昆仑书店在领取任务后协调商量给了钱铁

① 钱铁如在出版说明中释义：“这是河上肇博士对于马克思主义批判者的批判，也就是博士近著之《马克思主义经济学》及《经济学大纲》的精粹。”

如。江南书店在安排翻译《反杜林论》时，最后指定给了吴亮平。王慕民在《朱镜我评传》中写道："朱镜我原已着手和王学文、彭康合译《反杜林论》，并由江南书店登了新书预告。'社联'成立后，他看到吴亮平因遭王明打击而被下放基层，工作压力较轻，于是尽管自己早已译好《反杜林论》中的三章——《引论》的第一章、第三编的第一章和第二章，但仍安排由吴亮平承担翻译该书的任务。"[①]李一氓在《新思潮》第2、3期合刊中刊登了《关于马克思及马克思主义中文译著书目试编》，其中有一条是：《反杜林论》由朱镜我、王学文、彭康合译，并将由江南书店出版。

第三，钱铁如可能很快就知道了吴亮平译本的出版情况，所以就没有再翻译下册。《反杜林论》吴亮平初译本一经出版，社联创办的《书报评论》创刊号（1931年1月15日）"新书介绍"栏目第20—21页就对此进行了介绍，并在结尾处提及了钱铁如译本；后该杂志又在第一卷第5期第126—132页刊载了曾素蓬的读者评论《读书笔记：读了"反杜林论"第一编》。

最后，下册之所以没有翻译，也可能因为《反杜林论》艰涩难懂，人名和学科专业名词太多，译介难度大，在已经有了较完整的吴译本情况下，没必要再尝试了。加之国民党加大文化查禁和查封的力度，作为商业书社，自身生存的压力也很大。当然也有可能钱铁如翻译出来，或者部分翻译，但最终没有出版，这有待于进一步的查证。

---

① 王慕民：《朱镜我评传》，宁波出版社1998年版，第116页。

三、译者介绍

钱纳水[1]（1892—1974），湖北江陵钱家湾人。字铁如，号纳水，谱名邦善，笔名有寿康、金声等。留日“同盟会”元老、“辛亥革命”元勋之一。作为中国共产党先驱人物之一，钱纳水是中国社会转型和过渡时期的一个代表人物[2]。

钱纳水幼年时由其父亲亲自教授功课，1905年入县立郝穴高等小学堂附属初中。清朝时期的郝穴，水陆交通便利、商贸发达，是江陵县仅次于沙市的沿江大镇。由于沙市的开埠，而郝穴又毗邻沙市，各种新思想新文化经长江水道传入，使这里一时得风气之先。20世纪初叶，中国正处于巨大的变革时期。在内忧外患的沉重打击下，清朝统治者认识到老路已走到绝境，于是“改弦更张”，开始实行“新政”。其中一个举措是于1905年设立学部，颁行新的教育章程，开办学堂。1906年，江陵县在郝穴文昌宫创立“鹤汛两等学堂”，并附设预备中学堂，这是清朝政府正式废科举、建学部、兴学堂后创设的首批新式学校。后来胡鄂公在著作中，便径称这所学堂为郝穴预备中学。由贡生、曾留学日本师范毕业的谢云石担任学堂监督（校长），任教的老师谭虚谷、关晓峰、吴楚材等都是远近知名的饱学之士，其中不少人有留学日本的经历。学堂

① 国内钱铁如的历史传记和研究材料不是很多，笔者委托两位朋友向台湾地区的研究者查询资料，一位朋友曾去台湾访学，一位朋友曾带过台湾生源的学生，但传过来的资讯也不甚详实。另要感谢笔者的学生谢莹，她最近在做马克思主义传播史方面的研究，在这一部分的材料收集和文字整理中下了很大功夫，相信会推动其对马克思主义文本传播和概念史创成的深刻理解。

② 散木：《民国报人钱纳水》，载《中华读书报》2017年7月5日第14版。

开设的课程有修身、国文、算术、历史、地理、图画、体操、手工、商业、农业，还设有格致（即科学，相当于后来的物理、化学），学生从中受到了与以往私塾书院完全不同的教育。当时，江陵境内及邻县青年纷纷来学堂就读，其中入预备中学堂的不少是饱读“四书”“五经”，对国学已有相当功底的年轻人，他们在接受了新的文化科学知识之后，萌发了彻底推翻清朝腐朽统治的革命思想，其中一部分后来投身辛亥革命，成为对中国历史产生影响的一代人物。[①]这其中便有钱纳水的身影。

钱纳水因愤清廷之腐败无能，1906年春，与同学胡鄂公、熊得山、宁敦武等人发起组织“辅仁社”，进行反清革命活动。1907年赴日求学，先入宏文书院普通科，继入早稻田大学学习，此期间，认识了焦达峰、刘公、孙武等革命志士，并加入共进会。1909年夏返国，应胡鄂公之邀，赴北京，考入北京高等实业学堂矿冶科，同时与胡鄂公等筹组“同盟会北方支会”，因故未成；同年11月21日，胡鄂公于保定发起“断发会”，号召保定地区各学校学生五百余人，于11月27日同时剪去发辫，以示反清决心；钱纳水亦在北京响应，号召千余人同时剪去发辫，并发动各校学生罢课，呼吁改革，此在晚清皇朝脚下之革命运动，声势惊人，影响非同小可。1910年4月8日共和会成立，其负责北京分会的筹备工作。1911年10月初，共和会会员集体加入同盟会。10月武昌起义后，北京、天津、通州、保定等地革命组织联络员及各军队代表于天津集会，决议组成北方革命军总司令部，1911年12月2日北方革命总指挥部成立，钱纳水任北京革命军总司令。

① 政协江陵县委员会文史资料委员会编：《江陵文史资料》第一辑，2004年9月，第19页。

1912年初钱纳水等人在天津创办《大中华日报》，胡鄂公任发行人，钱纳水与熊得山分任编辑，极力揭发袁氏出卖革命、窃取政权之卑劣行径。因经费不济，仅发行45日即停刊。不久后返回江陵，供职于“荆州旗民善后局”，协助胡鄂公办理旗人善后事宜。1920年4月8日共和会成立，他负责北京筹备工作。同年，钱纳水与胡鄂公、熊得山一道在北京组织“马克思主义研究会”。1921—1927年间，他先后担任郧阳、藕池口征收局局长，至1926年秋止。其间，曾协助张知本接收武昌法科大学，并任省教育厅簿事。北伐军攻克武汉后，钱纳水先后任巴东和安陆二县县长[①]。

经过数年蛰伏，1927年冬，钱纳水与熊得山、宁敦武、邓初民、李达在上海创办“昆仑书店”[②]，李达任主编，钱纳水任经理，从事以日文翻译社会科学理论书籍的出版工作。彼时正值“大革命”失败和国共第一次合作破裂之后，以上海为中心涌起了进步文化人开展的马克思主义理论翻译和宣传热潮，一些学者也聚集上海，以文字排遣苦闷。在此背景下，“昆仑书店”创立，它主要出版马克思主义理论著作和革命读物。有李达译《政治经济学批评》、钱铁如译《反杜林论》、陈启修译《资本论》（第一卷第一分册）等。还有李达著《现代社会学》、张心如著《哲学概论》、邓初民著《政治科学大纲》和马哲民著《国际帝国主义史论》等[③]。

至1930年5月，钱氏又与宁敦武、吴黎平、杜国庠、李一氓、艾思

---

① 政协江陵县委员会文史资料委员会编：《江陵文史资料》第一辑，2004年9月，第51页。

② 1929年在北平东厂胡同开设分店。因遭政府当局迫害，工作人员被捕，于1932年8月结束。

③ 参见熊月之主编：《上海名人名事名物大观》，上海人民出版社2005年版，第582页。

奇等发起成立“中国社会科学家联盟”，其宗旨是“革命理论的研究与发挥”[①]。钱氏更被推为其出版部部长。同年秋天，钱氏又秘密加入营救被捕同志的“中国互济会”。九一八事变后，钱氏既痛恨日本之侵略，又愤国民政府对日之软弱，随后加入中国共产党，不到两年即出。1932年被国民党政府逮捕，次年获释，赴香港，从事译著，继续主张抗日。1935年，在朋友的建议下，曾到延安，受到毛主席的接见并与其谈话[②]。

钱纳水在抗战时期以笔为枪，奋勇抗战，颇有影响。大约1937年3月间，他与乡人熊得山先生合译的日本哲学家秋泽修二的《西洋哲学史》完稿后，自香港赴沪与生活书店洽谈出版事宜。结果，突因病而滞留上海。待病状好转，七七事变爆发。抗日是他的衷心期望，于是他放弃了回香港的打算，而留在了上海[③]。他在上海从事新闻工作，即作为撰稿人，为各报供稿。

1937年8月13日，上海抗战爆发。至1941年12月8日太平洋战争爆发前，上海以英美势力为主的公共租界和法租界尚未被日军占领，而孤立于日占区的包围之中，被称为孤岛。这时期，中国爱国的新闻工作者利用英美法和日本侵略者之间的矛盾，在孤岛得以公开出版抗日报刊，开展抗日宣传，日本侵略者向租界当局施加压力，要求取缔租界内的抗日宣传活动。租界当局逐步限制抗日报刊。1937年12月，日本侵

---

① 《中国社会科学家联盟底成立及其纲领》，载《新思想》第7号，1930年7月1日。

② 政协江陵县委员会文史资料委员会编：《江陵文史资料》第二辑，1986年12月，第118页。

③ 刘作忠：《钱纳水：奋战在“孤岛”的新闻斗士——钱江潮先生访谈录》，载《湖北文史》2014年第1期，第192—206页。

略者在租界内设立新闻检查所，强令中国报刊接受新闻检查。为了另辟抗日宣传阵地，一些进步的新闻工作者利用外国商人的名义，创办了一批中文抗日报刊[①]。

1937年9月，钱纳水在上海创办遍布上海自由区的油印《战声》壁报。

1938年三四月间，钱纳水开始接办《每日译报》。《每日译报》的前身是《译报》，系爱国人士赵邦杰于1937年12月利用外国商人名义在租界创办的，这是一份"以译载外电为主，有社论，但没有自己采访的新闻"的报纸[②]。由于"它向读者透露了一些像南京大屠杀一类的重大消息"，结果仅出版了12期就被迫停刊[③]。后来钱纳水以及张宗麟、王任叔、平心、许广平等又另外创办了《每日译报》，它也挂有英商的牌子，由此取得了公共租界和法租界的登记证，于1938年1月21日出版。发刊词由英籍发行人具名，提出"一张好的新闻报纸，应该使人发生好奇心理，这就是《每日译报》的主要宗旨"[④]。

据时任《每日译报》编辑的程豪回忆，该报"改版启事阐明的宗旨是：（一）维护中华的自由平等；（二）敦睦民主集团的邦交；（三）保护民主政治；（四）巩固集体安全；（五）主持国际正义；（六）建立世界和平"。于是，"改版以后，内容更充实，立论更为精悍有力"，这体

---

① 刘作忠：《钱纳水：奋战在"孤岛"的新闻斗士——钱江潮先生访谈录》，载《湖北文史》2014年第1期，第192—206页。

② 胡传厚：《纳老从事新闻工作的刚毅精神》，载台北"《中央日报》"1973年7月30日。

③ 梅益：《从〈新水浒〉想到〈译报〉》，见《上海"孤岛"文学回忆录》，中国社会科学出版社1985年版，第102页。

④ 程豪：《记"孤岛"时期的〈每日译报〉》，《20世纪上海文史资料文库》（六），上海书店出版社1999年版，第98页。

现在三个方面：一是坚持抗战。如在1938年6月3日译载了美国记者斯诺的采访文章《在日军后方的八路军》、8月23日译载了斯诺夫人的采访文章《东战场上的新四军》，同时还连载了毛泽东的《论持久战》。二是反对投降，抨击汉奸。如在1938年10月12日，报道了汪精卫在重庆对记者的一次谈话，内称“中国未关闭调停之门”，随即发表社论斥责这是松懈抗战精神。三是主持国际正义，向世界揭露日军侵华罪行。如报道日机狂轰滥炸广州平民区（已炸死炸伤8000多人），发表社论呼吁制裁日军使用毒气，揭露日军在华北采取毒化政策，等等。

《每日译报》的上述言论，是包括钱纳水在内的一批上海爱国报人的集体主张，作为总主笔和总编辑，钱纳水当时的信念是日本最后必为中国的奋斗拖得精疲力竭。早在1936年他为香港《生活日报》撰文时，就曾分析长期抗战为制胜之道。此后《每日译报》据此而揭发汪精卫等的投降行为和邪恶心理。其间德国驻华大使陶德曼受命进行“调停”，由上海经南京赴武汉，许多外国通讯社对此加以报道，当时在《每日译报》负责编译国际新闻的梅益请示钱纳水如何处理有关稿件，钱氏不假思索，援笔写了一条标题，曰：“陶德曼奔走调停，汪先生见猎心喜”，两句话一语道破时局要害。后来李秋生也回忆说：《每日译报》的新闻标题，有长有短，前者有时使用十几个字的长行，“一望而知是模仿重庆《新华日报》的作风”，看来钱纳水是经常浏览和学习《新华日报》的，乃至该报“有一次征求读者，附送赠品，一种是《项英将军言论集》，一种是《新四军言论集》”[①]。另外《每日译报》的文章许多来自

① 李秋生：《忆上海孤岛悼纳水先生》，见《一个毕生为理想主义而奋斗的人》，钱纳水先生治丧委员会1973年刊印。

外国通讯社，对一些外电不实报道，钱纳水及其同仁均做了认真处理，保证了新闻报道的真实性，制止了谣言四起，人民慌乱。

多年后，时任《文汇报》主笔的徐铸成回忆说：当年《文汇报》《每日译报》等“堂堂正正站在中国人民的立场，宣传抗战，揭示敌伪的阴谋伎俩，宣扬‘孤岛’人民的爱国热情，受到广大读者欢迎”[①]。老报人张季鸾生前也多次赞扬说：“上海‘孤岛’苦斗不懈的新闻从业员们是第一等报人。”[②]

敢说真话、不畏强权的“第一等报人”之中，有很多最终惨遭汪伪特务杀害。当时《每日译报》的报馆地处爱多亚路英文《泰晤士报》报馆所在的大楼，一次汪伪暴徒潜入欲行不轨，但其不熟悉楼内情况，钱纳水幸免于难。1939年一二月间，他的名字被列入汪伪特务的“黑名单”之中，闻之，其曰：“此身存在一日，我们还是我行我素。”[③]1939年11月18日下午，钱纳水还是被绑架到汪伪特务机关的“七十六号”。特务多次逼迫钱纳水“招供”，但他誓死不从，最后竟被判“杀人罪”，幸好经多方努力，钱纳水于1941年2月被释放。在“孤岛”上海，钱纳水“主持《译报》虽仅年余，但其冒险犯难致力于敌后抗日宣传之事迹及对国家的贡献，为全国各方所一致称誉”[④]。

抗战胜利后，钱纳水担任上海《前线日报》总主笔。《前线日报》是抗战时期国民党第三战区司令长官司令部的机关报，曾有许多进步文

---

① 徐铸成：《报刊旧闻》，上海人民出版社1981年版，第135页。

② 李秋生：《忆上海孤岛悼纳水先生》，见《一个毕生为理想主义而奋斗的人》，钱纳水先生治丧委员会1973年刊印。

③ 钱纳水：《我再进新闻界——办〈译报〉的一段》，载台北《报学》第3期，1952年8月。

④ 胡传厚：《纳老从事新闻工作的刚毅精神》，载台北“《中央日报》”1973年7月30日。

化人参与编务（如张恨水等），中共秘密党员宦乡则曾任该报副社长兼总编辑，1949年后到台湾。

钱纳水的译著均出版于战前，著有《社会运动史》；译有恩格斯著《反杜林格论》、河上肇著《新经济学之任务》，与李达合译杉山荣著《社会科学概论》，与熊得山、施复亮合作译有《唯物史观经济史》等[①]。钱铁如是中国最早接触和宣传马克思主义的革命者之一，为此翻译了不少马克思主义的文献和著述，在中国革命的过程中还加入过中国共产党。但由于自身文化人的性格特征以及当时特殊的社会历史条件，其一生的活动理想主要是著述及办报，在抗战爆发后转向抗日宣传等，未能坚持自身的共产主义信仰和马克思主义研究，对于个人和国家来说，都是相当可惜的。

① 湖北省江陵县委员会文史资料研究委员会编：《江陵文史资料》第二辑，1986年12月，第119页。

《反杜林论》钱铁如译本译文解析

钱铁如《反杜林格论》（以下简称“钱译本”）于1930年9月9日付印，同年12月1日出版。吴亮平《反杜林论》（1930年译本）正式出版于1930年11月15日，再版于1931年8月30日，两次共印刷了2500册。钱译本比吴译本晚出版半月左右。但是钱译本前面的“译者的话”写于1930年8月30日，吴译本“译者序言”时间署为1930年10月26日。可以看得出，实际上两人是同时翻译《反杜林论》的[①]。一方面说明当时的社会科学研究者对于《反杜林论》文本的重要性达成了普遍的共识，另一方面比较相同时期的两个版本，尤其是从概念的差异、文风的特点以及逻辑的架构上，能够清晰地分辨出不同语言背景的研究者对于马克思主义经典话语的不同理解和诠释。钱铁如15岁就留学日本，翻译《反杜林论》时没有说明依据何种版本，但在“译者的话”中提到“俄国伊·亚戈尔会所编之《马克思主义基础》”，说明钱译本可能是参考了俄文本，当然，也有可能是看到了当时国内翻译出来的一些马克思主义著作，比如潘鸿文译的《马克思主义的基础》。此外，钱译本也可能参考了法译本，在钱译本“十一　道德与法律（其三）自由与必然”一部分中，作者在文下有一个注“1878年2月6日颁布的法律第14条。——

① 需要说明的是，在此之前，1925年11月，吴亮平在赴莫斯科中山大学学习期间，翻译了恩格斯的《社会主义从空想到科学的发展》，还与张闻天等人合译了马克思的《法兰西内战》，列宁的《社会民主党在民主革命中的两个策略》《国家与革命》等著作。从此与《反杜林论》结下了不解之缘，一直有翻译全书的意愿，为翻译这一大部头的著作收集了大量材料和参考文献。

据法译者注”。这充分说明钱译本吸收了法译本精细的考证。因为即使在恩格斯的原文中也没有对这句话有过注释。

吴亮平年轻时留学苏联，翻译时根据德文原本并参照俄日两种译本译成。吴亮平译本在1930年首次出版以后，分别在1940年、1954年、1974年、1980年先后校订了四次，使得该译本成为中国翻译马克思主义经典著作之典范。这就决定了两人不同的学术倾向和以后的人生轨迹。选取同一时期两人的不同版本做对比，能从中管窥文本之端倪。

在译文对比中，我们还选取了《马克思恩格斯全集》中文第一版以及新近的中文第二版，这是最能反映马克思主义辩证法和科学社会主义概念变迁史的具有代表性的两个版本。我们把《反杜林论》1930年钱译本、1930年吴译本与1971年全集本、2014年全集本加以比较，希望通过对比不同译者、不同时期的文本，以管窥马克思主义中国化过程中相关话语体系、术语概念和思想理论的发展嬗变，从而揭示钱译本在马克思主义在中国的传播中的独特价值。

一、术语考证

从1930年首个全译本到1970年中央编译局出版单行本，《反杜林论》汉译近百年，经历了章节式节译、片语式摘译、发展式变译、解读式译述到全文式翻译，译者、译词、译语、译句、译文、译本出现了许多版本。在翻译实践中，存在摘译、节译、变译、译述、全译等多种形式。20世纪30年代以前，《反杜林论》摘译载于民主革命派、无政府主义者、早期社会主义者创办的《新青年》《国民》《每周评论》《建设》

等刊物，摘译、节译、译述往往选取原著的只言片段，即采撷原著“精要”，而“精要”的衡量标准与译者的政治价值取向密切相关，因此译者对《反杜林论》的摘译视角各不相同。这些摘译与现行的译文出入较大，特别是“先验主义”“自由与必然”“经济基础”“上层建筑”“货币”“无产阶级”“社会制度”等重要术语的译法各不相同。随着马克思主义的深入传播和理论概念范畴的具象化，一系列重要概念和范畴逐渐被翻译成中国人可以接受和理解的汉语词汇，比如，“马克思主义经济学”科学名称已经形成，使用价值、交换价值、剩余价值、必要劳动、平均劳动等分析概念进入中国先进分子的视野[①]。一门学科必须有自己独特的概念体系，马克思主义概念的表述和理解的中西对接开启了马克思主义中国化的基础工程，由此标志着马克思主义中国化话语体系的初步建立和逐步完善。

在术语翻译上，钱译本存在着与吴译本和全集本两个译本较大的差异。尤其是在《反杜林论》第一编“哲学”中，恩格斯把当时物理学、化学、生物学、数学、天文学等的最新知识都旁征博引、融会贯通到对杜林唯心主义先验论的批判和对马克思唯物史观与科学社会主义基本原理的论证上了。不可避免的，不同文化背景、知识储备和语言习惯的民族或译者一定有自我的概念表达和句式语法。在中文语境下，一些重要概念的翻译在不同版本之间一定存在着区别，与现行译本相比更存在着一些出入。有的是基于时代的不同表达方式，也有的是译者个人的不同把握。比如“社会主义从空想到科学的发展”的译名在苏的译本

① 陈昭彦：《马克思主义经济学》，载《学艺》第三卷第7号，1921年12月。

中翻译为“由空想向科学发展底社会主义”，在吴译本中翻译为“由空想到科学的社会主义的发展”，在钱译本中翻译为“空想的社会主义到科学的社会主义”。择其精要，以下梳理对比一下不同译本中马克思主义关键概念的表述异同。

马克思主义相关术语对照表（部分）

钱译本（1930年译本）	吴译本（1930年译本）	全集本（1971年译本）	全集本（2014年译本）
先天说	先验主义	先验主义	先验主义
世界图型论	世界范畴论	世界模式论	世界模式论
宇宙创成论	宇宙论	天体演化学	世界观
自然与必然	自由与必然	自由与必然	自由与必然
死灭	衰亡	死去	消亡
票决	表决	表决	表达
生产要具	生产手段	生产资料	生产资料
共有复活	共有为基础的社会制度	公有制	公有制
意义	意义	意义	理智
启明	启蒙	启蒙	启蒙
法则	法则	规律	规律
止扬	废除	扬弃	扬弃
收夺者	掠夺者	剥夺者	剥夺者
个人的所有	个人的财产	个人所有制	个人所有制
私有	私有财产	私有制	私有制

续表

钱译本（1930年译本）	吴译本（1930年译本）	全集本（1971年译本）	全集本（2014年译本）
原始资本蓄积	原始的资本积累	资本的原始积累	资本的所谓原始积累
萌芽	胚胎	萌芽	萌芽
测定	测量	量度	尺度
工钱劳动者	工银劳动者	雇佣工人	雇佣工人
近代社会主义	近代社会主义	现代社会主义	现代社会主义
经济构造	经济结构	经济结构	经济结构
唯心论	唯心论	唯心主义	唯心主义
逃命窟	隐蔽所	避难所	避难所
国家秩序	善家制度	国家制度	国家制度

吴译本是全译本，钱译本（上册）译出了《反杜林论》三个版本序文、绪论和“哲学”篇，因此这两个译本比当时中文其他译本的内容更为丰富、更为系统。从上述术语对比来看，“先验主义”与“先天说”为同义词或近义词。同时，与全集本的“世界模式论”相对，吴译本使用了“范畴”，钱译本使用了“图型”。其中，“图型”和“模式”更接近于直译；“范畴”在古文中取自《尚书》中的“洪范九畴”，指的是天赐大禹的九条治世良策，后用来表示哲学的分类。在对“天体演化学”的翻译上，吴亮平1930年译本在目录中使用的是“宇宙论”，在正文中使用的是“世界创成论”；全集本的“天体演化学”的译法更侧重于体

现属于科学、物理学的学科性质[①]。钱译本把“消亡”译作“死灭”有佛学的意味，把“扬弃”译成“止扬”是一种创新性的尝试。比起吴亮平1930年译本把“国家制度”翻译为“善家制度”，钱译本的“国家秩序”更贴近今译。

钱译本把“先验主义”翻译为“先天说”，还是非常具有中国传统文化的意味的。毛泽东曾经在《辩证法唯物论（讲授提纲）》[②]中使用“物质论”“运动论”“时空论”“意识论”“反映论”“真理论”“实践论”等带有鲜明的中国特色的章节标题，并采用了中国传统的《天论》《礼论》《神灭论》等标题方式。中国传统哲学语言式的翻译使得钱译本与《辩证法唯物论（讲授提纲）》在提纲浏览和内容阅读上有相似之处。可以说，《反杜林论》经译者翻译介绍进入中国，就意味着要被置于中国语境加以理解，无论是在译本选择还是具体词语的选择上都连接着中国文化和马克思主义传播的时代特点。不同译本间的细微差异，在一定程度上反映出当时对马克思主义中国化的探索过程。

《反杜林论》等马克思列宁主义经典著作传播的重要意义之一就在于为“观察国家命运”提供了“无产阶级”的“宇宙观”。以哲学范畴为管窥，《反杜林论》“哲学”编包括四个方面的内容：唯物论、自然哲学、道德与法、辩证法。围绕这四个方面，可以罗列出相互论证的范畴

---

① 黄自立：《〈反杜林论〉的汉译传播及其对中国革命的哲学致思》，中共中央党校（国家行政学院）2019年博士论文，第49页。

② 《辩证法唯物论（讲授提纲）》是毛泽东1937年4月至8月间在抗日军政大学讲授哲学的一部分。1939年9月已经有了油印版，并下发各大解放区学习。新中国成立后，经毛泽东校阅、修改，将提纲中的“实践论”和“矛盾统一法则”两章定名为“实践论”“矛盾论”，于1950年12月和1954年4月在《人民日报》公开发表。

群。唯物论：物质、意识、思维等。自然哲学：时间、空间、运动、生命等。道德与法：道德、法、永恒真理、谬误、思维的至上性、平等、自由、必然等。辩证法：量、质、矛盾、否定之否定等。除此之外，全书还涉及唯物史观的诸范畴。这些范畴为中国共产党人从“实践到认识，再实践到再认识”中国社会具体而微的问题，建立“无产阶级”的“宇宙观”提供了基础母本。比如：毛泽东在1920年之前的文章中惯于使用“良知”“浩然之气”“尽心”“知”“行”等传统中国哲学范畴，1920年以后所运用的哲学范畴大都是马克思主义的哲学范畴，如“物质”“意识”“矛盾”“实践”等[①]。

以“矛盾”概念为例。

【钱译本】

运动为其反对物即静止所测定，——这件事在我们的形而上学者方面，实在是困难而讨厌的事情。据杜林格君看来，那正是一个明显的矛盾。而一切的矛盾，就是不合理的东西。[②]（第96页）

【吴译本】

运动的测量物，不得不是他的反面——静止——，这一事实，在我们的形而上学者看来，无疑的是一个困难的问题及苦药。因为这是显然的矛盾，而且在杜林先生看来，则任何矛

① 参见何显明、雍涛：《毛泽东哲学与中国文化精神》，广西人民出版社1993年版，第50—67页。

② ［德］恩格斯：《反杜林格论》上册，钱铁如译，昆仑书店1930年版，第96页。以下凡引此书，仅在文中标注页码。

盾，都是无理的。[①]

【全集1971年译本】

运动应当从它的反面即从静止找到它的量度，这对于我们的形而上学者来说当然是一道难题和一苦药。这确实是显著的矛盾，而在杜林先生看来，任何矛盾[②]都是荒谬。[③]

【全集2014年译本】

运动应当在它的对立面即静止中找到自己的尺度，这对于我们的这位形而上学者来说当然是一道难题和一服苦药。这确实是一个明显的矛盾，而任何矛盾[④]在杜林先生看来都是背理。[⑤]

从中可以看出，在“矛盾”“形而上学”等哲学专业词汇的翻译上，各译本达到了一致。而在其他语词的翻译上，各译本差别较大，尤其在理解“矛盾”本意的指涉上，四种版本是有差异的。这可以从译文中杜林看待矛盾的近义用词“Widersinn”看出来，这两个词在德语中写法相近，语意相近，把两个词语都用中国化的马克思主义语言翻译出来是颇为困难的。钱译本着重强调的是“不合理的东西”，吴亮平1930

① [德] 恩格斯:《反杜林论》，吴理屏译，生活书店1937年版，第111页。

② 俏皮话:“矛盾”的原文是“Widerspruch”，“荒谬”的原文是“Widersinn”，两个词的前缀都是“wider”。这是全集本1971年译本译者加的注。

③《马克思恩格斯全集》第二十卷，人民出版社1971年版，第67—68页。

④“矛盾”的德文是“Widerspruch”，“背理”的德文是“Widersi”，两个词的前缀都是“wider”(违背、反对)。这是全集本2014年译本译者加的注。

⑤《马克思恩格斯全集》第二十六卷，人民出版社2014年版，第68页。

年译本说的是“无理”，全集本1971年译本倾向于“荒谬”，全集本2014年译本定稿为“背理”。这几种关于“矛盾”一词的译法，对后期中国马克思主义者及语言学界产生了深远的影响。

比如，毛泽东在《矛盾论》[①]开篇就讲道：“事物的矛盾法则，即对立统一的法则，是唯物辩证法的最根本的法则。”毛泽东理解的“矛盾”概念的具体内涵就是：矛盾是事物自身所包含的既对立又统一的关系。这里，毛泽东实际上是对“矛盾”概念内涵做了进一步的发展。毛泽东总结中国共产党领导中国革命斗争的实践经验，从两种宇宙观、矛盾的普遍性、矛盾的特殊性、主要的矛盾和主要的矛盾方面、矛盾诸方面的同一性和斗争性、对抗在矛盾中的地位等方面，明确提出对立统一规律是辩证法的实质和核心。1957年2月，毛泽东发表《关于正确处理人民内部矛盾的问题》的重要讲话，提出了社会主义社会基本矛盾的学说和社会主义社会两类不同性质的社会矛盾的学说；并将正确处理人民内部矛盾作为国家政治生活的主题提到了全党和全国人民面前。毛泽东的“矛盾”概念注重的是阶级斗争与哲学的关系，而钱译本、吴亮平1930年译本以及全集本注重的是道理的逻辑性是否自洽和不冲突。

《现代汉语词典》对“矛盾”的释义有六个方面：1. 矛和盾是古代两种作用不同的武器。古代故事传说，有一个人卖矛和盾，夸他的盾最坚固，什么东西也戳不破；又夸他的矛最锐利，什么东西都能刺进去。旁人问他：“拿你的矛来刺你的盾怎么样？”那人没法回答了（见于《韩

① 《矛盾论》是毛泽东继《实践论》之后，为了克服存在于中国共产党内的严重的教条主义而写的。原是1937年4—8月在延安抗日军事政治大学所讲的《辩证法唯物论》的第三章第一节。后作了部分补充、删节和修改，于1952年暂收入《毛泽东选集》第二卷，再版时移入第一卷。

非子·难一》)。后来“矛盾”连举，比喻言语或行为自相抵触的现象(接近于钱译本的指涉，也是本义)。2. 因认识不同或言行冲突而造成的隔阂、嫌隙。3. 泛指事物互相抵触或排斥(接近于吴亮平1930年译本的意思)。4. 辩证法上指客观事物和人类思维内部各个对立面之间的互相依赖而又互相排斥的关系(毛泽东“矛盾”概念的内涵)。5. 形式逻辑中指两个概念互相排斥或两个判断不能同时是真也不能同时是假的关系(接近于全集本2014年译本的意思)。6. 具有互相排斥的性质(接近于全集本1971年译本的意思)。[①]

二、观点疏正

钱译本充分认识到了《反杜林论》在马克思主义理论文本创作中的重要意义，在译本后附的新书介绍里写道：

> 本书是恩格斯和杜林格论战的产物，在马克斯主义文献上的地位和《资本论》同等，这是成了定评的。它对于马克思主义的哲学，经济学，以及科学的社会主义，提供了丰富的理论材料，真算得马克思主义的基础。

《反杜林论》不仅是恩格斯而且是全部马克思主义著述中最重要的文献之一，就其对后来马克思主义的传播和发展以及工人运动革命实践

① 中国社会科学院语言研究所词典编辑室编:《现代汉语词典》，商务印书馆2002年版，第857页。

的影响来说，甚至可以说仅次于《共产党宣言》。尽管恩格斯在其序言中对该文本的解读做了一些独特的限定，以防止对其讨论形式造成不必要的误解，但是，在哲学、政治经济学和科学社会主义三者之间的关系以及马克思主义对这三者的批判继承等问题上，恩格斯的论述实际构成了后来科学社会主义体系建构的标准。由于这一原因，《反杜林论》以及与其所论哲学相关的“自然辩证法”计划、由其第三篇独立出来的《社会主义从空想到科学的发展》[①]构成全部“恩格斯问题”的中心，产生了极大的争论[②]。在《反杜林论》中，恩格斯试图以自然科学（或自然研究、自然观）的历史发展作为证据说明辩证法已经成为现代科学的基础，并且由于辩证法，现代科学不再需要传统的形而上学（即哲学的终结），同时，他亦试图从逻辑（认识论）的角度以自然科学的实例来阐明辩证法的基本规律[③]。这一计划最终是在自然辩证法的写作中部分实现的。

---

① 《社会主义从空想到科学的发展》是由恩格斯于1877—1878年写成的著作《反杜林论》中的三章编成的。1880年恩格斯应保·拉法格的请求把《反杜林论》中的三章（“引论”的第一章、第三编的第一章和第二章）改写成为一篇独立的通俗的著作。这一著作由保·拉法格译为法文经恩格斯本人校阅后，起初以“空想社会主义和科学社会主义”为题发表在法国社会主义杂志《社会主义评论》1880年第3—5期上，同年又以单行本的形式出版。根据法文本于1882年在日内瓦出版了波兰文本；于1883年在贝内万托出版了意大利文本。1883年，这一著作在霍廷根-苏黎世出版了德文本，书名为“社会主义从空想到科学的发展”（扉页上标的是1882年）；紧接着于同年也在该地出版了德文第二版和第三版。这部著作的俄文译本最初以“科学社会主义”为标题于1882年12月发表在秘密杂志《大学生》第1期上；1884年“劳动解放社”又在日内瓦出版了单行本，标题为“科学社会主义的发展”；丹麦文译本于1885年在哥本哈根出版。在恩格斯生前，这一著作就从德文译成了欧洲各种文字，在工人中得到了广泛的传播，对宣传马克思主义起了巨大的作用。恩格斯生前这一著作的最后一个德文本（第四版）是1891年在柏林出版的。这一著作在材料安排上与《反杜林论》的有关章节有所不同，并且对《反杜林论》的文本作了一些补充和改动。

② 胡大平：《回到恩格斯》，江苏人民出版社2011年版，第269页。

③ 胡大平：《回到恩格斯》，江苏人民出版社2011年版，第288页。

这一目的，“即当恩格斯在1845年之后意识到马克思和自己在世界观上产生了革命性认识，他不仅按照一般科学革命的逻辑从新世界观出发来阐明自己对世界（主要是历史领域）的理解，而且注意从科学史的角度来阐明这种新世界观的内容和科学性质”[①]，从科学史、辩证法、军事史以及自然哲学来论证科学社会主义的科学性、正确性、唯物性，这一直是恩格斯从年轻时期就比较感兴趣的学科内容，因此，在绪论第二部分的开头一句，恩格斯就清晰地表明了自己写作《反杜林论》的真实意图。

【钱译本】

杜林格君关于这一问题的著作，主要的是“哲学讲义”、“国民经济学及社会经济学讲义”、“国民经济学及社会主义批判史”，其中尤以第一种著作值得我们注意。（第39页）

【吴译本】

对于我们问题有密切关系的，是杜林的下述的著作：《哲学讲义》（Cursus der Philosophie），《国民经济学及社会经济学讲义》（Cursus der National-und Sozialökonomie）及《国民经济学及社会主义之批判史》（Kritische Geschichte der Nation-

① 在理论上，作为一种要求，在新世界观形成之初便出现了。应该说，恩格斯对于这一点始终具有自觉的认识。恩格斯在《神圣家族》创作前写给马克思的一封信，原文是：“只要我们的原则还没有从以往的世界观和以往的历史中逻辑地和历史地做为二者的必然继续在几个著作中发挥出来，人们就仍然不会真正清醒，多数人都得盲目摸索。”（《马克思恩格斯全集》第二十七卷，人民出版社1972年版，第6页。）转引自胡大平：《回到恩格斯》，江苏人民出版社2011年版，第276页。

alökonomie und des Socialismus)。而其中对于我们最有兴味的，则为第一部著作。①

【全集1971年译本】

首先与此有关的是杜林先生的下述著作：《哲学教程》《国民经济学和社会经济学教程》《国民经济学和社会主义批判史》。最使我们感兴趣的，主要是第一部著作。②

【全集2014年译本】

首先与此有关的是杜林先生的下述著作：《哲学教程》《国民经济学和社会经济学教程》《国民经济学和社会主义批判史》。我们首先感兴趣的主要是第一部著作。③

恩格斯尤其重视"第一种著作"，也就是杜林的《哲学讲义》，因为，这一著作正是杜林体系的基础，是他的世界观的原则所在，批驳了杜林许下的非科学的哲学诺言，那就等于宣布他在哲学上的变革消亡了，马克思的科学的社会主义就可以在德国社会民主党中重新取得号召力，就可以反击"杜林"分子的挑衅，通过历史的审理彻底批判空想社会主义思潮，把运动提升到科学的水平，即统一到"唯物主义的批判的社会主义"这一高度。从强调"最有兴味的"来说，全集1971年译本翻

① [德] 恩格斯：《反杜林论》，吴理屏译，生活书店1937年版，第44页。
②《马克思恩格斯全集》第二十卷，人民出版社1971年版，第31页。
③《马克思恩格斯全集》第二十六卷，人民出版社2014年版，第31页。

译为“最使我们感兴趣的”，最能表达恩格斯试图通过科学史的梳理来驳倒杜林的哲学基础，从而引导工人阶级的斗争热情，解决科学指导思想的缺失。相对来说，全集2014年译本“首先感兴趣的”这个译文，并没有充分表达出恩格斯在哲学、政治经济学、科学社会主义三个部分中对于“哲学”编的首要重视地位。

从恩格斯关注点轻重不同的角度我们也可以设想一下，钱铁如在翻译《反杜林论》时有可能注意到了马克思主义三个部分的关系问题，注意到了恩格斯对“引论”和“哲学”编尤为重视。加之，《反杜林论》在1877年和1878年，是分别以“哲学”和“政治经济学。社会主义”为题以单行本形式出版的，有可能钱铁如的参考原文里有单行本。所以在当时紧张的历史环境中，在能力范围内，仅仅翻译了《反杜林论》的上册。当然，这仅仅是从观点疏正的角度提出的一种可能。

恩格斯清晰地表明自己对杜林的批判，目标是捍卫科学的社会主义理论。在“引论”的一开始，恩格斯便形成了全部马克思主义理论中第一次对社会主义史的简要而完整的概括，并在这一过程中对科学社会主义之科学性质进行了定位。

【钱译本】

近代社会主义，就其内容上说，它的发生，一方是由于认识了近代社会内的有产者与无产者、工钱劳动者与资本家的阶级对抗，他方则由于认识了支配着生产的无政府状态。然就其理论的形式上说，它所表现的，乃是把十八世纪法国的伟大启明哲学者所建立的根本原理，从事着更彻底更合理的发展。所

以，近代社会主义也和一切新学说同样，无论如何深入地植根在经济事实之中，非与旧来的学问思想相结合不可。（第21页）

【吴译本】

近代社会主义，在其内容上说来，一方面首先是那统治于近代社会内部的有产者与无产者资本家与工银劳动者中间的阶级对立之认识结果，他方面则是生产无政府状态之认识结果。但是，由其理论形式言之，则近世社会主义最初好像是十八世纪法国各大启蒙学者所提意见的更广大与更澈底的发展。所以，近世社会主义的本身根据，虽然是基于经济事实之上，可是在开始时候，它不得不和一切新学说一样，把先存的思想资料，当作出发之点。[①]

【全集1971年译本】

现代社会主义，就其内容来说，首先是对统治于现代社会中的有产者和无产者之间、资产者和雇佣工人之间的阶级对立和统治于生产中的无政府状态这两个方面进行考察的结果。但是，就其理论形式来说，它起初表现为十八世纪法国伟大的启蒙学者所提出的各种原则的进一步的、似乎更彻底的发展。同任何新的学说一样，它必须首先从已有的思想材料出发，虽然它的根子深藏在经济的事实中。[②]

---

① [德] 恩格斯：《反杜林论》，吴理屏译，生活书店1937年版，“引论”第1页。
② 《马克思恩格斯全集》第二十卷，人民出版社1971年版，第19页。

【全集2014年译本】

现代社会主义，就其内容来说，首先是对现代社会中普遍存在的有财产者和无财产者之间、资产者和雇佣工人之间的阶级对立以及生产中普遍存在的无政府状态这两个方面进行考察的结果。但是，就其理论形式来说，它起初表现为18世纪法国伟大的启蒙学者们所提出的各种原则的进一步的、据称是更彻底的发展[①]。同任何新的学说一样，它必须首先从已有的思想材料出发，虽然它的根子深深扎在经济的事实中。[②]

恩格斯把18世纪摩莱里和马布利以来的社会主义理论统称为现代社会主义，这是因为，从摩莱里写作《自然法典》之后，全部共产主义的思想发生了一个明显的变化，就是在理论论证上采取了与以自然法为核心的主流理性主义政治思潮一致的思路。因此，恩格斯所论的“现代社会主义”，主要指三大空想社会主义者[③]的理论。所以，恩格斯在《反杜

① 在“引论”的草稿中，这一段是这样叙述的：“现代社会主义，虽然实质上是由于对现存社会中有产者和无产者之间、工人和剥削者之间的阶级对立进行考察而产生的，但是，就其理论形式来说，起初却表现为十八世纪法国伟大的启蒙学者所提出的各种原则的更彻底的、进一步的发展，社会主义的最初代表摩莱里和马布利也是属于启蒙学者之列的。”——全集1971年译本的编者注。

②《马克思恩格斯全集》第二十六卷，人民出版社2014年版，第19页。

③ 三大空想社会主义者：欧文（1771—1858）：英国空想社会主义者。生于威尔士蒙哥马利一个手工业家庭，10岁辍学当学徒，19岁成为曼彻斯特一家纱厂的经理。圣西门（1760—1825）：法国哲学家、经济学家、空想社会主义者。1760年10月17日生于巴黎一个贵族家庭。早年受启蒙运动影响，曾参加过北美人民反对英国殖民统治的斗争。傅立叶（1772—1837）：法国哲学家、经济学家、空想社会主义者。1772年4月7日生于贝桑松一个富商家庭。1793年参加里昂联邦派起义，一度被捕。1809年后在里昂、巴黎等地任职。

林论》中还简要追溯了从托马斯·莫尔《乌托邦》以降的共产主义传统。

从中国的史学观出发，对于世界史的划分，我们传统上一般把1640年英国资产阶级革命作为古代与近代的分野，之前为古代，之后为近代，把1917年俄国十月社会主义革命作为近代与现代的分野，1640—1917年为近代，1917年之后为现代，同时，把第二次世界大战作为现代与当代的分野，但有时也把当代与现代同义。在一般理解上，有时“现代”也将“当代”包括了。从词源上讲，“现代社会主义”，德文为“der moderne Sozialismus”，英文为“modern socialism”，俄文为“современный социализм”，“modern”这个词作为历史上使用的一个时间长度，英文的解释是：of the present or recent times（现世的、现代的、近世的、近代的）。可见“modern”一词兼有“近代”与“现代”之意。从恩格斯的本意和严格意义上的历史时代划分，译成“当代社会主义”明显更符合《反杜林论》中的语境。从历史的连贯性和当前人们的认知习惯来说，译为“现代社会主义”更加契合时代，不会让读者困惑，有助于保持阅读的顺畅。

《反杜林论》中还有一个当前理论认识和研究探讨值得关注的概念，那就是“重建个人所有制”。在《反杜林论》“第一编 哲学 十三、辩证法。否定之否定”中，恩格斯重申了马克思在1867年出版的《资本论》第一卷中的话：

> 从资本主义生产方式产生的资本主义占有方式，从而资本主义的私有制，是对个人的、以自己劳动为基础的私有制的第

一个否定。但资本主义生产由于自然过程的必然性，造成了对自身的否定。这是否定的否定。这种否定不是重新建立私有制，而是在资本主义时代的成就的基础上，也就是说，在协作和对土地及靠劳动本身生产的生产资料的共同占有的基础上，重新建立个人所有制。[①]

1875年，马克思在亲自修订过的法文版《资本论》中又补充说，历史上存在过的劳动者的私有制，被资本主义私有制否定了；共产主义所要重新建立的，不是“劳动者的私有制”，而是“劳动者的个人所有制”。针对杜林攻击马克思的这个主张“既是个人的又是公共的所有制”，是“混混沌沌的杂种”，恩格斯在《反杜林论》中运用唯物辩证法，从自然界和人类社会多方阐述了否定之否定的客观发展规律，还击了这种污蔑。“重建个人所有制”是近年来争论比较激烈的一个话题，从不同译本的译文中，能够把握出各自的侧重点。

【钱译本】

那是否定之否定。那是个人的所有之从新复活，然而那是立足于资本主义时代的成果之基础上的，即是立足于自由劳动者的协业，以及他们对土地和劳动自身所生产的生产要具之共有上的。立足于各人自己劳动上的一种分散的私有之转变为资本主义的所有，比已经立足于社会的生产经营之资本主义的私

① 《马克思恩格斯全集》第二十三卷，人民出版社1972年版，第832页。

有转变为社会的所有，当然远为缓漫，远为困难。（第206页）

【吴译本】

这个否定之否定，他恢复个人的财产，可是这已是以资本主义时代的成果为基础，就是说以自由劳动者的写作以及土地之共有与自身劳动所产的生产手段之共有基础。显然的从那建筑于自身劳动之上的散漫的私有财产进于资本主义财产的转变，比较从事实上已经基于社会生产之上的资本主义私有财产进于社会财产的转变，更是无比地愈加缓慢，带着无限地苦痛，而且更是困难的过程。[1]

【全集1971年译本】

这是否定的否定。这种否定重新建立个人所有制，但这是以资本主义时代的成就，即以自由劳动者的协作以及他们对土地和靠劳动本身生产的生产资料的共同占有为基础的。以自己劳动为基础的分散的个人私有制转变为资本主义私有制，同事实上已经以社会化生产为基础的资本主义私有制转变为公有制比较起来，自然是一个长久得多、艰苦得多、困难得多的过程。[2]

【全集2014年译本】

这是否定的否定。这种否定重新建立个人所有制，然而是

---

① ［德］恩格斯：《反杜林论》，吴理屏译，生活书店1937年版，第240页。
② 《马克思恩格斯全集》第二十卷，人民出版社1971年版，第143页。

> 在资本主义时代的成就的基础上，在自由劳动者的协作的基础上和他们对土地及靠劳动本身生产的生产资料的公有制上来重新建立。以自己劳动为基础的分散的个人私有制转变为资本主义私有制，同事实上已经以社会生产为基础的资本主义私有制转变为社会所有制比较起来，自然是一个长久得多、艰苦得多、困难得多的过程。[①]

总体来说，对这种“个人所有制”长期存在着争论，主要有三种看法：1. 指个人消费品所有制。其论据是恩格斯在批判杜林歪曲马克思关于重新建立个人所有制的论断时指出：“对任何一个懂德语的人来说，这就是，公有制包括土地和其他生产资料，个人所有制包括产品即消费品。”[②]（钱译本也是如此翻译的）2. 指生产资料公有制。认为消费品个人所有制在资本主义制度下也存在，谈不上“重新建立”。而马克思所说的个人所有制是作为资本主义私有制的对立物提出来的，是对资本主义私有制的否定，应是生产资料公有制。持反对意见的人则认为，马克思在上文已指出在“生产资料共同占有的基础上，重新建立个人所有制”。如果个人所有制指生产资料公有制，是同义反复。3. 指劳动力个人所有制。因为生产资料已属公有，生产条件中只剩下劳动力，个人所有制只能指劳动力个人所有制。持反对意见的人则认为，马克思从未论述过社会主义条件下的劳动力个人所有制。如果有，那么社会主义和资本主义都存在劳动力个人所有制，就谈不上“否定之否定”，更不能用

① 《马克思恩格斯全集》第二十六卷，人民出版社2014年版，第143页。

② 《马克思恩格斯全集》第二十卷，人民出版社1971年版，第143页。

社会主义的劳动力个人所有制去否定资本主义私有制。还有人认为，个人所有制的客体不是物而是劳动，重新建立个人所有制，就是要否定资本主义条件下的劳动占有关系，建立新型的劳动占有关系，重新确立劳动者对自己劳动的自主权，即在更高层次上重新恢复自主劳动[①]。

钱译本“个人的所有”和现行译本“个人所有制”还是比较接近的，译文中“个人的所有”相对的是“资本主义的所有”“资本主义的私有”“社会的所有”。这个“个人的所有”在钱译本随后紧跟着的译本中就点明了，就是“生成物即消费物”。这个翻译与恩格斯认为马克思设想的未来社会的“个人所有制”是建立在协作和生产资料公有制基础之上的生活资料的所有制的解释是相一致的。吴亮平1930年译本翻译为“个人的财产”，“财产权”的译法完全抽空了“生产资料”（或生产工具）归谁所有的物质资料生产基础，剥去了制度层面的跨越，没有了阶级意义上的区别，仅仅是货币或消费意义上的了。国内有一些学者比较认同这种看法。他们考证《资本论》德文原文，接着Es ist Negation der Negation（否定之否定）后面的话是：

> Diese stellt（建立）nicht（不）das Privateigentum wieder her（重新），wohl aber das individuelle Eigentum auf Grundlage der Errungenschaft der kapitalistischen Ära：der Kooperation und des Gemeinbesitzes der Erde und der durch die Arbe-

---

① 于光远:《经济大辞典》(上、下册)，上海辞书出版社1992年版，第139页。

it selbst produzierten Produktionsmittel.[①]

在这里，前一个Eigentum是同大写的Privat（私有）连在一起的，明显是指生产资料所有制，因为它才有重新建立（stellt wieder her）以及私有或公有的差别（如果是生活消费品，就天然地归个人而不能公有了）；后一个Eigentum则是同individuelle分开的，强调的是"个人的"，与前一个Eigentum用法不同，而且没有"重新建立"的字眼，不一定指生产资料所有制。将它翻译为财产，不是没有道理的。

这一段话在英文版是：

> This does not re-establish private property for the producer, but give him property based on the acquisitions of the capitalist era: i.e., on co-operation and the possession in common of the land and of the means of production.[②]

---

① 见《资本论》第一卷第二十四章第七节。恩格斯在这里和后面几处引用的是《资本论》第一卷德文第二版（1872年）。这里所引用的段落，在德文第四版中有一些改动。

② 参见《CAPITAL：VOLUME ONE》， translated：Samuel Moore and Edward averting-edited by Fredrick English，Publisher：progress publishers，Moscow，USSR. 最早的《资本论》第一卷英文译本由赛米尔·穆尔和艾威林翻译，并在1887年出版。该卷是经恩格斯亲自审定、根据德文第三版，同时参考了法文版《资本论》译出的。法文版《资本论》是指马克思生前亲自修订过的《资本论》第一卷法文版。这个版本是根据《资本论》第一卷德文第二版翻译的。马克思在亲自负责校订法译文时，不但校订了译文，而且考虑到便于法国读者阅读，以及德文版出版以后他研究的新成果和新的历史资料，对法文版进行了多方面的修改。有的章节在内容上作了具有理论意义的修改和补充，相当多的论述改得通俗了；补充了新的历史资料和统计资料；增加了一些注释；有的名词术语也改得通俗了；全书的篇章节做了新的划分，把德文第二版原来的七篇二十五章进一步划小，改为八篇三十三章，许多篇章标题作了修改。

其中有两点值得重视：其一，那段话里的individual property（“个人所有制”或“个人财产”）是在生产资料公有制基础上由共同体give（分给）个人的，由于生产资料还得由共同体重新投入生产，不能分给个人，能分给个人的当然只是消费资料了。其二，话中的re-establish只用过一次，是针对private property讲的（即“不是重新建立私有制”）；而后面针对个人财产的动词则是give（分给），根本没有重新建立（re-establish）的意思，亦即，不存在中文版所谓的“重新建立个人所有制”的提法。恩格斯在德文修订版中，把那段话中缺少动词的地方加上“给予”或“分配”，与英文版的措辞正好相同，说明英文版用give表示生产资料公有制与个人财产的关系，不是没有根据，而是更加恰切的[①]。

与全集本两个版本把stellt wieder her译为“重新建立”不同，钱译本译成“从新复活”，相较于吴亮平1930年译本“恢复”的翻译来说，使得“个人的所有”之“重新来过”具有了一种内在的需求和活力，与之前恩格斯论述马克思辩证法强调的“否定之否定”在逻辑顺延上增加了几分契合性。“重新建立说”鼓励了无产阶级的历史作为、唯物史观的历史使命以及科学共产主义的生动实践；“恢复说”较为中性，强调了“个人的财产”的必要性，用以说明无产阶级从“无财产”到“有财产”的过程。当然，从英文版的翻译来看，“从新复活”的译法不太符合马克思和恩格斯的本意，“复活”意味着“个人的所有”在资本主义条件下是灭亡的、不存在的，但实际上，资本主义社会条件下，也存在着一定形式的“个人所有制”，比如股份制，马克思恩格斯在《信用在

① 吴宣恭：《对马克思“重建个人所有制”的再理解》，载《马克思主义研究》2015年第2期。

资本主义生产中的作用》、《资本论》第三卷、《反杜林论》等中有过不少论述。

三、译文点校

相较于吴亮平1930年译本的研究学术化、概念专业化、文本完整性，钱译本的特点或者说不同首先在于其译文方面，“译者本想努力地使其忠实和浅明”（“译者的话”），使用了较多具有中国古语、中国风格、本土口语、本土气派的词汇、译注、概念、解释等。在第一版序言中，恩格斯特别说明了《反杜林论》创作的直接背景和自己叙述的形式，在如何翻译从而使读者能够理解“体系”是恩格斯写作时代首先要考虑的问题：

【钱译本】

所谓“构成一个体系”的杜林格君，在现时的德国，绝不是例外的现象。不久以前，在德国，曾经一夜的工夫，丛生了宇宙创成论、一般自然哲学、政治学、经济学等等的体系，那怕极贫弱的哲学博士，甚至于学生，都已经不能在完成了的“体系”之下满足了。如同近代国家中，预定着国家的一切市民，对于自己所能票决的问题，是能够批判的一样；如同经济学上假定着一切消费者，都是自己生活上所经常要买的一切商品的熟悉者一样，——在科学上，现在也完全和那一样地被考察着。（第3—4页）

【吴译本】

“创造体系的”杜林先生，在现代的德意志，决不是单独的现象，今年，宇宙论以及一般自然哲学、政治、经济等等之体系，好像雨后春笋似的发生于德意志。最不行的哲学博士，甚至大学生，都在创造着整个的“体系”。正好像在现代国家，规定着一种前提，说每个公民要能判断他有权表决的一切问题；正好像在政治经济学内，假定着每个消费者都彻底地熟知他自己日常生活所必需的那些产品；——看起来，在科学上，情形也正是如此。[①]

【全集1971年译本】

“创造体系的”杜林先生，在当代德国并不是个别的现象。近来在德国，天体演化学、自然哲学、政治学、经济学等等体系，雨后春笋般地生长起来。最蹩脚的哲学博士，甚至大学生，不动则已，一动至少就要创造一个完整的“体系”。正如在现代国家里，假定每一个公民对于他所要表决的一切问题具有判断能力一样，正如在经济学中，假定每一个消费者对于他所要买来以供日用的所有商品都是真正的内行一样，——现在科学上认为也要遵守这样的假定。[②]

① ［德］恩格斯：《反杜林论》，吴理屏译，生活书店1937年版，第3—4页。
② 《马克思恩格斯全集》第二十卷，人民出版社1971年版，第8页。

【全集2014年译本】

“创造体系的”杜林先生在当代德国并不是个别的现象。近来，天体演化学、一般自然哲学、政治学、经济学等等的体系如雨后春笋出现在德国。最不起眼的哲学博士，甚至大学生，动辄就要创造一个完整的“体系”。正如在现代国家里假定每一个公民对于他所要表达的一切问题都具有判断能力一样，正如在经济学中假定每一个消费者对于他要买来供日用的所有商品都是真正的内行一样，现今在科学上据说也要作这样的假定。①

比较四个版本，哲学名词、学科专业、文艺复兴重要人物以及国家名称的翻译上大致是同一的，说明这一时期国际交往和科技交流中的术语统一度比较高，但在语言风格上，钱译本使用了“构成一个体系”“一夜的工夫”“贫弱”“满足”“票决”“市民”等老百姓耳熟能详的词汇和语句，译本追求短句，不加太多的限定词，行话、箴言之类使用得也比较少，对西方的一些俚语、历史大事、生僻字等还加了注释，便于普通读者理解和阅读。通读整个文本，这样的平实用语十分普遍，译者是循着这样的初心去从事这项翻译的，比如“大吹特吹”“迷信”“路旁叫卖”“大吹大擂”“牛屁大王”等，这样的平实用语十分普遍。

最有意思的翻译是，钱译本在“十一　道德与法律（其三）自然与

① 《马克思恩格斯全集》第二十六卷，人民出版社2014年版，第8页。

必然”中，在注释中把“康蒲豪正”注释为“当时的宰相”。如果译成“首相”，对于工人农民这些马克思主义理论水平不是很高的接受者来说，理解确实有点困难，但听到“宰相”，估计知识文化比较贫乏的老百姓也能马上就明白了。

当然，如果仔细研读吴亮平1930年译本与全集本的两个版本也会发现，它们之间的关联度还是比较高的，一些哲学、政治经济学、科学社会主义的核心概念，甚至是一些比喻、逻辑、风格都有相似的地方，比如“创造体系的”“假定”“雨后春笋”等等，这主要得益于新中国成立后全集本的翻译很多时候都征询了吴亮平的意见和建议，吸收了吴译本不同时期译本的各自优点。

其次，钱译本采取页下注的排版方式对相关地名、人物、社会运动、科学技术、发明创造、神话故事等进行介绍，介绍中有英文名字、生卒年、国籍、主要贡献或著作，具体而完整，增加了读者阅读的方便性，这是钱译本在译文注释上的最大不同，可以说是优点。但是，有8处注释不完整，有的仅有名字，缺少生卒年，缺少主要成就和活动，有的介绍得过于简单，寥寥数语。钱译本在扉页之后“译者的话”中特别点明：

> 为读者的便利起见，对于人名件名，尽自己所知的，一一加以简略的注释，横写于各页下方的空白上（也有因数字太多而附于各段之后者），但以不甚普及者为限，至于人所共知的人物，如亚里士多德，李嘉图，黑智儿，达尔文等等，一概从略。再则因为有些读者感受经济的困难，不能多备参考书，而

本书的专门用语过多，读时身边若无辞典，理解上确有一点障碍，译者爰就书中的用语，提要简释，附于全书之末，以便检查。（“译者的话”第2—3页）

正是由于“不甚普及”，在翻译过程中，存在诸多与现今通用名（以全集2014年译本为标准）不太符合的情况，具体如下[①]：

重要人名对照表

钱译本名	吴译本名	今通用名	钱译本名	吴译本名	今通用名
休卫令盖耳	世魏银格尔	施韦宁格	拉法格	拉法尔格	拉法格
莫尔甘	莫尔干	摩尔根	李必洗	里别格	李比希
卡尔浮古特	卡尔浮赫特	卡尔·福格特	赫克尔	赫克尔	海克尔
托列维拉士	脱莱维拉奴斯	特雷维腊努斯	奥肯	奥肯	奥肯
黑鲁木霍次	海尔姆霍尔茨	赫尔姆霍茨	开勃拉	凯柏莱尔	刻卜勒
格斯塔夫·基尔喜和夫	吉尔霍夫	古斯达夫·基尔霍夫	白第	配蒂	配第
诺士	诺尔司	诺思	洛克	洛克	洛克
休姆	休谟	休谟	开烈	凯纳	魁奈

① 为格式方便，对照表中的吴译本名就是指吴亮平1930年译本中相应的人名，今通用名指的是全集2014年译本中的对应译名。相比较而言，钱译本只是列出了《反杜林论》中的部分人名，吴亮平1930年译本中用下横线画出的人名要多得多。

续表

钱译本名	吴译本名	今通用名	钱译本名	吴译本名	今通用名
曼彻尔	苗宰尔	托马斯·闵采尔	平均党	平均派	平均派
巴布夫	巴贝夫	巴贝夫	莫列里	摩莱里	摩莱里
马布里	马勃里	马布利	洼特林格	魏特林	魏特林
笛卡尔	笛卡尔	笛卡尔	斯宾诺查	斯宾诺莎	斯宾诺莎
笛得罗	狄台罗	狄德罗	黑拉格里特	海拉克立特	赫拉克利特
培根	培根	培根	拉普拉士	拉帕拉斯	拉普拉斯
林内	林耐	林耐	李夏德·瓦格那	范格尼尔	理查·瓦格纳
莱布里次	莱白尼茨	莱布尼茨	费喜丁	费哈台	费希特
谢林格	雪林	谢林	拉马克	拉马尔克	拉马克
路易白兰	鲁意白朗	路易·勃朗	安放坦	安芳登	安凡丹
拉莎尔	拉萨尔	拉萨尔	满特非耳	曼台菲尔	曼托伊费尔
高氏	高奥斯	高斯	罗伯迈雅	美以尔	罗伯特·迈尔
斯密氏	斯密斯	斯密斯	哈克斯列	黑克斯	赫胥黎
卡年	嘉伦	盖仑	马尔比基	马尔片几	马尔比基
波义耳	鲍爱尔	波义耳	哥德	歌德	歌德
考弗满	考夫曼	考夫曼	康蒲豪正	甘普好生	康普豪森
格斯塔夫·司徒鲁伯	古斯塔夫·斯脱鲁维	古斯塔夫·司徒卢威	劳仑	洛伦	洛朗
盖尔哈特	热哈尔	热拉尔			

从表中能够看出，正如钱译本前言所指出的，对西方近代契约论者的重要人物译名基本相同，而在俄语和其他东欧语人物的翻译上，四个版本之间差别较大，这可能与不同语种的发音有很大关系。吴亮平1930年译本中很多关于人名的翻译在很大程度上被中文全集本吸收了，这可以看作是对吴亮平本人的更多肯定。当然，如果仅仅从语言音译的相似度而言，似乎钱译本的译名中有更多贴近于当前的通用名。

再次，钱译本在格式上的另外一个优点在于在页眉位置添加了章节篇章信息，查询某一部分特定内容十分方便。而吴亮平1930年译本的方便之处在于人名、地名、著作名等名称代词的下面加注横线，不仅如此，还在后面添加了相应的英文名称，这个标示的方法非常新颖，便于识别，便于找其他版本校对，便于顺畅浏览。虽然，钱译本在一些重要的国名、地名、书名和报刊著作处也标注了德文原文，但数量较少。

另外，在吴亮平1930年译本中有较多的编者注，明确标注为“译者注”或“译者”的共有7条，其中文内注4条，节末注3条。此外，还有2条节末注没有标明是译者注，经比对核实应为吴亮平所注。而在钱译本中虽有译者加注的注释，但没有明确标示为编者注的话。

在钱译本中，注后加长文，以段落缩进两个中文字符标示，虽也明示，但阅读时不易单独区分阅读。在其后，译文中在转译杜林的论述时，也存在这样的排版问题。比如三版序言中对“旧的自然哲学，无论它包含多少真正好的东西和多少可以结实的萌芽”这句话，恩格斯加了一个很长的注。但相对来说，由于吴亮平1930年译本采用了横排本的印制形式，虽然也是文中加注，但是字体有变化，容易分辨得多，读者阅读起来比钱译本观感好不少。现行全集2014年译本的注释（包括编者

注）采用页下注，注释与正文分类，一目了然，比较清晰。

第四，在译本的表达上，误译、错译、漏译的地方比较多。在《反杜林论》绪论（全集2014年译本译为“引论”）第一部分概说（全集2014年译本译为“概论”）中，恩格斯着重提到了马克思的两个伟大发现，前述四种版本的译文在观点解读上是契合一致的：

【钱译本】

这两个伟大的发见：唯物史观和暴露剩余价值所形成的资本制生产之秘密，是我们应该感谢马克思的地方。社会主义因此成了科学，我们现在的工作，就是要完成它的细目与一切关联。（第38页）

【吴译本】

这两种伟大的发明——唯物史观，及揭破资本主义生产秘密的剩余价值说——我们是应该归功于马克思的。因着这些发现，社会主义变成了科学，现在只要把他的细目及联系更进一步发展就够了。①

【全集1971年译本】

这两个伟大的发现——唯物主义历史观和通过剩余价值揭破资本主义生产的秘密，都应当归功于马克思。由于这些发

① ［德］恩格斯：《反杜林论》，吴理屏译，生活书店1937年版，第43页。

现，社会主义已经变成了科学，现在的问题首先是对这门科学的一切细节和联系作进一步的探讨。[①]

【全集2014年译本】

这两个伟大的发现——唯物主义历史观和通过剩余价值揭开资本主义生产的秘密，都应当归功于马克思。由于这两个发现，社会主义变成了科学，现在首先要做的是对这门科学的一切细节和联系作进一步的探讨。[②]

可以看出，“唯物史观”[③]“剩余价值”两个马克思主义的经典概念术语在钱译本和吴译本中已经定型化了，到全集本两个版本之间，仅仅是一些词语和限定表述语先后顺序的调整了。比如，“揭破”与“揭开”，“现在的问题首先是”与“现在首先要做的是”等。但是，对于这两大发现，钱译本翻译成了“我们应该感谢马克思”的两大“发见”，吴译本和全集两个版本翻译成“归功于马克思”。吴译本和全集两个版本的译文应该是准确的，正像恩格斯所言：“就像达尔文发现有机界的发展规律一样，马克思发现了人类社会发展规律……不仅如此，马克思还发现了现代资本主义生产方式和它所产生的资产阶级社会的特殊的运动规律。”“正是这两个伟大的发现，把社会主义的学说置于牢固的科学

① 《马克思恩格斯全集》第二十卷，人民出版社1971年版，第30页。

② 《马克思恩格斯全集》第二十六卷，人民出版社2014年版，第30页。

③ 在不同创作时期，根据宣传和传播的重点，恩格斯在表述上采取了灵活的立场，因此留下了多个表述“唯物主义历史观”的用语，这些术语的含义并没有实质性差异，它们包括“唯物主义历史观”“马克思的历史观”“共产主义世界观”，等等。

基础之上。”在繁重的工作和危险的生存环境下翻译马克思主义进步书籍，加之可能译者使用的是不太熟悉的俄文版著作，词不达意之处情有可原，从当前的德文版来看，这样的译文失误之处还有不少。正如译者所言：“但因原著的艰深难解，误译和生硬之处，一定不少。”（“译者的话”第2页）

最后，钱译本中的一些标点符号的使用方法和现在通用语言的规定有些许不同，毕竟20世纪30年代的规范性和必要性没有如今这样严格，比如书名号、破折号、引号的使用，很多地方需要省略，或者不用注释即可。对人名、地名、德文特定用语、数量单位等做了注释但没有标明是译者注。

钱译本中也有一些印刷错误或者字迹模糊的单词或句子，由于当时的出版工具和人工作业环境，是在所难免的。比如在钱译本“第一篇哲学”中“结论”的最后一句，印制成了“诚然牛是屁大王，但不知到底是谁?”，显然是活字印刷时，模字位置放错了，本应该是“诚然是牛皮大王，但不知到底是谁?”。再比如，在“八　自然哲学（其四）有机界（结论）”标注注释“哈克斯列”时，把文中的符号（1）标错位置了，标注在了上一句，“要列（1）入死物之中”。

结语

《反杜林论》是百科全书式的马克思主义经典文献，它第一次全面地、系统地阐述了马克思主义学说的整个体系。它将哲学、政治经济学、科学社会主义学说概括在一个科学体系中，并从这个有机整体上进行了详尽的阐释，深刻体现了马克思主义是科学的世界观和方法论。

因此，《反杜林论》问世后，19世纪70年代以后参加无产阶级共产主义运动的一代又一代人，都从这部著作中认识到了科学社会主义及其理论基础，为牢固树立马克思主义世界观获得坚定的信念和力量。

《反杜林论》钱铁如译本作为20世纪30年代马克思主义哲学和辩证法在中国传播时期的理论和文本产物，起到了用马克思主义哲学、政治经济学、科学社会主义来武装中国人的头脑的作用，担负起了自己的历史使命，发挥了自身的历史作用。不过，该译本没有能够把下册（关于政治经济学和科学社会主义的内容）翻译出来，无疑是马克思主义传播史上的一段缺憾。回过头来看已有的上册，其存在的局限恐怕是没有能够持续关注和研究马克思主义经典著作，从而做到全面挖掘马克思主义哲学的基本理论，从而能够对许多重要的原理进一步加以概括、提炼、阐释（钱铁如曾经设想过再版时修订），例如自然界的运动形式与发展、演化规律，人与自然的关系（人在宇宙中的位置），人的自然属性（人类社会是自然界的一部分），人类社会及其特点，人类社会发展的特殊性，社会结构理论，社会有机体理论，社会生活的多样性理论，人类社会历史发展、社会演进的方式（社会进化与社会革命），人类社会的交往及“全球化”，资本主义的变革与出路，亚洲生产方式与共产主义，现代社会现实中的共产主义因素，人的全面发展，人的需要、权利、义务、责任与对社会的奉献理论，等等[①]。这不仅是钱铁如未竟的使命，也是20世纪30年代马克思主义哲学中国化历程中普遍存在的一个问题。

《反杜林论》对中国共产党人产生了重要而深刻的影响。早在20世纪20年代，《社会主义从空想到科学的发展》就出版了中译本。《反杜林论》是毛泽东在土地革命战争时期就反复读过的重要哲学著作。1932年4月，毛泽东从漳州龙溪中学图书馆里得到了《反杜林论》。在长征行军途中，毛泽东又克服重重困难，把这本书带到了陕北，并在自己的重要著作《矛盾论》中引用了该书的两段原文。毛泽东常常自嘲，自己是“马背上的马克思主义”“山沟沟来的马克思主义”，说的就是这一时期自己在土地革命的艰苦斗争中读马克思主义哲学和辩证法的情况。毛泽东在中共七大提出干部必读的5本和在七届二中全会上提出的12本马列著作中，都有与《反杜林论》有内在关联的《社会主义从空想到科学的发展》。1963年，毛泽东提出学习30本马列著作，其中就包括这本书，并专为印马列著作大字本问题写信给周扬，嘱咐像《反杜林论》这样的著作要印成四本或八本，减轻每本的重量，以便于阅读。所有这些，都说明毛泽东对这本书的高度重视[②]。“九一三事件”后，各级干部要读6本马列著作时，《反杜林论》就是其中的一部。彭德怀元帅逝世时，身

① 胡为雄：《毛泽东与〈辩证唯物主义 历史唯物主义〉的编写》，载《北京行政学院学报》2016年第4期。

② 王占仁：《毛泽东读〈反杜林论〉相关问题略考》，载《光明日报》2011年5月18日，第11版。

边还放着他病中阅读的《反杜林论》。我们党在不同的历史时期，之所以一再引导中国共产党的干部学习《反杜林论》，就在于它是一部全面系统阐述马克思主义世界观的著作，能够帮助干部学会把马克思主义的立场、观点和方法有机结合为一个整体去掌握和运用。“从1930年《反杜林论》第一个中译本出版到现在已经半个多世纪了，在漫长的革命岁月中，特别是在党的学习活动中，它都被列为干部学习必读的重要文献。它启迪和教育了成千上万的革命者，在整个中国革命和社会主义建设的历程中，起到了不可估量的作用，同时也证明了，《反杜林论》所阐述的马克思主义原理的无比正确。”[①]所以，在19世纪70年代以后参加共产主义运动的一代又一代革命者，从中获得了强有力的思想理论武器。《反杜林论》全面系统阐释的马克思主义基本原理和辩证唯物主义的思想方法，准确地表述了马克思主义的科学内涵与行动指南价值，这对于我们正确认识新时代中国特色社会主义的基本国情、主要矛盾、发展阶段、国际环境以及相应阶段的各方面方针政策，具有重要的指导意义，对于党的各级领导干部执政能力提升大有裨益。

---

①《〈反杜林论〉文集》，黑龙江人民出版社1984年版，第1—2页。

参考文献

[1] 马克思恩格斯全集：第20卷 [M]. 北京：人民出版社，1971.

[2] 马克思恩格斯全集：第26卷 [M]. 北京：人民出版社，2017.

[3] 马克思恩格斯全集：第34卷 [M]. 北京：人民出版社，1972.

[4] 马克思恩格斯全集：第35卷 [M]. 北京：人民出版社，1971.

[5] 马克思恩格斯全集：第36卷 [M]. 北京：人民出版社，1974.

[6] 马克思恩格斯文集：第9—10卷 [M]. 北京：人民出版社，2009.

[7] 马克思恩格斯选集：第1—4卷 [M]. 北京：人民出版社，1995.

[8] 列宁全集：第14卷 [M]. 北京：人民出版社，2013.

[9] 列宁全集：第23卷 [M]. 北京：人民出版社，1990.

[10] 列宁选集：第1—4卷 [M]. 北京：人民出版社，1995.

[11] 毛泽东选集：第1—4卷 [M]. 北京：人民出版社，1991.

[12] 邓小平文选：第1—3卷 [M]. 北京：人民出版社，1994.

[13] [德] 卡尔·马克思，弗里德里希·恩格斯. 共产党宣言 [M]. 北京：人民出版社，1997.

[14] [德] 恩格斯. 反杜林论 [M]. 北京：人民出版社，1999.

[15] [德] 恩格斯. 社会主义从空想到科学的发展 [M]. 北京：人

民出版社，2014.

［16］［德］恩格斯．自然辩证法［M］．北京：人民出版社，2015.

［17］中共中央马克思恩格斯列宁斯大林著作编译局马恩室．马克思恩格斯著作在中国的传播［M］．北京：人民出版社，1983.

［18］中共中央马克思恩格斯列宁斯大林著作编译局国际共运史研究室．研究《反杜林论》参考史料［M］．北京：生活·读书·新知三联书店，1980.

［19］北京图书馆马列著作研究室．马克思恩格斯著作中译文综录［M］．北京：书目文献出版社，1983.

［20］［德］恩格斯．反杜林格论：上册［M］．钱铁如，译．上海：昆仑书店，1930.

［21］［德］恩格斯．反杜林论［M］．吴黎平，译．上海：江南书店，1930.

［22］［德］恩格斯．新哲学典范［M］．梁武，译．上海：文源出版社，1949.

［23］［德］恩格斯．自然辩证法［M］．杜畏之，译．上海：文源出版社，1949.

［24］［俄］萨可夫斯基．史的唯物论：上［M］．叶作舟，译．上海：平凡书局，1930.

［25］程始仁．辩证法经典［M］．上海：亚东图书馆，1935.

［26］［日］河上肇．唯物史观研究［M］．郑里镇，译．上海：文华书局，1930.

［27］瞿秋白文集：政治理论编［M］．北京：人民出版社，1988.

［28］艾思奇. 大众哲学［M］. 北京：民主与建设出版社，2016.

［29］艾思奇. 辩证唯物主义　历史唯物主义［M］. 北京：人民出版社，1961.

［30］李达. 社会学大纲［M］. 武汉：武汉大学出版社，2007.

［31］于光远. 经济大辞典：上、下册［M］. 上海：上海辞书出版社，1992.

［32］徐素华. 马克思恩格斯著作在中国的传播［M］. 北京：中国社会科学出版社，2013.

［33］高清海. 马克思主义哲学名著评介［M］. 长春：吉林大学出版社，1989.

［34］杨春贵. 马克思主义哲学发展史教程［M］. 北京：中共中央党校出版社，2003.

［35］许全兴.《实践论》《矛盾论》研究综论［M］. 北京：中共中央党校出版社，2013.

［36］杨金海. 马克思主义研究资料：第13卷［M］. 北京：中央编译出版社，2014.

［37］雍桂良，等. 吴亮平传［M］. 北京：中央文献出版社，2009.

［38］朱传棨.《反杜林论》哲学编学习纲要［M］. 武汉：武汉出版社，1995.

［39］朱传棨. 恩格斯哲学思想研究论稿［M］. 北京：人民出版社，2012.

［40］胡大平. 回到恩格斯［M］. 南京：江苏人民出版社，2011.

［41］姚颖. 恩格斯《反杜林论》研究读本［M］. 北京：中央编译

出版社，2014.

［42］胡为雄. 马克思主义哲学在中国传播与发展的百年历史［M］. 南昌：百花洲文艺出版社，2015.

［43］ 薛俊强. 恩格斯《社会主义从空想到科学的发展》研究读本［M］. 北京：中央编译出版社，2014.

［44］梁家珍. 恩格斯与伯恩施坦通信集：1879—1895年［M］. 北京：人民出版社，1982.

［45］生活·读书·新知三联书店文献资料集：上［M］. 北京：生活·读书·新知三联书店，1996.

［46］全国《反杜林论》研究会.《反杜林论》研究文集［M］. 哈尔滨：黑龙江人民出版社，1984.

［47］《马克思恩格斯列宁哲学经典著作导读》编写组. 马克思恩格斯列宁哲学经典著作导读［M］. 北京：人民出版社，高等教育出版社，2012.

［48］谭培文，陈新夏，吕世荣. 马克思主义经典著作选编与导读［M］. 北京：人民出版社，2005.

［49］王平. 马克思主义经典著作导读［M］. 北京：中国人民大学出版社，2017.

［50］王守常，张翼星，陈岸瑛，等. 马克思主义哲学在中国［M］. 北京：首都师范大学出版社，2002.

［51］［德］阴格尔. 科学的社会主义与唯物史观［J］. 苏中，译. 建设（上海1919），1920，3（1）.

［52］［日］河上肇. 见于《资本论》的唯物史观［J］. 苏中，译.

建设（上海1919），1920，2（6）.

［53］靳书君，梁盼.“社会主义”术语在中国的传入和衍变：中国特色社会主义术语探源之一［J］. 吉昌学院学报，2018（1）.

［54］雍桂良. 毛泽东为何称吴亮平“功不在禹下”［J］. 名人传记（上半月），2011（06）.

［55］朱传棨.《反杜林论》：一部历史唯物主义著作［J］. 马克思主义哲学研究，2012（01）.

［56］马云鹏，陈贵言. 全国《反杜林论》学术研究概观［J］. 西北师大学报（社会科学版），1989（04）.

［57］黄自立.《反杜林论》的汉译传播及其对中国革命的哲学治思［D］. 北京：中共中央党校（国家行政学院），2019.

原版书影印

说　明

《马克思主义经典文献传播通考》各册均附有原版书影印资料，即马克思主义经典著作中文译本。本丛书所称“译本”是指：1. 我国单行出版的马克思、恩格斯、列宁等原著，包括著作、书信选译和专题文集；2. 报纸、杂志连载马克思、恩格斯、列宁等著作的完整译文。鉴于中华人民共和国成立前，马克思主义经典著作的译本数量众多，版次与印次繁杂，本丛书所附译本均作专门说明。

本册所附《反杜林论》钱铁如译本为1930年12月上海昆仑书店出版的《反杜林格论》上册。

1930
反杜林格論
上册
恩格斯著
錢鐵如譯
HERRN EUGEN DUHRING
UMWALZUNG DER
WISSENSCHAFT
崑崙書店版

反杜林格論

—哲學 經濟學 社會主義 批判—

恩格斯著 錢鐵如譯

上册

緒論 哲學篇

崑崙書店版

譯者的話

本書原名 Herrn Engen Dührings Vmwälzung der Wissenschft（衛根·杜林格君的科學之變革），是恩格斯的主著之一。因爲原著屢有 Arti-Dühring 的簡稱，遂沿用之而名爲『反杜林格論』。

恩格斯著這本書的原因。他自己已在序文中詳細說過，不須譯者贅述。至於本書的價值，俄國伊·亞戈爾曾在所編之『馬克思主義基礎』（卽本書的縮編本）一書的序文中說：『馬克思的「資本論」和恩格斯的「反杜林格論」，同是馬克思主義文獻上佔第一位的著作。恩格斯的這本書，關於馬克思主義的哲學、經濟學、以及科學的社會主義，含着極豐富的理論材料。凡在本書之後產生的一切馬克思主義的作品，多少都是這個基本著述的展開或通俗化，尤其在哲學的領域如是」。——由此，便可知道本書的重要性。

本書的論述，涉及了哲學、自然科學、經濟學、社會主義等一切部門，是一部體系極爲廣汎的著作，翻譯這本書的人，也應該對于各部門都有精深的研究，才能勝任愉快。譯者自顧學力淺薄，原無担負這一任務的勇氣，承朋友們的再三鼓勵和允許帮助，才大胆地開始工作。至於譯文方面，譯者本想努力地使其忠實和淺明，但因原著的艱深難解，誤譯和生硬之處，一定不少，希望讀者隨時指正，有機會再版時，即當盡量修改。

譯者爲讀者的便利起見，對于人名件名，盡自己所知的，一一加以簡略的註釋，橫寫于各頁下方的空白上（也有因字數太多而附于各段之後者），但以不甚普及者爲限，至于人所共知的人物，如亞里士多德，李嘉圖，黑智兒，達爾文等等，一概從略。再則因爲有些讀者感受經濟的困難，不能多備參考書，而本書的專門用語過多，讀時身邊若無辭典，理解上確有一點障碍，譯者爰就書中的用語，提要簡釋，附于全書之末，以便檢查。

最後，我把杜林格的歷史簡略地介紹一下。杜林格在一八三三年生於德國柏林城，初習法律學，其後轉而研究哲學、經濟學，改宗社會主義，曾任柏林大學私講師（一八六四——一八七七）。他的學說，『無所不包，把萬事萬物都納入研究範圍中』，自稱爲『創造的體系』，本書的駁論，所以涉及許多的部門，也就是基於杜林格的體系的廣汎。杜林格的著書甚多，最代表他的思想的，就是『哲學講義』，『國民經濟學及社會經濟學講義』，『國民經濟學及社會主義批判史』等書。他死於一九二一年。

一九三〇 八 三〇 譯者

反杜林格論 目次（上册）

目次

二

著者對三次版本的序文

一（初版）

這個著述，絕不是由於什麼『不能抑制的情緒』寫出來的，實是恰恰相反。當三年前，杜林格君忽然以社會主義專門家，同時又以改良家在世上挑戰的時候，我的住在德國的朋友們，再三向我說，希望我在社會民主黨的中央機關報——當時叫做『民衆國家』(Volksstaat)的上面，給這嶄新的社會主義學說一個批評。他們認爲在使組織還極幼弱現在漸告統一的黨，沒有發生派別分裂和議論紛亂的新機會上，這實在是絕對必要的工作。關于批評德國形勢的適一點，他們比我們更能優長，所以我有信任他們的義務。同時，這個新的社會主義改宗者，還得了一部分

著者對三次版本的序文　二

社會主義機關報的好感，這種好感，雖然單是對杜林格君的美意來的，而同時却在這種黨的機關報上，看出牠於信服杜林格君的美意之餘，還表現了將要無條件地採用杜林格君的學說之意。現在並想用通俗的形式，把這種學說傳播到工人中去的人，都已經有了。並且，杜林格君及其同派的小數分子，為了硬要『民衆國家』對于這個揭出那種勇敢要求的嶄新學說，採取眞確的態度起見，竟使用了一切廣告和計謀的手段。

雖然如此，而我打算丟開旁的事情來着手這件不爽快的工作，却也鬧到一年了。這件工作，乃是一經着手便要做完畢的工作。然而牠不但是極不爽快的工作，且是很廣汎的工作。這個嶄新主義的社會主義學說，已經表現為嶄新的哲學體系之最後的實際成果了。因此，我的工作，就成了把這學說和這體系關聯起來而研究的工作，也就成了研究這個體系本身的工作，換一句話，就是跟着杜林格君的後面走，走進他的無所不包，把萬事萬物都納入研究範圍的那廣汎領域中。這樣，便完成了一套接連寫下來的論文，從一八七七年以來，陸續在『民衆國家』的繼承者——萊浦季西(Leipzig)的前進(Vorwärts)上登載過，本書便是集錄的那些登載過的文章。

因此，批評便詳博得和這對象——杜林格君的著述——所具的學問內容極不相稱了，這是對象的性質促之使然的。但是，就促成那樣詳密的原因說，還有旁的兩種事情。第一，牠給了我一個機會，使我能在這里所要論列的許多方面，積極地敘述我對于今日具有一般的學問興趣或實際興趣的問題之見解。這一層在各章中都實現着。這個著述的目的，雖不在于拿旁的體系，來對抗林林格君體系，但也希望讀者不要看漏我所述的見解的內部關聯。我的著述在這一點上，不能算是完全無益的東西，關于這層我已有着充分的證據。

另一方面，所謂『構成一個體系』的杜林格君，在現時的德國，絕不是例外的現象。不久以前，在德國，曾經一夜的工夫，叢生了宇宙創成論、「一般自然哲學、政治學、經濟學等等的體系，那怕極貧弱的哲學博士，甚至于學生，都已經不能在完成了的「體系」之下滿足了。如同近代國家中，預定着國家的一切市民，對于自己所能票決的問題，是能夠批判的一樣；如同經濟學上假定着一切消費者，都是自己生活上所經常要買的一切商品的熟悉者一樣，——在科學上，現在也完全和那一樣地被考察着。所謂科學的自由，就是人們寫出一切沒有學習的問題，以爲這樣便成了惟一嚴密的科學方法的話。杜林格君便是那種極不眞確的科學最顯著的典型之一，這種不眞確的科學，目今在德國的到處大肆猖狂，用喧鬧不已的譫語壓倒着一切。在文學、哲學、政治學、經濟學、歷史學上喧鬧不已的譫語，在講壇和演台上喧鬧不已的譫語，到處傳播的譫語，比旁的國民之單純而庸俗的譫語不同，自稱優越和思想深刻的譫語，喧鬧着自己是德國知識的工業上最特質最大量的生產物的譫語，只恨不曾和旁的德國工藝品一齊送到菲拉德耳非亞(1)去陳列，却是同一不值錢而拙劣的譫語。甚至德國的社會主義學問中，尤其從杜林格君作了好榜樣以來，最近亦產生了一些顯著地盡力于喧鬧不已的譫語，以誇示其『實際上什麼都不知道的科學』的人們。這是德國大學生初皈依於社會民主主義時候的特徵，且是不能和這一時期分離的幼稚病。可是，那定要被我們工人極健全的精神所克服。

即令說我只能在當個好事家的範圍內追隨杜林格君，但這決不是我的罪狀。在

(1)菲拉德耳非亞(Phil delphia)是美國的一個都市，美國離英獨立的發源地，1887年的萬國博覽會在此開會。

這種地方，我只是對于許多被對方弄錯誤或邪曲了的主張，拿出正確不可爭的事實來對抗而已。比如在法律學上、在自然科學上的許多地方就是例子。旁的有些地方的研究，觸着了理論的自然科學上的一般見解，這種見解，乃是自然科學的專門家，猶且要跳出自己的專門去接近牠的領域——即是據斐爾學（1）自己的聲明，那怕專門家，也要和我們外行一樣，只能『半解』的領域。在這複雜的著作中，辭句上定有少許不正確和不得已的錯誤，我希望人們以平時相互間的寬恕來原諒我。

寫完這篇序文的時候，又看見了杜林格君自己替書店作的廣告，介紹他自己的新的『重要』著作——『理論物理學及他學的新原則』。我自己承認對于物理化學的知識，非常不够，但是因爲熟悉我們杜林格君的原故，所以雖沒有拜讀過這本新著作，却以爲仍可這樣的斷定：這書上所寫的物理學及化學的法則，並誤解或平庸之點，定和那曾被杜林格君所發見，我的著作上所評論的經濟學，世界圖型論等等的法則，是伯仲之間的東西；並且，杜林格君所造出來的低温表——這測定最低氣温用的器械，倒不管高温也好低温也好，牠反正不能作爲測定氣温的標準，只算得

（1）斐爾學（Virchow 1821—1902），德國病理學兼人類學者，又是政治家。著有「細胞病理學」等書，在病理學上，建立了細胞理論，爲人所祖述。

著者對三次版本的序文　　六

杜林格君的無知厚顏的標準。

一八七八年、六月十一日，寫於倫敦。

二 （再版）

本書又印刷了新版，這是我完全沒有預料過的報告。因爲本書所批判的對象，現在已經完全忘了，加之這書的本身，不僅在萊浦季西的『前進』報上，經一八七七和一八七八兩年的繼續登載，斷片的爲幾千讀者所讀過，並且作爲合訂本和單行本出版過好多册。然則我在幾年前對于杜林格君所不能不說的事件，如何今日還繼續地感覺興味呢？

第一、我要把牠歸到下面的情形上：這本書，也和當時還流通着的我的一切著述一樣，社會主義法公布後就被禁止了。然而凡沒有被神聖同盟諸國之傳統的官僚

著者對三次版本的序文　八

主義所毒害的人們，定會知道：這個法律的效果，只能成功被禁的書籍反而發行到兩三倍，只能曝露柏林當局諸公，無力把頒布了的禁止令實現出來。就是說，事實上，因爲德國政府的美意，使我這本小著，能出乎我的預料之外增印了新版。我沒有工夫來適當的修正本書，大體上只好仍照原版去印刷。

但是，另外還有一個情形：這本書所批評的杜林格君的『體系』，跨着非常廣汎的理論領域，無論他走到那裏，我都要跟在後面，拿我的見解來對抗他。因此，消極的批評變成了積極的，論戰變成了馬克思和我所主張的辯證法的方法及共產主義世界觀之多少統一了的說明。並且牠占着很多的領域。我的這種思惟方法，從初在馬克思的『哲學之貧困』和『共產黨宣言』中問世以來，經過了二十年的潛伏狀態，到『資本論』出版後，遂加速度地不絕地擴大其勢力範圍，現在已經突破歐洲的國境，在那些一方有無產階級存在，他方有勇敢的科學理論家存在着的一切國家內，獲得了承認與擁護。所以我以爲定有些人們關于這一問題，像下述的那樣感到興趣，即是對于今日已經不成對象的杜林格君的學說之爭論，忍耐聽下去，同時好取爲那和牠相關聯而敍述着的積極議論。

還要順便地聲明一下，這本書上所敍述的思惟方法，大部分是由馬克思樹立的，由我構成的只有很小的部分，所以我的敍述，自然也是和馬克思商量後做的。我把所有的原稿，都讀給馬克思聽過，並且關於經濟篇的第十章——「批判史」——，還是馬克思寫成的，可惜因爲體裁的關係，我不能不加以多少的删減。在特別工作上，相互幫助成功，這是我們老早就習慣了的事情。

這次的新版，除開一章外，其餘仍照前版。在說明上，我本想變更許多部分，然同時却又沒有通體修正的工夫。總而言之，我負有整理馬克思遺稿來出版的義務，這是比任何事務都重要的工作。其次，我的良心，制止了一切的變動。這個著述，是論戰的著述，在對方所不能改動的地方，我這方面也什麼都不修改，我相信這種辨法，確是對於對手方的義務。我現在只能要求有權利再對答杜林格君的回復。然而杜林格君爲答復我而寫的文章，我却還沒有讀過，如無特別理由，恐怕不去讀牠了。在理論上，我應當和他告一終結，而且因爲後來杜林格君曾被柏林大學加了卑

著者對三次版本的序文

鄙的迫害（1），我對他更要遵守辯論的公約。固然，該大學會爲這件事受了譴責，但在盡人皆知的情形之下，致於剝奪杜林格君的教授自由的柏林大學，若在同一情形之下，壓迫了休衛令蓋耳（2），也算不得奇怪。

我不客氣地附加註釋的惟一之章，就是第三篇題名『理論』的第二章，這是因爲在專以我所主張的見解爲中心點而敍述的本章，我更加通俗地敍述而且補足了前後的脈絡的原故，這樣聲明之後，對方該不能詰責這件事了吧！然而這是由外部的事情促成的。因爲我的法國朋友拉法格（3）要把這書的三章（緒言第一章和第三篇的一二兩章）譯成法文，便替他改寫成了一本單行的小册子，這個法國版，隨卽做了意大利版和波蘭版的底本，其後又以『空想的社會主義到科學的社會主義』的標題，出版了德文本。這書在幾個月的當間，重印了三版，又譯成了俄文和丁抹文。在這各種版上，只把現今成爲問題的一章補足了一下，我如果在這原著的新版上，還要拋棄成了世界讀物之後的文章，而固執着最初的詞句，那恐怕就是誇衒的行爲了。

此外，我還想變更的，主要的就是下面的兩點。第一、是關於人類的原始史方

（1）指1877年杜林格與大學衝突而去職的事情。

（2）休衛令蓋耳（Schwenmger），是個鄉村醫士，畢士馬克提拔他當柏林大學醫學院的臨床學教授。

（3）拉法格（Lafarger 1842-1911），法國社會主義者，在法國介紹馬克思主義最力的人物。著有『歷史上的唯物主義與理想主義』等書，1911年與其妻同時自殺。

面的，這是因爲莫爾甘(1)在一八七七年才提供一柄鑰匙的原故。然而我在此後所著的『家族私有財產及國家之起原』(一八八四年，Zurich版)中，其時我已經得到了處理我所得到的材料的機會．所以這裏只要指出那個後來的著作就夠了。

第二、就是研究理論的自然科學之部分。這一部分的敍述，原來極其笨拙，而且如今已有許多地方，能夠明瞭與確實的表現了。卽令我沒有改正這部分的權利，並且惟其沒有這種權利，自己便應該担負批判牠的義務。

把意識的辯證法，從德國唯心主義的哲學中救出來，引到自然和歷史之物質的見解中去的，恐怕馬克思和我是惟一的了。但是，在自然辯證法的見解而同時又是物質的見解上，數學和自然科學的知識，確是必要的東西。馬克思根本就是數學家，我們便只算得斷片的、割裂的、提要的理解一點自然科學。因此，我就歇了商業囘到倫敦，抽出工夫來盡可能地從事於完全數學和自然科學的 借李必洗(2)的話說——『羽毛脫換』(mauserung)，而八年光陰的大部分，都費在這上面了。我憑着應該把杜林格君的自然哲學作問題來討論的機會，正是我的脫換過程走在當

(1)莫爾甘(Margan 1818-1881)，美國考古學者，其著名『古代社會』，爲研究古代社會者所宗。

(2)李必洗(Liebig 1803-1873) 德國化學家 有機化學的建設者

中的時候，所以往往不能找出適當的專門用語來，難怪在理論的自然科學領域，一概稍現難色的了。但是，另一方面，因爲自己意識着還沒有十分脫離不確實的境域，反而使得我深深地加了注意。所謂違背當時一般已經知道的事實之明白的錯誤，及敍當時已被承認的學說之錯誤的叙述，不會有人能夠向我指摘吧。關於這一點，只有一位基於誤解的偉大數學家，給馬克思一封信，說我不正當地傷害了〈二〉的名譽。

當我略述數學和自然科學的時候，當做問題的，不消說，就是在各個點上——我這方面，雖然對於全體都無何等疑問——確信以下的事實，就是確信在自然方面，也有那種在歷史中支配着外觀上偶然顯現的事件之同一辯證法的運動法則，把無限變化的錯綜貫串着。這種法則，是在人類的思惟發展史上，造出一貫下去的一根絲而漸漸達到思惟的人類之自覺的同一法則，是在黑智兒手中才包括地叙述而同時又以神祕的形式叙述出來的法則。然而把這法則從神祕的形式中取出來，從事於明白物理解牠的單純性及一般適用性的確是我們的努力之一。向來的自然哲學——

雖然實際上，其中藏着許多優點和許多有用的胚種註——沒有給我們一個滿足，實係理所當然。本書內詳細說過，自然哲學，尤其在黑智兒的形式上，對於自然並未認識何等時間上的發展，就是只認識了『並列』而沒有認識『連續』，這一點確是一個缺陷。這見解，在把歷史的發展，單歸之於『精神』的黑智兒體系之本身的上面，是有根據的，而同時，在當時自然科學的一般立場上也有根據。所以，在這一點上，黑智兒比康德遠爲落後，因爲康德的星雲說，既說明了太陽系的成立，而發見海潮妨害地球的自轉，又說明了太陽系的消滅。最後，我以爲問題並不是把辯證法的法則，嵌進自然中去，反之，在自然中發見這一法則，依據自然去發展這一法則，才是問題。

註跟着卡爾浮古特[1]這樣無分曉的俗人，攻擊向來的自然哲學，這比批評牠的歷史的意義要容易得多。牠中間雖還包含着許多的不合理和空想，但並不像該時代的經驗的自然學者之非哲學的理論。其實另一方面，牠包含許多的意義和理論，這件事在發展說傳播以來已被承認着。例如赫克爾[2]承認托列維拉

(1)卡爾浮古特(Karo Vogt 1817-1892)，德國自然科學者。他是想以自然科學說明一切的極端唯物論者。
(2)赫克爾(Hackel 1834-1919)，德國動物學者，達爾文進化論的有力擁護者，且是進化論完成者。
(3)托列維拉士。(Trevcranrns)
(4)奧肯(Oken 1779-1857)，德國自然學者。

士(3)和奧肯(4)的功績，就完全正當的。奧肯所當做原漿和原胞而作爲生物學之公準的東西，後來經實際上發見那就是原形質和細胞。特別是關於黑智兒，他比當時經驗派的人們超絕得遠，那些人們，或者對於一切不明瞭的現象，就給牠一個力——重力、浮遊力、電氣的接觸力等等——去加以說明，若是不可能的時候，便給牠一種不明的原素、光素、熱素、電素等等去加以說明。空根的諸力，現在簡直被排除淨盡了，然而被黑智兒所克服了的力的眩惑(Kr f tcsehwinder)，雖說滑稽點兒，偏還表現着，比如一八九六年黑魯木霍次(5)之英士布魯克的講演中就有這情形(黑魯木霍次通俗講演集、第二號、一八七一年、一九〇頁)。黑智兒對於從十八世紀的法國人傳來的對牛頓——英國太過於給了他的名譽和富裕的牛頓——的偶像化，他說在德國被餓死了的開勃拉(6)，才是近代天體機械學的眞正創造者，牛頓的重力說，已經明顯地在開勃拉的法則——且是第三法則中包含着。黑智兒在自然哲學的二七〇節和補遺中(黑智兒著作集、一八四二年、第七卷、九八頁及

(5)黑魯木霍次(Helmholz 1821-1894)，德國物理學家哲學者，其主著爲「物理學的光學論」「力的不滅論」「認識研究」

(6)開勃拉(Kepler 1571 1630)，德國天文學者，他研究天文學的結果，發見了三個法則：1，遊星以太陽爲焦點，沿其橢圓周而運動；2，把遊星的中心和太陽的中心連結起來的直線，在同一時間內，當是旋轉成等積的面積的；3，凡遊星繞太陽的時間之二乘，與遊星到太陽的平均距離之三乘成爲比例。他的著述甚多，尤以「星學的秘密」，「新天文學的本質」爲名著，有「天界立法者」之稱。

一一三——一一五頁），用寥寥數語的簡單方程式來證明的這件事，在那最新數學的力學之結果——格斯塔夫·基爾喜和夫(1)的『數學的物理學講義』中看得見（見該書第二版、一八七七年萊浦季西出版、一〇頁）。而且他所採取的形式，根本就和從黑智兒才開始敍述的是同一的簡單數學形式。自然哲學者對於意識的辯證法的自然科學之關係，正和空想社會主義者對於近代共產主義之關係一樣。

然而在全體上，在各個領域內，作這件事却是很大的工作。不但要克服的領域是無限的，而且在這全領域內，自然科學的本身，也還在於應該完成的變革過程之中，這種變革過程，那怕能夠把一切時間都提供在牠上面的人們，猶恐不能追及。加爾馬克思死後，我的時間，費在更切實的義務上了，所以我自己的工作，不能不中止下去。我現在只好拿這書中所述的暗示來自慰，等到將來有了機會，再集合我自己所得的結果，連同馬克思關於數學方面的極重要之遺稿，一齊出版。

但是，恐怕理論的自然科學進步的關係，我的工作將大部分或全體不需要了。

（1）格斯塔夫·基爾喜和夫（Gustav Kirchhoff 1824-1887），德國天文學者兼物理學者，關於光的輻射及吸收的法則是他發見的。

爲什麽呢？因爲把多量地聚集攏來的純經驗的發見，加以整理的這種簡單的必要，牠對於理論的自然科學所促成的革命，是儘管極頑強的經驗家，都非意識自然現象的辯證法性質不止的基底。從來所認定的不變的對立、明瞭而劃然的界限，逐漸歸於消滅了。從最後的『純粹』氣體都被液體化的這件事成功以來，能夠說某種物體是處在不能辨別其爲液體或氣體的狀態上的這句話以來，凝集狀態也完全失了以前的絕對性質。完整的氣體方面，各個氣體分子的運動之速力的自乘，在同一氣溫下，與分子的重量爲反比例，由於這種力學的氣體說的命題，熱便成了能夠直接計量的一種運動形態之一。十年以前，新發見的運動大原則，還被認做是單純的能的保持原則，是說運動不生不滅的簡單表現，就是說，單從牠的量的方面觀察過。然而那種狹隘的消極的表現，漸被能的變化這積極的表現所排除，有了能的變化這東西，過程的質的內容才被正當理解，對於世界外的創造者的最後記憶，也消滅了。運動（所謂能）的量，牠從力學上的能（所謂機械學的力）變化而爲電、熱、某種狀態之潛勢的能等等，縱然倒過來，從後者變化而爲前者，也還是個不變，這件事，現在已不須當做新的事實作宣傳了。現在內容極豐富的研究，已經確認物是變化過程自身的基礎，是那認識上包括着自然的一切認識之巨大根本過程的基礎。又，生物學爲進化論的光亮所照臨以來，就是有機界的領域也漸漸消滅了分類的確定界限，而不能分類的中間體，簡直一天增加一天；更精密的研究，把有機體從這一種類編入那一種類，而成了信條的區別標準，簡直失却了絕對的有效性。我們現在知道確有產卵的哺乳動物，如其報告不是錯誤的話，連匍匐的鳥都有。幾年前，斐爾學發見細胞的結果，已經要把各個動物的統一體（與其說是自然科學的及辯證法的，寧說是進步的）分解爲細胞的聯合，一樣，動物的（也就是人類的）個性這概念，因發見了那種長成變形虫狀態而運動於高等動物體內的白血球，非常複雜化了。但是，那被人看做不可調和的兩極的對抗，勉強規定的界限和分類，對於近代理論的自然科學恰給了一種狹隘的並形而上學的性質。以爲那種對抗在自然方面有是有的，但只有相對的適用性的認識，反之，以爲對於那種對抗所承認的不變性和絕對的適用性，是因吾人的反省而移到自然中去的認識，這種認識成了自然辯證法的見解之核

一八

著者對三次版本的序文

心。人們被不斷地集積攏來的自然科學的事實所強迫，自能達到那種見解。但是，倘若把辯證法的思惟法則之意識，和此等事實的辯證法之性質合一起來，那就更加容易能夠達到那種見解。總而言之，自然科學現在已進步到不能脫離辯證法的統轄了。假使自然科學而不忘却：經驗被包括的結果就是概念；同時，處理這概念的技術，既不是天賦，也不是與普通的日常意識一起獲得的，牠有眞實的思惟——長期經驗的歷史（即是需要那經驗的自然研究之思惟），那末，在自然科學上，這過程或許更加容易了。自然科學，因爲獲得了哲學的二千五百年間的發展之成果，牠一方定要脫離那存在於自己之外或自己之上的自然哲學，他方定要脫離那從英國經驗主義傳給的一種狹隘的思惟方法。

一八八五年、九月二十三日，寫於倫敦。

三 (第三版)

這個新版，除很少的地方，作了文字上的訂正外，其餘仍與前版無異。只在第二篇的第十章——『批判史』——的這一章內，有許多重要的追加，那是根據下述的理由來的。

已在第二版的序文上說過，這章的一切重要部分，都是馬克思所寫的。我因爲最初是當做雜誌的論文體裁寫成的，所以把馬克思的原稿删去了好多，並且對於杜林格君的宣言下批判的方面，倒比對於經濟史的說明成了附屬的部分，在這點上也不能不删減。然而原稿至今還重要而有永久興味的部分，簡直就是這一部分。馬克

著者對三次版本的序文 一九

著者對三次版本的序文　二〇

思對於白第(1)，諾士(2)，洛克(3)，休姆(4)這類的人們，給了一個古典經濟學發生史的適當地位，他的這種敍述，我有盡可能完全地按照原作出版的義務。尤其是他對開烈(5)的『經濟表』的說明，指個表是極最近的經濟學都不能解答的一個謎。反之，凡完全關係杜林格君的著述的部分，只要結構上不發生笑話，倒把牠塗銷了。

總而言之，我認爲滿足的，是本書所述的見解，從前版以來，傳播到科學及工人階級的一般意識中去了，並且還傳播於世界文明諸國去了。

一八九四、五月二十三日，寫於倫敦。

(1)白第(Patty 1623——1687)'英國經濟學者，他認爲土地和勞動是富的根本泉源，因而成爲重農派的先驅。
(2)諾士(North 1641-1690)英國經濟學者，初期的自由貿易論者。
(3)洛克(Locke 1632-1704)，英國哲學者經濟學者，屬於重農學派。白第，諾士，洛克，在當時經濟學上，有三傑之稱。
(4)休姆(Hume 1711-1776)，英國實證哲學者經濟學者，亞丹斯密的先導，關於經濟學的著述有。政治論說。
(5)開烈(Quesnay 1694-1774)，法國重農學派經濟學的開山祖，他的『經濟表』，是重農學派的聖經。

緒論

一 概說

近代社會主義，就其內容上說，牠的發生，一方是由於認識了近代社會內的有產者與無產者、工錢勞動者與資本家的階級對抗，他方則由於認識了支配着生產的無政府狀態。然就其理論的形式上說，牠所表現的，乃是把十八世紀法國的偉大啓明哲學者所建立的根本原理，從事着更徹底更合理的發展。所以，近代社會主義也和一切新學說同樣，無論如何深入地植根在經濟事實之中，非與舊來的學問思想相結合不可。

在法國，爲了行將到來的革命而啓發人心的偉人們，他們本身便是極革命的人物。他們對於外部的權威，不問其屬於什麽種類，一概都不承認。舉凡宗教、自然觀、社會、國家秩序這一切等等，都受過他們的嚴厲批判，都要到理性的審判之前，爲自己的存在去辯護，否則只有不作生存之望。理性被作爲測驗一切事物的惟一尺度了。正如黑智兒所說，那是世界被倒豎着的時代(譯註)。他這句話的意義，起首是指的惟有人類的頭腦及其思惟所發現的原理，才能作爲人類行爲及結合的基礎；後來則所指的範圍更加廣汎，凡和這種原理相矛盾的一切現實，事實上一件一件都要被顛倒過來。一切舊來的社會形態和國家形態，一切傳統的觀念，都被看做不合理的東西而投棄於荒野了。世界向來全是受着偏見的指導，一切過去都只值得憐憫和輕視。現在曙光開始出現了，此後舉凡迷信，偏私，特權及壓迫，應被永久的正義、永久的眞理、及以自然爲基礎的平等和不許侵犯的人權所驅逐。

(譯註)恩格斯在替拉法格寫去譯成法文的小册子『社會主義之發展』上，關於這句話，曾把黑智兒批評法國革命的話引註如次：「正義的思想，正義的觀念，一舉而占了勢力，不正義的舊架子，不能對他施行抵抗了。現在已經根據正義的思想建立了憲法，今後一切的東西，都要站在這一基礎之上。從太陽懸於天空，遊星繞之而轉動以來，還未聽見過人類用頭站着，即是

用思想站着的話。往昔亞拉康莎哥拉士(Anaxrmenes紀元前500-428)曾說：『精神卽理性支配世界』，但是，人類現在已不能不承認思想支配精神界的現實了。這是燦爛的旭日，凡是思索的生物，都舉行了慶祝，壯嚴的情緒，支配了時代，精神的熱情，搖動了世界。……』

然而我們現在卻知道以下的事實：這種理性的王國，不外就是資本家的理想化的王國；永久的正義，僅是資本家的法律中所實現的正義；平等，僅是資本家在法律前所得到的平等；那被作爲最重要的人權之一而宣布的，畢竟就是資本家的財產所有權；理性國家和盧梭的社會契約，雖已達到了實現的境地，然牠只不過實現爲資本家的民主共和國而已。十八世紀的偉大思想家們，也和他們的一切先導者一樣，終不能跳出他們的時代所劃定的圈子外。

但是，和封建貴族與資本家的對抗同時，又有搾取者與被搾取者、富厚的懶惰者與貧窮的勞苦者之對抗。因此，資產階級的代表者，便不承認自己是特別階級的代表者，反自命是代表陷於苦痛中的全體人類的人。然而，資本家從其發生之初，卽已帶來了自己的反對物，因爲沒有工錢勞動者，資本家便不會存在。中世基爾特

一　概說　　二四

的店東，旣發達而爲近代資本家，基爾特的藝徒和基爾特之外的日傭勞動者，也就隨着牠發達而爲無產者。雖然大體上，資產階級在和貴族鬥爭的時候，可算代表當時種種勞動階級的，但在資本家的一切大運動當中，每次仍有近代無產者運動之先導的階級獨立運動發生，不過表現出來的程度有差異而已。如：德國宗教改革及農民戰爭時代的曼徹爾運動(1)，英國大革命時代的平均黨運動(2)，法國大革命時代的巴布夫運動(3)，便是其例。和這未完成的階級革命動亂相適應，還產生了一些革命理論：在十六，十七世紀，出現了一種理想社會狀態的空想敍述，在十八世紀，則有直接的共產主義理論 莫列里(4)和馬布里(5)表現出來。平等的要求，已不限於政治上的權利，更要擴大到個人的社會地位上去。不僅階級的特權要被廢棄，更要廢棄階級對抗的本身。那在斯巴達出現過的禁欲的共產主義，就是這種新學說的最初表現形態。接着又出現了三個偉大的空想社會主義者——聖西

（1）曼徹爾（Thomas munzer 1489-1525），德國宗教家，共產主義思想家，因主張共產主義的改革，誘發農民暴動，事敗被捕自殺，

（2）平均黨（Levellers），主張廢止王室和貴族，建立貨物共有的平等共和國，於1470年在愛爾蘭地方爆發暴動。

（3）巴布夫（Babeuf，1764-1797），法國社會主義革命家，曾創『民衆講壇』的社會主義新聞，主張人類有平等的權利和義務，勞動及其成果，應屬於全人類。他所組織的祕密團體，因內中叛變了一個領袖，同志全體被補，他自己受了死刑。

（4）莫列里（Morelly），法國著述家，十八世紀的人，著有自然法典，主張廢除私有財產。

（5）馬布里（Mably，1709-1785），法國社會主義者，認爲人類的一切悲慘事實，都由於財產的存在，力唱共產主義，著有馬布里全集。

門（他認爲資本家的運動，還和無產者運動同有某種程度的重要），傅利葉、歐文。歐文生長於資本家的生產最發達的國家，受了這種生產所造成的對抗之影響，直接基於法國的惟物論，組織的形成了自己對於廢除階級對抗的提案。

這三個人有一共通點：他們都不能表現爲當時歷史所產生的普羅列塔利亞的利益之代表。他們和啓明主義者同樣，不想解放某一階級，乃想解放人類的全體，他們還有一事和啓明主義者同樣：也想造出一種理性及永遠正義的王國；不過他們的王國和啓明主義者的王國相比，却有天淵之別。他們認爲資本主義的世界，雖是基於那些啓明主義者的原理造成的，却仍不合理仍是偏私的東西，所以仍要和封建制度並所有以前的社會狀態一樣，非走上沒落的命運不可。眞實的理性和正義，迄今還未支配世界的緣故，只因人類對於理性和正義沒有具着正當的理解。這正是由於缺乏了天才的個人，現在則那種個人已經出現而認識眞理了。可是那種個人恰在此時出現，眞理恰在此時被認識，這絕非歷史發展的關聯中所必然發生的一種不可避免的事件，純粹只是幸運的偶然而已。假使那種個人早生五百年，人類當可減少五

一　概　說

百年的謬誤和鬥爭及苦悶。

這種見解，本質上，就是一切英國和法國的社會主義者、以及初期德國社會主義者(窪特林格(1)包含在內)的見解。他們以為社會主義，就是絕對的眞理、理性和正義的表現，只要牠一旦被發見，便可靠牠特有的力量去支配世界。他們又以為絕對的眞理，是和時間空間及人類歷史的發展無關係而存在的，所以不管牠在何時何處被發見，都純粹是偶然的事情。然而，絕對的眞理、理性及正義，每因各派的始祖不一而互相差異；且因創始者彼此主觀的悟性、生活條件、知識及思惟方法的訓練程度之不同，而絕對的眞理、理性及正義也得受規定，所以這些絕對的眞理之間的鬥爭，除了互相侵入以外，別無解決的方法。這麼一來，則事實上，除了產生一種折衷的中庸社會主義——這迄今還支配着英法兩國的大多數勞動者的頭腦——以外，不能產生旁的什麼。這便是各派創造者不甚高明的批評言論，和經濟上的學說及未來社會觀所成功的塗了許多色彩的一種混合物，這種混合物，恰同溪流中的小圓石一樣，越在爭論的長流中、磨滅了各種組成分子所固有的尖銳之角，牠就越

(1)窪特林格(Wilhelm Weitling 1808-1871)，德國社會主義者，著有『人性論』及『調和與自由的保證』，他的思想，終未軼出傅利葉之流的空想社會主義的範圍，曾在美國創造勞動同盟的共產社會而失敗。

發容易實現出來。如果要把社會主義造成一種科學，那首先就非把牠放在眞實的基礎之上不可。

那時候，和十八世紀的法國哲學接踵而起的新德國哲學產生了，這在黑智兒手中集了大成。黑智兒的最大功績，便是把思惟的最高形式之辯證法復活起來。古代希臘哲學家，全是天生的辯證論者，他們中間最博學的亞里士多德，已經研究過辯證法的思惟之最根本的形式。反之，新哲學家中間，固然也有精通辯證法的人們（例如笛卡兒（1）及斯賓諾查（2）），可是因爲特別受了英國的影響，漸次墮入形而上學的思惟方法中，而十八世紀的法國人，至少在哲學上的工作，差不多完全受形而上學的思惟方法所支配。然而在純粹的哲學範圍以外，他們也能產出辯證法的傑作，我們只追想笛得羅（3）的『拉謨之姪』和盧梭的『人類不平等原因論』就可了然。我們在這裏只簡單地把這兩個思惟方法的本質敍述一下完事，因爲我們往後還要更詳細的討論這一問題。

當我們觀察自然，或人類歷史，或吾人本身的精神活動時，便有一幅映像懸在

（1）笛卡兒（Descartes 1596-1650），法國哲學者，他的哲學是物心二元論，著有『方法論』，『哲學原理』，『哲學論叢』等書。

（2）斯賓諾查（Spinoza 1632-1677），荷蘭哲學者，他的哲學是把自然和神同一看待的一種汎神論的一元論，著有『智力改良論』，『論理』等書。

（3）笛得羅（Diderot 1713-1784），法國的啓明哲學者。

一 概說

我們眼前，這幅映像上面，是映的任何事物都沒有保持其原來的性質，原來的場所，原來的狀態，萬物都流動、都變化、都生長死滅的各種關聯及交互作用的無限錯綜。這種原始的、樸實的而實際上卻是正確的世界觀，就是古代希臘哲學的世界觀。首先經黑拉格里特[1]明白地說過，他說：萬物都存在，萬物卻都不存在，爲什麼呢？因爲萬物都流動，都在不斷的轉變、不斷的生長和衰滅的過程中。可是這種見解，雖然對於現象全體的一般性質有正當的理解，卻不能靠牠充分地說明構成這一全體的個別現象。然而我們既不能說明個別現象，也就不會明白全體現象。我們要想知道這些個別現象，便須把牠從自然或歷史的關聯中抽出來，一個一個地研究牠的特性和特殊的因果關係等等。這第一就是自然科學和歷史研究的任務。這些研究部門，在古代希臘人用他們的極正當理由看來，只能占居附屬的地位，因爲他們認定搜集材料比什麽都該當先。嚴密的自然研究，漸由亞歷山大時代的希臘人開端，往後到中世紀，更由亞拉伯人發展起來。然而眞實的自然科學，卻在十五世紀後半期纔漸漸發生，從此便日快一日地進步了。把自然分解爲各個部分；把各種自然

（1）黑拉格里特（Heraklit） 古代希臘哲學者，生於紀元前535年死於475年。

現象及自然物區別爲明確的種類；把有機體的內部從其各種解剖學上的形式去研究，這是過去四百年間，供給我們關於自然知識的偉大進步的根本條件。但是這種研究方法，同時却又傳給我們一種習慣：把自然物和自然現象分離地去理解而忽視其整個的關聯。換言之，就是不在其運動狀態上去理解，而在其靜止狀態上去理解，不作爲本質上是變化的東西去理解，而作爲本質上是永久不變的東西去理解，不在活的姿態上去理解，而在死的姿態上去理解。其後，復由培根(1)和洛克的努力，把這種見解從自然科學移植到哲學上面，遂成功了過去幾世紀的特別狹隘，即形而上學的思惟方法。

據形而上學者的意見，事物與其思惟上的描像即概念，是隔離了的東西，可以兩不相關地去考察的一種固定的永久不變的研究對象。形而上學者在完全無關係的對抗形式上思惟着事物。他們的講話方法，然便是然，否便是否，以爲超乎這一範圍就錯誤。他們以爲某種事物，或存在或不存在，二者只居其一；又以爲某種事物，不能同時既是牠自己而又是旁的東西。以爲積極和消極，絕對地兩不相容，原因

(1)培根(Bacon 1561-1626)，英國哲學者，他排斥亞里士多德的三段論的演繹法；採用基於觀察經驗的歸納法。著有『論文集』，『知識的進步』等書。

和結果，也無可調和地相對抗。他們的這種思惟方法，就是所謂常識，驟見之下，自然覺得極其合理。然而常識這東西，在關門閉戶的圈子內，誠是値得親近的朋友，如果一旦走進汪洋的硏究大海，那就成了可駭的冒險。形而上學的見解，雖因對象的性質之不同而有廣狹，牠在很廣的範圍內，雖是可以承認的東西，且是必要的東西。不過牠遲早總要達到一個限界，一旦逾越那個限界，勢必成爲片面的狹隘的抽象的東西，終陷入那不能解決的矛盾之中。這由於牠囿於一切事物的個別性而忘其關聯，囿於一切事物的存在而忘其生長死滅，囿於一切事物的靜止而忘其運動，畢竟只看見了樹木沒有看見森林。舉一個例說，通常我們對於某種動物的存在與否是知道的，並且可以肯定地說牠存在與否。但是，我們若加以更正確的硏究，就往往感覺那是極複雜的問題了。這種複雜問題，是那些要確定墮胎是否構成殺人罪，因而耗費許多無益的精神去找正確解釋的法律家們所深深知道的。和這一樣，死的時刻是不能確定的，據生理學的證明，死不是一時一刻的現象，乃是極長的過程。和這一樣，一切有機體，時時刻刻都是同一物而又不是同一物，時時刻刻都消化那由外部攝來的物質而排泄其他的物質，牠身體上的細胞時時刻刻都消滅而又時時刻刻都有新的細胞生長起來。不管遲早，只要到了一定的時間，牠的身體上的物質便完全更新，完全被旁的原子所替代，所以一切有機體，常是牠本身而又常是旁的東西。和這一樣，我們如果更正確地觀察，便知道以下的一些事實：某種對抗的兩極，例如積極和消極，一方雖是互相對抗着，同時却又互相立於不能分離的關係之上，儘管一切都對抗，還得彼此相需求；和這一樣，原因和結果這一觀念，只在適用於各個孤立場所時，纔具有適宜性，我們若把個別場所和世界全體連繫起來去觀察，便要歸到一般的交互作用上。在這種交互作用上，原因和結果，是不絕的對調其位置的，此刻在這裏作了結果的東西，馬上在那裏又作原因，反之，作了原因的東西也是一樣。

此等一切現象及思惟方法，不會嵌進形而上學的思惟框子內。反之，辯證法，他是把事物及概念的描繪，在兩者的關聯上，連鎖上、運動上、生長死滅上去把握的，牠的這種處理方法之正確，上述的那些現象便是一個證明。自然就是辯證法的

一　概說

確證，我們應該感謝近代自然科學，牠提供了日日聚積的極豐富的材料，賴以證明自然確是辯證法的活動，不是形而上學的活動着。然而用辯證法思惟着的自然科學者，迄今依然屈指可數，所以目前在理論的自然科學上所顯現的無限混亂，使先生學生著者讀者都一樣地陷於絕望中的無限混亂，可以從這新發見的結果與傳統的思惟方法之衝突上來說明。

對於宇宙全體、宇宙的發展和人類的發展、以及這一發展映在人類頭腦中的肖像，從事精密的敍述的這件事，只有用辯證的方法，只有不絕地考察生長死滅之普遍的交互作用，進步的或退步的變化，才能實現出來。新德國哲學，就是用這種精神開始其工作的。康德的學問事業之起點，就在這裏：他打破牛頓的太陽系永久持續——受了一次有名的撞擊之後的太陽系永久持續——說(1)，把太陽系當做歷史的過程，說明牠和一切的遊星都是從一團旋轉的星雲中發生。那時候，他已經得到一種結論：太陽系的發生既是如此，牠將來的滅亡自屬必然的命運。他的見解，在半世紀後，由拉普拉士(2)用數學證明了；再過半世紀之後，又經分光鏡證明灼熱

(1)康德於1755年，匿名發表『自然史及宇宙論』，批判這件事。

(2)拉普拉士(Laplaco 1749-1829)，法國天文學者兼數學者，以天文學史及星雲說著名

的氣體，還結成種種密度而存在於宇宙中。

在黑智兒的體係中，看出了新德國哲學的最高點。在黑智兒的體係中纔成功了這種企圖（這是他的偉大功績）：對於一切自然的、歷史的及精神的世界，都作爲一個過程去把握，作爲不斷的運動、變化、轉換及發展去把握，因而把這種運動及發展的內部關聯指摘出來。從這個見地看來，人類的歷史，絕不同今日漸達成熟之域的哲學者的理性審判所認爲應該一律排斥、應該盡可能地從速忘却的東西一樣，是一種無意義的暴力行爲的混雜東西；實在是人類自己的發展過程上的東西，現在的思惟任務，便在於通過一切迂路而追尋其徐徐發展的過程之跡，從一切外觀上好似偶然性的中間，指出其內部的法則。

黑智兒不曾解決這一問題，這裏且不管牠。他的劃時代的功績，乃在於提供了這一問題。這個問題，永不是任何個人所能解決的問題。黑智兒——和聖西門一樣——雖是當時最博的學者，可是第一，他爲自己的知識——個人的知識之必然的限度所限制；第二，他爲那一時代的知識及見解都還狹隘和淺薄的事實所限制。除此以外，還有第三個理由：黑智兒是唯心論者，他不把人類頭腦中的思想，當做多少是從現實的事物及現象抽象出來的一種描像，反把事物及其發展，看做是未有世界以前便已存在於某處的『觀念』所現實化了的一種描像。因此，事物被他倒置了，世界的現實關係被他完全弄反了。黑智兒雖極正確的並且天才的把握了許多彼此的關聯，然而因爲上述的理由，在細密之點上，便不能不生出許多人工的，揑造的東西，簡單地說，就是不得不矛盾。黑智兒的體係既是巨大的流產，然同時也是這一體係最後的產兒。卽是說，牠含有無可救藥的內部矛盾。爲什麼呢？因爲牠一方作爲自己的根本前提的，是一種把人類歷史當做發展過程的歷史觀，而這發展過程，在其性質上，是不能由於所謂絕對的眞理之發見而達到知識的最高點的；但是同時，黑智兒哲學却以爲惟有牠的這一體係，正是此等絕對的眞理之總和。要知道，包括了自然和歷史的一切認識而永久適用的一種知識體係，是和辯證法的思惟之根本原則相矛盾的。然而辯證法的思惟原則，牠並不排斥那種對外界全體之體系的認識，能夠一時代一時代地造出長足進步的觀念，反而包容那種觀念。

既然理解了德國的唯心論，向來完全是顛倒的，那就必然走上唯物論的道路。然而應該注意，這却不是回頭到十八世紀形而上學的完全機械的唯物論中去的話。近代唯物論，把歷史當做人類的發展過程，把發見這一過程的運動法則，當做自己的任務，並不和舊唯物論一樣，僅以素樸的革命的態度，單純的攻擊形式，去排斥以前的一切歷史而已。十八世紀的法國哲學家如是，甚至黑智兒也如是，都以爲自然就是劃定一個狹小的圈子而循環着的不變的全體，有如牛頓所說之永久的天體，林內(1)所說之無變化的有機體世界一樣。但是，近代唯物論便和那種自然觀不同，牠包羅了新進步的自然科學的這種見解：自然也有時間上的歷史，天體也和在適當條件之下棲息於天體中的各種有機體一樣，亦生長亦死滅，所以卽令承認循環這句話，那也要當做牠是無限的擴大着的東西。總之，近代唯物論的本質是辯證法的，有了牠，則那君臨旁的科學之上的哲學，早已成了廢物。如果對於一切種種的科學，成功了牠們的一種要求——都明白了自己在事物和對事物的認識之整個關聯中的地位，則研究這種整個關聯的特殊科學便無用了。從此還能由一切向來的哲學中

(1)林內(Linne 1707-1778)，瑞典自然科學者，他不相信進化論，唱生物種屬不變說，著有『植物哲學』，『植物分類』等書。

獨立地殘留下來的學問，便只有思惟及思惟法則的學問——形式論理學和辯證法了。其餘一切旁的學問，都要屬於研究自然及歷史的實證科學。

固然，自然觀的變革，只能隨研求所得之適當的實證知識的材料程度而表現，但是提供決定的變化於歷史觀的那些歷史上的事實，却很早以前就擺在那裏。如：一八三一年，里昂地方出現了第一次的勞動者暴動(1)；一八三八年至一八四二年之間，第一次的全國勞動運動——英國大憲章運動(2)——有最劇烈的表現。無產者和資本家之間的階級鬬爭，一方因大工業之發展，他方因資本家新獲得的政治支配之發展，已在歐洲各進步國家的歷史前而湧現出來。於是布爾喬亞經濟學所唱的資本與勞動的利益一致，自由競爭的結果造成普遍的調和與普遍的幸福——這一大堆鬼話，經事實的反證，越發明白地暴露牠是欺騙的勾當了。此等一切的事實，早已是無可抵抗的事實，同樣，那在理論上表現出來的法國及英國的社會主義，雖說極不完全，却也是無可抵抗的事實。可是那還沒有被肅清的舊唯心論的歷史觀，對於物質的利害所引起的階級鬬爭，對於一般的物質的利益，全無什麼理解。在唯心

(1)里昂暴動，因1830年七月革命以後，資產階級獲得了政治的自由，而勞動者還是失業滿街巷，好飢餓所迫的勞動者，途於1831年在里昂暴動，向資產階級作明顯的政治鬬爭。

(2)大憲章運動，就是1838-48年，英國勞動階級爲爭取普通選舉的急進的政治運動。這裏所說的期間，是指的勞動者羣衆還沒有微化溫和派與激烈派的時候。

論的歷史觀看來，生產及一切的經濟關係，都是『文化史』的附屬要素，不過偶然的表現於其中而已。然而這種新的事實，使人不得已而要從事一切過去歷史的研究。結果便知道：一切過去的歷史，都是階級鬥爭的歷史，而這互相鬥爭的社會階級，又都是生產及交換關係的產物，總括一句話，就是那一時代的經濟關係的產物，因之一切社會的經濟構造，就是社會的眞實基礎，舉凡各時代的法律制度和政治制度，以及宗教的、哲學的並其他觀念方法的一切上層建築，都要從這經濟基礎去說明。於是唯心論在其最後的逃命窟——歷史觀中被驅逐出去，而唯物史觀產生了。於是發見了一種說明方法，這種說明方法，不同從前一樣，用人類的意識來說明人類的存在，乃是由人類的存在來說明人類的意識。

從來的社會主義，正同法國唯物論的自然觀與辯證法及新自然科學不相容一樣，也和唯物史觀不相容。不錯，從來的社會主義，也曾批評過現存的資本制生產方法及其結果，然而牠却不能說明這種事實，所以也就不能克服這種事實，徒然把牠看成一個壞東西去攻擊而已。但是，現在的問題，乃在於對資本制生產方法，一方

一 概說

說明其歷史的關聯，說明牠在一定的歷史時代的必然性，因而又說明牠必然滅亡的原因；他方則暴露牠的那種還隱藏着的內部性質。因爲從來的批評，投在事物之過程的惡結果上多，投在事物之過程的本身上少，所以牠不能成功這一工作。這一工作的成功，便是由於發見了剩餘價值。據剩餘價值說的證明：無給勞動之獲得，就是資本制生產方法及由此生產方法所完成的對工人榨取之根本形態；資本家縱然把看做商品的工人勞動力　用牠在商品市場的十足價值買到手，然而因此他還能向工人身上榨取更多於他在購買上所支出的價值；結局，這剩餘價值，就是時時增加的大資本：集積於有產階級之手的那種價值總額的來源。於是資本制生產及資本的生產之理路，被牠弄明白了。

這兩個偉大的發見：唯物史觀和暴露剩餘價值所形成的資本制生產之祕密，是我們應該感謝馬克思的地方。社會主義因此成了科學，我們現在的工作，就是要完成牠的細目與一切關聯。

但是，不料杜林格君揚揚得意跑上舞台來宣布他自己所完成的哲學、經濟學、社會主義上所造成的全體變革時，問題竟然跨了理論的社會主義和死滅的哲學之領域。

我們且看杜林格君究竟向我們約定的是什麼，他履行了什麼？

二 杜林格君約定什麼？

杜林格君關于這一問題的著作，主要的是『哲學講義』、『國民經濟學及社會經濟學講義』、『國民經濟學及社會主義批判史』，其中尤以第一種著作值得我們注意。杜林格君在這書起首的第一頁，聲明自己是『對於現代或望得見的將來之哲學的發展上，以這一力量（哲學）的代表者自任』的一人。換一句話，他就是說自己是現代或『望得見』的將來之惟一眞實的哲學者，凡違反他的見解的人，就是違反了眞理的人。本來在杜林格君以前，已有許多人自己是那樣着想，然而公開發表的除李夏德。瓦格那（1）外，杜林格君還算第一人，而且杜林格君所當做問題看的眞理，是『終極的絕對眞理』。

（1）李夏德 瓦格那（Richard W giner 1813—1883） 德國歌劇作家兼音樂家。

二　杜林格君約定什麼　四〇

杜林格君的哲學，『是自然體系或現實哲學……在這體系上，是這樣思惟着現實：把一切接近于夢想而且爲主觀所限制的世界觀的傾向，都排除乾淨』。因此，這一哲學，便造成這種情形——使杜林格君超越他自己所不能否定的他自己個人的』主觀的限定之域。但是，他要終極的絕對眞理能夠建立起來，這確是必要的事情；雖說我們現在還不知道這種奇妙的事蹟，究竟怎樣能夠實現的話。

『這種自身對于精神上爲貴重知識的自然體系』，『並未如何防害思想的深度而確實地定立了存在的根本形態』。牠從其『實際的批判立場』上，提供了現實哲學即是以自然及生活的現實爲對象之哲學——那不但不容許外觀上的限界，並且在那種強大的變革運動中，開拓外部的及內部的自然之一切天和地——的要素。牠是一個『新的思惟方法』，其結果，則是『根本獨特的結論及見解……構成一個體系的思想……確定的眞理』。我們在其中發見那『不能不求其力于集中的獨特性中的工作』（那是指的什麼，却不知道），發見『那達到根本的研究……根本的科學……嚴密地科學的把握事物及人類……貫通各方面的思想的著作……思想所能支配的前提及結果之創造的草案……絕對的根本性』。他在經濟的——政治的領域，不但給我們以『歷史上並體系上的廣大著作』（其中歷史的著作，更因『我的大規模的歷史記述』而卓越，經濟學上的著作，則帶有『創造的傾向』），並且還敍着自己對於未來社會所擬具的社會主義的計畫，據說他的計畫，是『明瞭而遂到終極的根本上的學說之實證的成果』，因而和杜林格哲學一樣，是毫無毛病而特出的東西。因爲他說：『只有我在我的「國民經濟學及社會主義經濟學講義」中所述的那種社會主義形態內，眞正的所有，才能替代那單純外觀的而且一時的私有，或暴力的私有』。照他這樣說，將來是不能不受那種計畫所規定的了。

杜林格君像這樣自己稱讚自己的妙語，還舉得出許多來。這類的話，或許已經使讀者懷疑到：他眞是以哲學者爲對手呢？抑。——然而我們要請讀者等到更詳細地知道了前述的根柢後，再來下判斷。我們所以舉出上述的那些妙語的，原是想表示：我們常做問題的事件，與普通的哲學者和社會主義者無關，因爲他們是單純表現自己的思想，把價值待到將來的發展去決定的；我們常做問題的事件，乃是—

二　杜林格君約定什麼？　四二

種非常的人物，因爲他認定自己和法皇一樣無過失，如果世人不願墮入地獄，只要接受他的祝福的教義就夠了。充滿於社會主義文獻，最近並充滿於德國社會主義文獻的著作；一切有才能的人們，想用最正確的方法去說明問題（固然答復這個問題的材料，多少還感缺乏）的著作；不論牠的學問上文學上的缺陷如何，而其中社會主義的善意却不能不承認的著作，——任憑這些工作的那一件，都不是我們所當作問題的東西。反之，杜林格君所提供於我們的學說，牠自身是一種終極的絕對眞理，一切旁的見解，和牠比較起來，起首就錯誤了的。他還有和終極的眞理一樣的惟一嚴密的科學的研究方法，一切旁的研究方法和牠比較起來，都是非科學的方法。他是正確的麼？我們便碰着了冠絕各時代的最偉大的天才，毫無過失的人，即是第一個超人的人；抑或不然，他是錯誤的麼？那末，我們的判斷無論如何下法，縱然是對於他的某種善意之好意的考慮，恐怕對於杜林格君還往往是致命的侮蔑。

如果有人抱着終極的絕對眞理和惟一嚴密的科學，他對於旁的錯誤的非科學的人們．當然免不了要感起很大的侮蔑。因此，我們看見杜林格君對於他的先達表示非常的侮蔑時，絲毫不以爲怪；又看見只有極少數的例外爲杜林格君所稱述的偉大人物，叨蒙他的根本性的寵愛時，也絲毫不以爲怪。

我們首先聽他關於哲學者的論述吧！他說：『全沒有優美情操的萊布里次(1)，他是一切可笑的哲學者中最優異的人』。他以爲康德還可原諒，至於康德以後的先生們，都是糊塗蛋。他說：『康德的直接流派，尤其費喜丁和(2)謝林格(3)的荒唐，兒戲而空虛的愚蠢……無知的自然哲學派之奇怪的諷刺畫……康德以後的怪異』及『夢話』，而其登峯造極的則爲黑智兒。黑智兒講黑智兒的隱語，用『那種形式上都非科學的方法』和他的『生硬』，傳播了『黑智兒病』。

自然科學者也沒有受很好的待遇，惟有達爾文的姓名，却被特別舉了出來，所以我們也只限於達爾文。他說：『達爾文主義者的半熟詩及其理解力之過於狹隘和識別力的遲鈍所作的變態論……據我們的見解，達爾文主義——拉馬克(4)的學說當然除外——是違反人類性的獸性』。

(1)萊布里次(Leibniz 1646-1716)，德國哲學者。他的學識非常淵博，綜合英法的思想而立德國哲學的基礎，著有『形而上學論』等書。
(2)費喜丁(Fichte 1762-1814)，德國哲學者，康德哲學的繼承人。
(3)謝林格(Schelling 1775-1854)，德國審美的唯心論哲學者，生於僧侶的家庭，曾與黑智兒同學，其後兩人互相敵視。

四四

二　杜林格君約定什麼？

他對於社會主義者尤為刻薄。除路易白蘭(5)——社會主義者中最不重要的——外，他們都是罪人，在杜林格君的面前（或他的庇蔭下），絕不會有什麼名譽。不但從真理或科學說，是那樣，從性格說亦然。除開巴布夫及一八七一年的少數公社暴動者，社會主義者完全不是『人』。三個空想社會主義者，被稱為『社會鍊金家』。三人中的聖西門，還蒙寬大的看待，他不過有點『矯激』的罪名，不過陷於宗教的迷信而被憐憫。反之，杜林格君對於傅利葉，卻絲毫不能容忍，因為傅利葉，是『露出了一切瘋狂的要素，……首先要向瘋人院去求的思想……荒唐的夢幻……瘋狂的產物……愚妄不堪言狀的傅利葉』，這種『孩子般的頭腦』，這個『痴漢』，決不是社會主義者，他的汎西特爾(6)，斷乎不是合理的社會主義，那是根據『日常生活的形式而沒有建設合式的形態』。以後他又說：『讀了這段話（傅利葉對於牛頓的論述）……在傅利葉的名字和整個傅利葉主義上，還認為真理的人；對於傅利葉僅僅算得傅(fou(法語)=瘋狂)這個語音的事實，還不十分確信的人，他自己便應屬於白痴者的範疇之下』。最後還說：羅伯

(4)拉克馬(Lamarck 1744-1829)，法國動物學家，進化論的先驅者。

(5)路易白蘭(Louis Blane 1813-1882)，法國社會主義者，他主張以國立工場造工人的幸福。

(6)汎西特爾(Phalanstere)，這是傅利葉在其理想社會的方案內，主張用一方哩的地基，建築一個可容四百家的住宅，而自己誇稱為社會宮殿的一個東西。他的理想社會，是把社會劃成許多單位，每一單位收容一千八百個勞動者，住在這個宮殿內，共同生產和消費，因而把苦悶的勞動變成享樂的勞動。見傅利葉著的『產業和社會的新世界』。

歐文，『具有惰性的貧弱觀念……他關於道德問題的極粗淺的思想……陷在褊狹中的常識……矛盾而平庸的見解……歐文的思想路徑，還不配眞摯的批評……他的自負』等等。因此，杜林格君就空想社會主義者的名字來極巧妙地表徵其特質的時候，便是聖西門——神聖(Saint)，傅利葉——瘋狂(fou)，安放坦(1)——小孩子(enfant)，僅僅只安掉加一句歐文——嗚乎(o Weh!感歎號)。於是社會主義史的極重要時代，被他輕輕地用四句話完結了，凡懷疑那件事的，『自己都該屬於白痴者的範疇之下』。

我們爲了把杜林格君對後起的社會主義者的批判，簡單地敍述出來起見，只就他批判拉沙耳(2)和馬克思的話，摘要出來看看。

拉沙耳：『固陋的＝穿鑿的通俗化之企圖……蕪雜的煩瑣哲學……一般的理論和細微的雜物之奇妙的混合……無意義且無形式的黑智兒迷……可厭的引證……特別的褊狹……無關緊要的小事自矜……我們的猶太英雄……寫小册子……庸俗……人生觀及世界觀的內部不確定』。

(1)安放坦(Enfantin 1796-1864)，法國聖西門派社會主義者。
(2)拉沙耳(Lassalle 1825-1864)，德國社會主義者，哥達綱領的起草者，改良主義的領袖。他與某貴族女子戀愛，不會採取自決的手段，而向女父圖婚被拒，女終嫁於某伯爵，他隨與孟伯爵舉行爭戀的決鬥，而和被殺。

二　杜林格君約定什麼？

馬克思：『見解狹隘……他的著作及成績，從其本質上看的時候，即純理論的考察的時候，在我們的領域（社會主義批判史）沒有何等永續的意義；就是在一般思想史上，至多也只能當作新煩瑣哲學的一個分派的影響之表徵列舉出來……集中的組織的能力之薄弱……思想及文體之無格式，鄙俚的用語之使用……英國式的自負……欺騙……事實上只是歷史的及論理的空想之私生子的粗笨觀念……虛僞的傾向……個人的自負……卑劣的態度……無廉恥……美學者的粉飾及蠢笨……中國人的博學……哲學的及科學的殘渣』。

等等。以上所引的一些話，不過是從杜林格君的薔薇園內隨手摘下來的一束花。這些可愛的謗詞——如果杜林格君眞有何等教養，或許要抑制下去的這種認爲他人卑劣而無廉恥的謗詞，究竟是否終局的絕對眞理，現在完全不是我們的問題。我們對於他的根本性，還要——現在還要——避免發生某種疑問才行，因爲不如是，恐怕連我們探求自己所屬的白癡的範疇這件事，都要被禁止了。我們認爲一方舉出杜林格所稱的『思慮周密而意義眞實的謙遜用語之摘要』的例證，一方確證杜林格君所攻擊的他的老前輩，其缺點正和杜林格君之無過失一樣的不可動搖，這是我們的義務。所以，如果他所說的完全不錯，我們便要拜倒在這冠絕一切時代的偉大天才之前了。

二 杜林格君約定什麽?

第一篇 哲學

三 分類 先天說 (Apriorismus)

據杜林格君說來，哲學是關於世界及人生的意識之最高形式的發展，廣義上包括了一切知識及意欲的原理。某幾種的知識或衝動，又或一羣的存在形式，對於人類的意識成爲問題的時候，關於這些形態的原理，便不能不是哲學的一個對象。這些原理，是單純的，或從來作爲單純物假定了的構成要素，是由牠組成各種知識和意欲的東西。和物體之化學的構成一樣，事物的一般組織，也可使其還元爲根本形式及根本要素。這種基本的構成要素或原理，牠一旦被獲得，便不僅對於直接知道而且能夠觸着的東西可以適用，並且對於我們尙未知道以及不能觸着的東西也可適

三　分類　先天說　五〇

用。所以，哲學的原理，在科學要成爲說明自然及人類生活的一個統一體系上，是必要的終極的補充。哲學在一切存在的根本形式之外，只具有兩個固有的研究對象，就是自然界和人類界。所以，我們一整理材料，便極自然地生出三個哲學部門來：即一般的世界圖型論(Weltschematik)和關於自然原理的學說，其次則關於人類的學說。可是這個順序中，同時又含着內部的論理的順序。這因爲適用於一切存在的那種形式的原則已先存在，而適用這個原則的對象之領域，則處於下位而隨從牠的原故。以上是杜林格君的學說，而且簡直是照他的話敍述的。

因此，在杜林格君方面，原理是問題，即是適用於自然及人類界，因而規定自然及人類，絕不是從外界發生而是從思惟引出來的形式的原則，成了問題。然而思惟是從何處獲得了這些原則的呢？從他自身麽？不是！爲什麽呢？因爲杜林格君自己說過：純觀念的領域，被限於論理的圖型及數學的產物（後面的一層，我們往後還要敍述，那是錯誤的）。論理的圖型，只不過能和思惟形式發生關係而已。可是在這裏，存在的形式——外界的形式是問題了，而這個形式，決不是思惟能從牠自身創造出來引導出來的，實際只有從外界才能創造出來引導出來。因此，整個的關係都顛倒過來了：原理不是研究的出發點，反是研究的終局之結果，原理不是適用於自然及人類歷史的，反是從自然及人類歷史中抽象出來的東西；自然及人類世界不為原理所規定，反而原理只有和自然及歷史成一致的時候才正確。這是事物之惟一的唯物論的見解。和這相反的杜林格君的見解，乃是唯心的，與完全顛倒了事實，恰同黑智兒一樣，以為現實的世界，是從思惟構成的，從未有世界以前老早就存在某處的圖型、幻影、或範疇構成的。

事實的證明是那樣。我們試把說着一切夢話的黑智兒的百科辭典，拿來和杜林格君的終極的絕對眞理對照一下：我們首先看見杜林格君有所謂一般的世界圖型論，這在黑智兒則稱為論理學。再則看見兩者之中，都有這種圖型或論理的範疇之適用於自然，卽自然哲學；最後又看見「杜林格君把牠」適用於人類界，這在黑智兒則稱為精神哲學。因此，在杜林格君的順序上所謂的『內部的論理的順序』，使我們『極自然地』追溯到黑智兒的百科辭典中去。他的順序，就是很忠實地從百科辭典借用的，而其忠實的程度，簡直教黑智兒學派中漂泊終身之猶太人柏林的米切列特教授見而感泣。

三 分類 先天說

人把『意識』和『思惟』，當做某種極自然地確定了的東西，當做起初就和存在，自然相對立了的東西，便生出這種結果來。所以，人們看見意識及自然，思惟及存在，思惟法則及自然法則，很顯著地一致着的情形，就不能不說是奇怪事情了。可是如果進一步追求思惟和意識是什麼？牠從何處發生？就要發見牠是人類頭腦的產物，而人類自身是環境中隨着環境發達起來的一個自然的產物。因此，自然明白了以下的事情：人類頭腦的產物，結局還是自然的產物，所以牠不是和其他自然關係相矛盾而是適應於其他自然關係的東西。

然而杜林格君，他却不能採取那種簡單的事物研究方法。他不但在人類的名義上——只這也怕是很偉大的事情——思考，並在一切天體中之意識的而且思惟的存在這名義上思考。誠然，『對於意識和知識的最高力以及那種無條件的眞理的主張，那怕只用「人類的」這個形容辭來排斥牠或懷疑牠，那對於意識和知識的根本形態，恐怕也是一個侮蔑』。所以，杜林格君為了不發生旁的某種天體中的二之二倍是否等於五這個疑問起見，不敢把思惟當做人類的東西，同時就不能不把思惟離開惟一的現實基礎，離開思惟原是從牠上面發生的那個基礎，即是離開人類和自然。於是他便陷於使他成為『繼承者』，成為黑智兒的繼承者之觀念中而無法拯救了。然而我們在旁的天體中，恐怕還要常常晤見杜林格君。

在那種觀念學的基礎之上，不能樹立何種唯物的學說、那是不言自明的事情。杜林格君往往不能不把自然當做意識的行為者，因而不能不教牠變成我們用德語喊着的gott(神)，關於這件事，我們到了後面或許要明白。

然而我們的現實哲學者，還有把一切的現實的基礎，從現實世界移到思想世界的其他動機。這種一般的世界圖型，這種形式的存在之原則的知識，正是杜林格君的哲學基礎。我們如果不把世界圖型論從頭腦中引出，而只以頭腦為媒介把牠從現實世界中引出，換言之，把存在的原則，從存在於現實的地方引出，那我們便不需要何等哲學，而只需要關於世界及發生於世界中的事物之實證的知識了。由這裏發生的學問，也一樣的不是哲學而是實證的科學。那末，杜林格君的全部著作，除了叫做努力於已失之戀以外，什麼東西都算不得了。

還有一層，如果哲學那東西，已經不需要，則哲學的任何體系，那怕牠的自然體系，也是不需要的。自然現象的全體，構成一個體系的關聯，這個觀察，使科學在各點上，在全體上，都立證那種體系的關聯之存在。可是要適宜地，無遺漏地把那種關聯用科學的方法說明出來，換一句話，要作成我們正居住其中的世界體系之思想的描像，這在我們固然是不可能的事情，就在任何時代，也同樣是不可能的事情。若是在人類發展的某一時期，那種終極上完成了的物理的、精神的、歷史的世界關聯之體系成功了，同時，人類的知識，也就到了極點，而將來之歷史的發展，便要從社會為那種體系所限制的頃刻起被截止，——然而那是一個不合理的事情，完全無意義的事情。因此，人類便要碰見如次的矛盾：一方完全認識世界體系的全關聯；他方，却又因為人類自身的性質及世界體系的性質永希能解決這問題。但是這種矛盾，牠不僅存在於世界和人類這兩個要素的性質中，並且是全知識之發展的主要樞桿，牠在人類進化的無限發展間，日常不斷地被解決，恰和數學的問題，在無限的級數或連分數中找出答案來一樣。事實上，關於世界體系之思想的描像，客觀上爲歷史的狀態所限制，主觀上爲其創始者的肉體狀態及精神狀態所限制，並且正被限制着。然而杜林格君却說他自己的思惟方法，根本和那被主觀所限制的世界觀不同。我們在前面已經知道他是全能的，是通行一切天體的，現在我們又知道他是全知的情形了。他解決了科學的終極問題，因而堵塞了一切科學的將來。

據杜林格君的觀察，一切純粹的數學，也和存在的根本形態一樣，能夠先天的，卽是不需外界所給與我們的經驗，逕從頭腦中造出來。在純粹數學上，悟性是能夠從事於『自己的自由創造及想像』的東西，數目及形象的概念，是『充足的能由於牠自身造出來的客體』，因此是具有『離開特殊的經驗及現實的世界內容而獨立的妥適性』的。

純粹數學，具有離開各個人的特殊經驗而獨立的妥適性，這當然是正確的事情，這就一切科學中的確定了的事實可以說，就一般的事實也可以說。磁石的兩極，水由水素及酸素的結合而成，黑智兒死了杜林格君活着，這些事實，無論離開我的經驗或離開他人的經驗，乃至離開杜林格君的經驗（如果杜林格君睡熟了的話），都是獨立地具有效力的。然而在純粹數學上，悟性決不是僅於從事牠自身的創造及想像的。數目及形象的概念，除了現實世界以外，不能從旁的地方去獲得。人類靠牠數東西的十枚手指，這最初發覺算術動作的十枚手指，完全是悟性創造之外的東西，至少也不是悟性的自由創造。在計算上，不但需要可以數的對象，並且考察這對象的時候，還需要捨棄數以外的其地一切特性的能力，這能力，就是長期歷史的、經驗的發展之產物。和數目的概念一樣，形象的概念，也是完全從外界獲得的，決不是靠純粹的思惟在頭腦中產生的東西。人類到達形象的概念以前，必須先有形象，並且必須有人類比較過那個形象的事物。純粹數學，把現實世界的量的關係和空間形式當作對象，即是把極現實的材料當作對象。所謂這材料在極抽象的形式上表現出來的這事實，不過是牠的從外界來的起原在表面上被隱蔽着罷了。若要能夠純粹地研究這形式及關係，便不能不把牠和牠的內容完全分離，不能不把牠的內容作爲無關係的東西而抛棄。這樣，便得到無大小的點、無厚薄寬窄的線、A和B及X和Y、不變數和變數、到了最後，才能到達悟性自身的自由創造和想像即想像的大小。數學上的大小，外觀上是相互導出的這件事，也不是立證牠的先天的起原的，只是立證牠的合理的關係而已。圓筒的形態，是由於以牠的某一邊爲中心的矩形之迴轉而獲得的，在達到這一觀念以前，人們不能不研究無數現實的矩形和圓筒，——縱然還是極不完全的形態。數學也和其他一切科學同樣，是從人類的要求產生的，即是從土地和器物的容積之測定，從曆學和力學產生的。然而和在一切思惟領域同樣，從現實世界抽象出來的法則，在某種發展階段上，是離開現實世界而成爲某種獨立物，成爲世界要受牠規定的一種外來法則，和現實世界相對立的。社會和國家亦然，同這一樣，純粹數學也是後來才適用於世界的；牠原是從這世界獲得的東西，只不過構成世界的關聯形式之一部，實因這個作用，才能適用於世界。

但是，杜林格君却認爲：雖無何等經驗的基礎，也可從這『即令用純論理觀念，還是不能說明，並且不須說明』的數學上的公理中，引出純粹數學的全體來，並且可以把牠適用於世界；同時，他又認爲：最初從頭腦造出存在的根本形態，造出一切知識的簡單成分即哲學的公理，然後從牠們引出哲學全體或世界圖型論來，——他自身的這種觀念，是可以當做憲法般的最高物，強施於自然及人類界的。然而可惜得很！當一八五〇年滿特非耳(1)統治普魯士時，自然已經不存在，人類也完全被蔑視了。

數學上的公理，就是數學不能不從論理學借來的極貧弱的思惟內容之表現，其結局可以歸到下面的兩點上。

(一)全體比部分爲大。這個命題，純粹是同義語的反復(Tautologie——語意重複之意)。爲什麼呢？因爲行了量的考察的部分這觀念，最初就用一定的方法和全體那觀念發生着關係的原故，即是說，因爲『部分』就是表示量的『全體』係由許多量的『部分』所成立的原故。所謂公理這東西，即令明白地確立了，這事實於我們毫無所得。假使人們說全體是由許多部分所成立，部分集合了許多就構成全體，所以部分比全體爲小，這樣便可把這是同義語的反復之理由立證到某種程度了。這時

(1) 滿特非耳 (Manteuffel) 1850-1858 的普魯士宰相，軍人出身的反動政治家。普魯士曾在1850年一月三十一日強制的施行憲法。

候，重複的無意義，就明白地表現出內容的無意義來了。

(二)兩個東西的大小，都等於第三者的時候，這兩者又彼此相等。這個命題，和黑智兒曾經指出過的一樣，牠的正確性，是論理學所保證的結論，所以雖然在純粹數學之外，却是已經被證明了的結論。關於等與不等的其他公理，不過是這結論之簡單的論理的演繹。

這些貧弱的命題，無論在數學上，或在旁的學問上，都是不中用的東西。我們爲更進一步起見，必須採用那種眞實的關係，採用那種從現實體發生的關係及空間形式。線、平面、角、多角形、正六面體、球體等等的觀念，都是從現實發生的，而許多素樸的觀念學，却相信數學家，以爲最初的線，是由空間的點的運動而生，最初的平面，是由線的運動而生，最初的立體，是由平面的運動而生的，以及其他等等。可是用語的自身，便已背反了這個認定。有三個距離的數學上的形體，謂之立體，Corpus Solidum (固體) 在拉丁語上，是說的可以手觸的物體，換一句話，牠具着：絕不是從悟性的自由想像而來的名稱，乃是從固形的實體而來的名稱。

然而，究竟爲什麼要那樣冗長地敍述呢？杜林格君在其著述的四二頁及四三頁上，對於純粹數學離開經驗界的獨立性，純粹數學的先天性，純粹數學以悟性自身的自由創造及想像爲對象的性質，熱烈地稱讚一番之後，又於四三頁上說：『數學上的那些要素（數、大小、時間、空間及幾何學的運動），不過在其形式上是觀念的(ideell)東西，……因此，絕對的大小，無論牠屬於什麼種類，完全是經驗的東西』……但是，『數學上的圖型，是可用那從一個經驗中抽出來的表徵，用那更適當的表徵來表現的』。看來，後者多少是適用於一切抽象的東西了，但那決不是立證純粹數學不是從現實抽象出來的事情的。在世界圖型論上，純粹數學是從思惟發生的，在自然哲學上，則完全是經驗的東西，是從外界獲得之後才和外界分離的東西。然則我們現在應該相信那一說呢？

四　世界圖型論

包括一切的存在，是惟一無二的東西。牠自己是充足的，所以牠的兩傍或頂上，再沒有其他的某種東西。對包括一切的存在加上第二的存在，那就把牠弄成不是牠自身了，弄成包括的全體之部分或構成部分了。我們如果把我們的統一的思想，簡直和框子一樣地張開，那就凡是不能不走進這思想的統一中來的東西，牠自身都不能具有二重性。然而無論何物，却不能逃脫這思想的統一。……一切思惟的本質，都存在於意識要素結合於統一的那上面。……由於這個綜合的統一點，遂生出不可分離的世界概念，宇宙——和這名詞自身已經表示着的一樣——被當做萬物在其中為統一所結合的某種東西去認識』。

以上是杜林格君的話。數學的方法：『一切問題，恰是簡單的……和研究數學原則時一樣，可依簡單的根本形態為合理的決定』，——這方法，在這裏開始被適用了。

『包括一切的存在，是惟一無二的東西』，如果同義語的反復是指的主語上已經表現過的事情又在客語上簡單地重複，——如果這是一個公理，我們便可在此發見一個純粹的例證。在主語上，杜林格君向我們說：存在是包括一切的，而在客語上，他又大胆地說：所以除此以外沒有什麼東西。這是如何偉大的『創造體系的思想』呵！

誠然是創造的體系。我們沒有讀完六行的中間，杜林格君已把存在的惟一性，以我們的統一的思想作媒介而變爲存在的統一性了。一切思惟的本質，都存在於爲統一所總括的上面，所以存在一被考察，牠自己就被認做統一的東西，世界概念就被認做不可分離的東西，而且被考審的存在、世界概念，都是統一的，所以現實的存在、現實的世界，也都是不可分離的統一。那末，『精神一旦知道把存在在其龐大的普遍性上去把握，彼岸就沒有何等可占的空間了』。

這是一場惡戰。和這場戰事相比較，奧斯特耳里次(Austerlitz)，伊也拉(Jena)，開也利西格內次(Koniggratz)，塞丹Sedan(1)都要失色。在不足一頁僅僅幾行的中間，我們一經動員第一公理，便把一切的彼岸、神、神軍、天國、地獄、淨罪火，連同靈魂不滅一齊掃除了，廢棄了，剿滅了。

我們如何從存在的惟一性達到牠的統一性呢？就由於一般的把存在放於觀念中

（1）這是四個有名的戰場。第一個，是拿破崙於1805年12月戰敗奧皇弗蘭錫士一世和俄皇亞歷山大一世的地方，歷史上謂之三帝會戰。第二個，是拿破崙於1806年10月擊破普魯士軍隊的地方，他因這一次的得勝，就占領了柏林而發布大陸封鎖令。第三個，是1866年7月普奧兩軍大戰的地方，這次奧軍被俘二萬餘人，失砲174門。第四個，是1870年9月拿破崙三世爲救援他的部將而被德軍戰敗的地方；他自已和將卒約十萬人都做了俘虜。

我們把我們的統一的思想，作爲框子張開於存在的周圍時，惟一的存在，便在思想上成爲一個統一的存在，即是成爲思想的統一。爲什麼呢？因爲一切思惟的本質，都存在於意識要素結合於統一的上面之故。

這最後的命題，明明是錯誤。第一，思惟的本質，旣存在於相連屬的要素結合於統一的上面，同時，也就存在於意識對象分解爲其要素的上面，無分解就無綜合。第二，思惟，無疑地只能把這統一已經存在於其中，或其現實的原型中的那種意識要素 總括於一個統一中。比如我把鞋刷毛即令歸在哺乳動物的統一下，然而鞋刷毛決不因此發生乳腺。所以 存在的統一，即是把牠當做統一的那種思想方法，是否正確，那正是非證明不可的。如果杜林格君向我們說，他自己把存在認爲統一的東西，不認爲二重性的東西，那不過因此表白他自己的俗見而已。

我們如果把他的思想步驟，直率的說出來，那就是下面的情形：『我以存在爲始，所以我考察存在。存在的思想，是統一的東西。不過思想和存在非一致不可，牠們非互相適應互相「合一」不可。因此，存在就是在現實上，也是統一的，所以，

無所謂「彼岸」這東西』。若是杜林格君不拿以前那樣神秘的敍述提供於我們，而如
是赤裸裸地說出來，那他的觀念，便極其明瞭了。想從思惟和存在的一致去證明某
種思惟之結果的實在性，那正是黑智兒的最昏迷的夢話之一。

縱然假定杜林格君的立論正確，恐怕他也沒有從心靈主義者(Spiritualisten)
奪取一點兒陣地。心靈主義者對於他是這樣簡單地答復着：世界在我們看來，也是
簡單的，所謂此岸與彼岸的分離，單是爲着我們的特別現世的原罪的立場而存在，
在牠的本質上，卽是在神的面前，全存在只有一個。這樣，恐怕他們要跟着杜林格
君走到他的衷心所欲的其他天體，向他指示那既無罪過又無彼岸與此岸之對立，世
界的統一乃是信仰之要求的一個或幾個的世界了。

關於這一問題最滑稽不過的事情，就是杜林格君想從存在的概念來證明神的不
存在，竟使用那證明神的存在之本體論的論證方法。這個方法說：我們思惟着神的
時候，我們把牠認做一切完備的總體。但是，屬於一切完備的總體的，第一是實在
。爲什麼呢？因爲非實在的東西，必然不完備。因此，我們還要對於神的完備加上

實在。因此，神要實在才行。杜林格君的說明，和這完全一樣，他說：我們思惟着存在的時候，我們把牠認做一個概念。包括於一個概念中的，是統一的東西。因此，存在若不是統一的，那就恐怕不適應於概念。因此，存在要是統一的才行。因此，無所謂神，……等等。

我們把存在當作問題時，並且單只把存在當作問題時，統一便只存於以下的一點上，即是只存於被研究的一切對象都存在，都現在的一點上。對象是被總括於存在的統一之中的，牠不是爲旁的所總括的東西，而所謂凡對象都存在的這句話，不但不能賦與牠們以更進一層的共通的或不共通的特性，且還要把這一切的特性，暫時排棄於考察的領域之外。爲什麼呢？因爲我們如果離開一個單純的根本事實——存在這個屬性共通於一切事物的這事實，那怕只在毫厘(millimeter——米里米突)之間，而那些事物的差別就開始呈現於我們的眼前；並且這種差別，是在於一方白色他方黑色之上，抑在於一方生動他方死僵之上，或在於某物是這邊他物是那邊之上，絕不能由這些東西所一樣共通的屬性是單純的現在之一事實來決定。

四　世界圖型論

世界的存在，是牠的統一性的前提，而世界的統一性，却不在於牠的存在，這因爲世界能夠成統一物以前，首先就要有世界存在。在我們的視線所及的限界外，存在確是明顯的疑問，世界之眞實的統一性，在於牠的物實性，這不是區區玩把戲的飾辭所能證明的，乃是哲學及自然科學的悠久而遲緩的發展所證明了的事實。

再來談原文吧！杜林格君所向我們說的存在，『沒有具着不變的一切特殊的規定，事實上，牠就不是那種止于表示與非思想或無思想爲同一物的純粹存在』。但是，我們馬上又看見杜林格君的世界　是從存在起頭，而這個存在却缺乏着一切內部的區別和一切運動及變化，因而事實上止於與非思想爲同一物，即眞實的虛無。從這個非存在中，才生出表現着發展，生成，現在有分化有變化的世界狀態來。我們理解了這一事實之後，就是在永久的變化之下，也能『把全體的存在之概念，確保爲不變的東西』。由是，我們便具有那種把固定、變化、存在、生成，都包含於自身中的更高階段上的存在之概念。達到了這一點，我們就發見以下的事實：『種屬與種類，要而言之，一般與特殊，是最簡單的區別手段，我們只有根據牠，才能理解事物的機構』。然而這是質的區別手段，這個區別完事之後，我們就更進一步地看到：『其中早無何等種類區別的同等物之大小的概念、和種屬相對抗』，即是從質的方面移到量的方面，而量是能『測量』的東西。

那末，我們把這『一般的作用圖型之尖銳的分析』和那『眞實的批判立場』，拿來和黑智兒的生硬，粗淺、昏妄相比較地看看。這裏，我們看見以下的事實：黑智兒的論理學，也和杜林格君一樣、以存在爲始；牠的存在也和杜林格君一樣，表現爲虛無，牠的從非存在轉移到生成、其結果就是實在，即是更高更完成的存在形式，這也完全和杜林格君一樣；牠的存在到質，質到量，也完全和杜林格君一樣。然而杜林格君還以爲黑智兒的不夠、又在旁的地方告訴我們，說：『從無感覺的領域到感覺的領域，儘管量的方面是逐漸的，單從質的飛躍使行得。我們對這個飛躍……可主張牠和某同一性質的簡單等差，是完全不同的東西』。其實，這正是黑智兒所說的質量關係的結節線（Knotenlinie），這裏，一定的結節點（Knotenpunkt）上的量的增大或減少，是生出一個質的飛躍來的。例如把牠弄熱了的水或弄冷了的水、其沸點或冰點，就是結節點，那裏，到新凝集狀態去的飛躍——在普通壓力之下——就完成，卽是量變而爲質。

我們的研究、也同樣是想達到根本上去的，結果、我們便發見一種情形：根本的杜林格君的根本圖型之根源，卽黑智兒的『夢話』、黑智兒論理學的範疇論，尤其存在論完全是黑智兒的『編次』，連剽竊的掩飾枝術都不曾有。

杜林格君從自己所輕侮的老前輩剽竊了他的存在的圖型論，猶以爲未足，他自己像上面那樣敍述了從量到質的飛躍之例證後，又大胆地批評馬克思，說：『例如立足於所謂量突變而爲質的黑智兒之混亂模糊的觀念上，這是何等滑稽！』。

混亂模糊的觀念！究竟誰突變，誰滑稽？杜林格君嗎？

因此，這一切可愛的話語，不但不是原則般地『公理的決定了』的東西，並且只是從外部借來，卽是從黑智兒的論理學借來的東西。牠的內容上的脈絡，若非從黑智兒借來的地方，通全章都找不出一絲半毫來，其全體，終究墮入那關於時間與空間、固定與變化的無內容的詭辯之中。

黑智兒從存在經本體進到辯證法。他在這裏論述反射規定(die Reflexionsbestimmungen)那種內部的對抗及矛盾——如肯定與否定之類，其次進到因果性或原因與結果的關係，最後則以必然性爲結。杜林格君也是照樣行事。黑智兒所稱爲本體論的，杜林格君則翻譯爲存在之論理的特性。然而這第一是存於『力的衝突』、對抗關係之中的。反之，杜林格君却完全否定矛盾，關於這個問題，我們且讓後面去論述〔見第十三章否定之否定節〕。其次 他論述因果關係，從因果關係到必然性。所以，杜林格君自稱『我們不是關在鳥籠中思索的人』，這句話恐怕正是表示他在鳥籠中思索的事實，即是在黑智兒的範疇圖型論(Kategorienschematisms)這鳥籠中思索的事實！

五　自然哲學(其一)時間與空間

現在我們到達了自然哲學。這裏，也有一大堆杜林格君不滿於他的老前輩的一切原因。據他說來，自然哲學，『極衰落地變成了一種基於粗淺無知而來的蹩脚文學』，『陷入到謝林格及其同黨之賣淫的擬似哲學中，這派哲學者，是以絕對者的僧職爲業而迷惑大衆的』。倦怠把我們從那些『畸形物』中救了出來。然而那至今還只是讓給坐位於『放蕩』了。『就一般的人說，他們都很知道一個大騙子的隱藏，不過對於小而慣於經商的後繼者，給他一個機會，好在旁的招牌之下，再來從事於同一物的製造而已』。自然科學者自身，不抱那『飛躍到世界的觀念王國法的希望』，所以在理論的領域，完全做着『淩亂無紀』的勾當。這裏，必須加以救濟才行。幸而杜林格君還健在！

我們爲了對於下面的時間上的世界之展開及空間上的世界之限界的各種解說，施行正確的評價起見，要再回到世界圖型論的幾點上去。

杜林格君和黑智兒一樣(百科辭典九三節)，把無限——黑智兒所稱的惡劣的無限——屬於存在，而後再研究這個無限。他說：『能夠無矛盾地思惟的無限之最明瞭的形態，是數的系列上之數的無限之累積。……我們對於一切的數，每每不盡其反復計算的可能性，而能再添加一個單位，同樣，對於一切的存在狀態，也能更發得新的狀態，而這種狀態的無限之造作的地方，便有無限存在。因此，這被正確地思惟出來的無限上，只有那具着惟一方向的惟一根本形式。固然考察那種狀態之累積的正反對方面，這在我們的思惟上，是不牴觸的事情，然而倒進行的無限，却完全是不合理：觀念形態。或許因爲那在實際上，是不能不走反對方向的，所以在其各種狀態上，往往背後不能不跟着無限的數的系列。那時候，或許就犯着一種被計算的無限之數的系列這樣不能容許的矛盾。因此，把無限的第二方向作前提，就明明不合理了』。

從這種無限觀所引出的第一結論，便是世界上的因果之連鎖，無疑地具有牠的發端。就是說：『互相連繫着的無數之原因，已經不能考察，這是因爲牠把無數當做被數的東西來作前提的原故』。於是終極的原因之存在，成了可以證明的事情。

第二結論，『就是定數的法則，卽是屬於某種眞實種屬的獨立的同一物之累積，只可作爲構成定數的東西去考察』。不但現存的天體數，在一切時間上，牠自身是被確定了的，那現存於世界的一切最小的獨立之物質部分的總數，也是如此。這最後的必然性，就是一切總體何故沒有原子便不能考察的眞實理由●一切現實的分割，往往具着有限的確定性，且在不發生那種被計算的無限之矛盾上，也不能不有此。基於同一理由，迄今地球繞太陽而旋轉的旋轉數，雖不能明確計算，總可算是有定數的事情，一切週期的自然過程，也不能不具有某種發端；互相繼續的自然之一切分化，一切多樣性，都不能不植根於一個不、變的狀態中。這一狀態，是能夠無矛盾地從長遠的古昔直到現在還存在的。但是，假使時間的自身，是成於眞實的部分，不是因我們的悟性之可能性僅僅觀念的定立而被任意分割的東西，恐怕這種思惟方法，也要被排除了。至於眞實而自身含着差別的時間內容，那另是一個問題。由這種可以區別的事實而充滿於現實的時間，以及處在這時間領域內的一切存在形式，正是因那種差別而可以計算的。我們試把那無變化的狀態，那自己的同一性中沒有表現何等差別的狀態，考察一下看看。那時候，特殊的時間概念，也要變成一般的存在觀念。空虛的繼續之累積，究竟指示的什麼，這是完全不能了解的事情。

——以上是杜林格君的話，他對於這種發見的意義，頗有幾分自鳴得意。他雖然極希望人們『不當做瑣屑的眞理看』，可是以後却又這樣說：『人們務須憶着我們的極簡單的方法，這種方法，牠使無限的概念及其批評，到達未之前聞的境地，……由於現在才試過的精銳鍛鍊和深刻攻究，得到極純粹的普遍的時間觀念及空間觀念的諸要素』。

我們使牠「無限的概念及批評」到達了「未之前聞的境地」！現在才試過的精銳鍛鍊和深刻攻究！所謂我們，原來是誰？所謂現在，究竟是什麽時候？是誰試過的深刻攻究和精銳鍛鍊？

『提說：世界在時間上有發端，一樣，在空間上有限界。——證明：爲什麽呢？假定世界在時間上沒有發端，則到了各種一定的時辰，永久性就成了經過的事情，同時，互相繼續的事物狀態之無限系列，在世界上也成了經過的事情。然而某種系列的無限性，就存於絕不能靠繼續的綜合而完成的這點上。因此，無限地經過了的世界系列，是不可能的東西，所以，世界的發端，就是世界存在的必要條件。這是應該證明的第一點。其次，關於第二點，也假定是反對的，那末，世界就要變成同時現存的事物之一定的無限的全體了。但是，我們在一切直觀的限界內，對於沒有確定的量的大小，除了用部分的綜合方法以外，不能去考察，並且那種量的總體，只有依據完成了的綜合，或依據反復地層層加上統一的事情，才能去思惟。因此，要把充滿了一切空間的世界，當做全體去考察，便不能不把無限的世界之部分的繼續的綜合，當做完成了的東西去考察。就是說，無限的時間，在數盡一切同時存在的事物中，牠是要被當做經過了的東西下考察的。——然而那是不可能的事情。因此，現實的事物之無限的聚集，不能當做一定的全體看，也就是不能當做同時確定了的東西看。所以，世界在空間的擴張上，牠不是無限的，乃是有限界的，這是應該證明的第二點。

以上的問題，是從康德的有名著作一七八一年才出版的『純粹理性批判』中，抄寫下來的，任誰都能在該書第一卷、第二篇、第二章、第二節、第二項所謂『純粹理性的二律背反之一』中看見這種文章。可是杜林格君所藉以釣譽的正是這種事：他在康德所表明了的思想上，添加一個『定數法則』的名稱；發見了曾有時間還未存在而世界存在過的時代。此外關於其他的一切，換言之，關於杜林格君的說明中還具有何等意義的一切，其所謂『我們』的，簡直是康德，所謂現在的，簡直是九十五年前的事情。誠然『極其簡單』，誠然是奇特的『未之前聞的境地』！

但是，康德絕不是把上面的問題，當做被解決了的東西揭示出來的，恰恰相反，他在下頁還斷言並確證一種正反對的事實：世界在時間上無發端，在空間上亦無終極。他正是置二律背反不可解決的矛盾於雙方都可證明之點上的。在普通人方面，或許因爲『康德這樣的人』，猶且在這裏發見了不可解決的困難而有所考慮。可是我們那具有『根本獨特的結論及見解』之勇敢的著者則不然，他熱列地在康德的二律背反中拔出自己用得着的而拋棄了其餘的一切。

問題的本身可以極簡單地來解決。所謂時間上的永久性，空間上的無限性，元來就從文字上的意義說，也是無論前後、左右、上下任何方面，都沒有終極的。這種無限性和無限系列的無限性，完全是各別的東西。爲什麼呢？因爲後者常是以一爲始，卽是以最初之點爲始的。我們如果把這種系列的觀念，拿來適用於空間，馬上就證明牠不能適用於我們的對象。所謂無限系列，一旦翻譯爲空間，就是從特定點上朝一定方向無限地引伸去的線。然則由是就可表現空間的無限性是如何麼？不然！從這一點引伸到三種反對方向去了的六根線，反而是把握空間的距離（Dimension）所必需的，所以我們要有六個距離（Dimension）才行。康德深知這件事，所以他不過把數的系列，間接地迂迴地適用於世界的空間性而已。杜林格君却和這相反，始而強迫我們採用空間六個距離，接後又對於那不以普通的空間三個距離爲滿足的高氏（1）數學的奇說，說出十分不滿的話來。

向雙方去的無限的線或單位系列，一旦適用於時間上，則具着某種譬喻的意義，然而我們若把時間當做從一數起的線或從一定點出發的線去考察，那時候，我們便能說時間是從最初起，就有其發端的，換言之，是以我們能夠證明的東西作前提的。我們對於時間的無限性，賦與牠一方的半面的性質，可是一方的半面的無限這東西，牠自身又是一個矛盾，那正是『能夠無矛盾地思惟了的無限』之正反對。我們只有在假定用牠起首來數系列的一，是系列中任意的一個一，從牠起首來測定線

（1）高氏（Gausz 1775-1855），德國數學者。他在數學上在天文學上，有許多新的發見和發明，著有『算術論』。

的點，是線中任意的一個點，無論把牠們移往何處，而線和系列却無變動的這時候，才能脫離矛盾。

然而『能夠數完的無限的數的系列』這矛盾如何呢？杜林格君如果把數完那種系列的魔術，教授於我們，我們便可更詳細地去研究牠。他如果從－8（加無限大）到零都數完了，那他就要獲派謊話。無論他從那裏數起，他的背後總是還留着無限的系列，同時，還遺留着他應該解決的問題，這是很明白的事情。杜林格君是想把他自身的無限系列1＋2＋3＋4……倒轉來，從無限再數到一的，那明明是完全不辨問題之性質的人們作的事。還不止此，杜林格君若是主張過去時間的無限系列可以數完的話，那他同時便還要主張時間是有其發端的。爲什麼呢？因爲不如是便無從『數』起。所以他又把應該證明的事情作前提。因此，被數完了的無限系列這觀念，換一句話，杜林格君的那種包括世界的定數法則，是一個形容矛盾（Contraadictioin adjecto），牠自身中含着矛盾，並且含着拙劣的矛盾。

明明白白的事情：有終極無發端的無限，和有發端無終極的無限，完全不繇牠不是無限。如果杜林格君稍微有點辯證法的知識，恐怕他定要像下面的說法：發端和終極，猶如南極和北極，必然地相依隨。省去終極的時候，發端就變爲終極，即是變爲有系列的一個終極；反之，省去發端的時候，終極又變成發端。一切的欺騙，若沒有那應用無限系列的數學上的習慣，怕是不可能的。爲什麼呢？因爲在數學上，要達到不定和無限，那非從一定和有限出發不可，就是說，舉凡數學上的系列，無論正數或負數，都非從一爲始不可，否則不能計算。可是數學者的觀念的要求，却完全和邏對於現實世界的強制法則不同。

加之，杜林格君恐怕做不到無矛盾地思惟現實的無限這件事。無限就是一個矛盾，就是充滿了矛盾的東西。比如無限是從單純的有限構成的這件事，已是一個矛盾、而且事實是那樣。把物質界假定爲有限，那和假定牠爲無限是一樣地引起矛盾來的。並且無論怎樣地試行排除這矛盾，那和已經說過的一樣，又要引起新的更激烈的矛盾來。惟其無限是矛盾，所以牠在時間上空間上，都是無止境地發展着的無限之過程。這個矛盾的止揚，或許就是無限的終極。黑智兒已經正確地透察了這件事，所以對於這個矛盾賣弄詭辯的紳士先生們，當然要受輕蔑的待遇。

再前進一步吧！據杜林格君說來，時間是有其發端的。然則這個發端以前是什麼呢？那就是在靜止的不變的狀態中的世界。因爲在這個狀態上，什麼變化都不繼起，所以特殊的時間概念，也轉變爲存在的一般概念。可是第一，什麼概念要在杜林格君的頭腦中發生變化，在這裏是於我們無關係的事情。問題不在時間概念上，而在杜林格君所決不容易脫離的現實時間上。第二，縱然假定時間的概念，轉變爲一般的存在觀念，我們也不能因此而得到一步的前進。爲什麼呢？因爲一切存在的根本形式，就是空間和時間，所謂時間外的存在，那是和空間外的存在一樣的極無意義的。黑智兒的『無時間的過去之存在』、和新謝林格派的『不可思惟的存在』，與這時間外的存在比較起來，簡直是合理的觀念。因此，杜林格君便很周密地從事於工作，他以爲那在本質上，當然是時間，可是在根本上，又是不能叫做時間的東西，時間牠自身，不是從現實的部分成立的，只不過是吾人的悟性所任意區分了的東西——只有那種拿可以區別的事實來充實於現實的時間，才是可以計算的——至於空虛的繼續之累積，那是表示的什麼，却完全不可解。究竟這種累積是表示的什麼，這裏索無關係。問題是這樣：世界是在這裏所假定的狀態上繼續的麼？牠經過了某期間麼？測定那種無內容的繼續時，恰和無目的地無目標地測定空虛的空間時一樣，什麼結果都得不到，這是我們已經知道的事實。黑智兒因爲那種處理方法勞而無功，所以把這種無限呼爲惡劣的無限。據杜林格君說來，時間是通過變化而始存在的，然而還却不是說變化存在於時間中或通過時間的話。可是，惟其時間和變化不是同一物，牠是離開變化而獨立的，所以人們能靠變化去測定牠。爲什麼呢？因爲在測定上，常需要着與被測定物不同的東西。其中沒有發生何等可以認識的變化之時間，和非時間完全不同，那簡直是純粹的、沒有感受何等外部的混雜物之影響的時間，即是真實的時間，原型的時間。事實上，我們如果想把時間的概念，完全純粹地去把握，離開一切外部的而且混雜的東西去把握，那末，我們就要把時間內同時並起或繼起的種種事件，一切都作爲無關係的東西排除掉，因而只把什麼都不發生的時間放在觀念中。因此，我們並不是依着那種情形來把時間的概念併入於存在的一般概念中的，而是要那樣才能到達純粹的時間概念。

然而以上的一切矛盾和不可能，牠和杜林格君基於世界不變的發端狀態這觀念而陷入的混亂比較起來，還是細微的事情。如果世界曾經有過絕對不發生何等變化的狀態，試問牠如何能夠從那種狀態移到變化中來呢？絕對不發生變化的東西（如果從洪荒以來就是這個狀態），靠牠自身來脫離這個狀態而移到變化或運動之中，那是不可能的事情。因此，使世界發生運動的最初動力，不能不是從外部（即世界外）來的。然而『這最初的動力』，不過是人們所熟知的神這東西的別名。杜林格君把他在世界圖型論中，自稱徹底地驅逐了的神和彼岸這兩者，加以更精銳地鍛鍊更深刻地攻究之後，又引入於自然哲學了。

再朝前進吧！杜林格君說：『在大小是存在的一個固定要素時，大小便是確定的不變。這件事……對於物質及機械力都適用。這最初的命題，可以說是杜林格君的公理的＝同義語反復的雄辯之大好例證。他就是說，大小不變化的那種地方，大小常是同一的，也就是說，曾在世界上存在過的機械力的量，永久是同一的。我們暫且不管下面的事實：在正確的限界內，牠已被德柴韓的哲學於三百年前認識過而且論述過，加之自然科學上，力的不滅之學說也普傳了二千年，而杜林格君乃是從孳的把牠限於機械力的這件事，並沒有絲毫改善這學說。即令不管那種事實，然而無變化狀態的時代，機械力究竟在那裏呢？杜林格君對於這一點，却拒而不答。

你若問：杜林格先生！當時無變化的機械力，究竟在何處，牠在作什麼呢？他便答道：『是這個問題：宇宙的原始狀態、更正確地說，不變化的，不包含何等時間變化的累積之物質存在的原始狀態，能夠拒絕牠的，只有那種把自己的創造力之自己破壞，看做智慧的最高點的悟性而已』。他就是這個意思：請你靜默地接受我的不變化的原始狀態罷！否則我（即是有才能的杜林格君）將證明你是精神上的去勢者。不錯，這種威嚇，或許使得許多人們都害怕。關於杜林格君的創造力，已經知道許多例證的我們，對於他這種優雅的謾詞，且不去回答，只再問他一句話：然而杜林格先生！機械力究竟怎辦了？

恐怕杜林格君馬上就要窮於應付吧！實際上他只有吃着口說：『那種發端的極

限狀態之絕對的同一性內，牠自身沒有存在何等的轉變原理，然而我們却不能不憶着這件事：我們所深知的實在之連鎖內的新環，那怕是很小的，而根本上都是一樣。因此，在目前的主要場所發見困難的，雖在較不明確的地方，也許可以認識那不能避免這些困難的事情。而且又加逐漸構成階段的中間階段之插入的可能性存在着，同時，反面能夠走到現象繼續之消滅的一道連續的橋也架着。在純概念上，當然這個連續性不能作爲打破根本思想之用，然而在我們看來，那却是一切合法則性以及我們所知道的一切轉變的根本形式，所以我們有權把牠用作那種最初的平衡狀態與其破壞之間的媒介。但是，我們若根據那在今日力學上無大問題(！·)而被承認的概念、去考察所謂(！·)不動的平衡狀態，那末，對於物質如何能夠移到變化狀態上去的一點，便完全不能說明了。在物體的力學之外，另有一個把物體運動變爲極小部分運動的變化。這個變化是如何發生的呢？關於這一點，『我們至今還沒有能夠說明牠的何等一般的原理，所以這問題雖然落到幾分模糊的中間，我們也不以爲怪』。

以上是杜林格君所要說的全部。實際上，我們如果要承認這種眞正可悲的遁辭和說法，那我們不但要把創造力的自壞作用，當做智慧的頂點，並且要把盲目的迷信當做智慧的頂點。杜林格君告訴人們說：絕對的同一性，牠自己不能發生變化，絕對的平衡狀態，牠自己身上沒有能夠移到運動上去的何等手段。然則有什麼呢？只有三個誤謬的遁辭。

第一，要想證明從我們所熟知的實在連鎖中的任何最小的一環到次環去的轉變，這件事，仍是一樣的困難。——杜林格君的這種說法，好像把讀者當做嬰兒看待的一般。證明實在的連鎖中之最小鐶的各個轉變及關係，正是構成自然科學的內容的，這時候，若是什麼地方發生了障礙，恐怕任何人（連杜林格君也是一樣）都不想從無這方面去說明先進的運動，而每每只想從先進運動的移動　變化或連續去說明。然而這明明白白是想教運動從非運動發生，即是從無發生的辦法。

第二，我們有『連續的橋』。這當然不是在純概念上使我們克服困難的，然而我們有權把牠用作非運動及運動之間的媒介，他這樣說。可惜！所謂非運動的連續，就是自己不運動的意義，因此，若問怎樣因牠而生運動，就比以前更神祕了。再，杜林格君縱然把非運動到運動的轉變，分解爲砂粒般的小部分，並且賦與了這個轉變以如何長的時間，我們依然不得絲毫的前進。如果沒有創造行爲，我們決不能從無到某物，縱然某物是數學上的微分般的小東西。連續的橋，決不是一般蠢漢通行的橋、那是杜林格君一人能夠通行的橋。

第三，在今日的力學所能適用的限界內，——據杜林格君說來，這力學是供思惟形成之用的最根本的槓桿之一，——是如何從非運動到運動的，這完全不能說明。可是熱力學，是指示質量運動隨情形而變化爲原子運動的（雖然這時候，運動是從旁的運動發生，不是從非運動發生的）。而杜林格君却戰慄地暗示道：這恐怕是在完全靜的（平衡的東西）與動的（運動的東西）之間提供一座橋的吧。但是這個問題落在『幾分模糊』之中了，於是杜林格君便把我們抛在模糊之中。

這是我們用一切深刻的攻究和精銳的鍛鍊所到達的地方，換言之，我們更加深陷於經常精銳地鍛鍊着的陋劣之中，而到達我們所必然要到達的地方——『模糊』之岸了。然而杜林格君却毫不介意，他立刻又在下頁厚着臉說：只有自己，『能夠對於經常不變的固定的概念，直接基於物質及機械力的狀態，給以實質的內容』。奇怪！這種人，偏說旁八『吹牛屁』！

幸事！雖然有這一切的謬誤和混亂，而『模糊之中』却還給了我們一個安慰，而且是極寫意的安慰。他說：『旁的天體之居民的數學，不能立脚於和我們的數學不同的公理之上！』。

六　自然哲學（其二）宇宙創成論　物理學　化學

今日這樣的世界是如何造成的呢？我們現在更進而達到關於這種方法的理論。物質的宇宙散布說，是已經構成了伊渥里亞派（1）哲學者之出發點的思惟方法，而康德以後，原始星雲說，特別盡了新的任務。依照原始星雲說，認爲是引力與熱的放散漸次造成了一個一個的固形天體。現代的熱力學，能夠使宇宙的原始狀態之推斷，成爲很確實的東西。然而儘管這樣，杜林格君却說：『瓦斯狀的散布狀態，只有其中所存的機械的組織，已能確實說明的時候，才能構成眞實的結論之出發點。

（1）伊渥里亞派（Ionischen），希臘最古的哲學，主張一元的物活論。因爲這派的哲學者，都出生於伊渥里亞地方，故有是名。

若不然，不僅觀念在實際上極其茫漠，就是原始的星雲，也隨推論之進行，事實上愈益成爲隔膜而難解的東西。……此時舉凡一切，都還脫不了那不能詳密規定的普及觀念之茫漠與無稽』。所以我們『對於這瓦斯狀的宇宙，只不過有一個極渺茫的概念』。

一切現存的天體，通是從一團旋轉的星雲發生的，康德的這種學說，是天文學在科白利庫士以後所成就的一個最大的進步。他開始推翻了自然在時間上沒有何等歷史的觀念。在那時以前，都認爲天體始終是停留在同一軌道及狀態之中的，認爲各天體內的一切有機體縱然死滅，而種屬和種類終是不變的東西。都推想着自然在表面上，雖從事於不斷的運動，而這運動却是同一過程的無間斷的重複。康德才打破了這種完全基於形而上學的思惟方法所起的觀念。他的方法，是很科學的方法，他所用的論據，大部分到今日還有適用性。然而嚴密地說，康德的這種學說，還是一個假設。不過這麼說起來，連科白利庫士的世界體系，到現在也同樣地還只算得一個假設。幸虧分光器證明了星空內存有那種灼熱的瓦斯體，把一切反對說都打得粉碎，由是對於康德說之科學的反對，便銷聲匿跡了。那怕杜林格君，若沒有這星雲的階段，便不能完成他自己的世界構成。可是他却要求證明這星雲狀態內所存的機械的體系，抓住這是證明不了的理由，借着對星雲狀態的一切侮辱言辭，以發洩胸中的積憤。可惜！今日的科學，不能按照杜林格君所認爲滿足的程度來說明這體系。同樣，今日的科學，對於旁的許多疑問也不能答復。比如說，蝦蟆爲什麽沒有尾巴？今日的科學對於這個疑問，還只能答復道：因爲蝦蟆生來就沒長尾巴。然而有人憤慨這一點，說這完全沒有脫離那不能詳密規定之破損觀念（Verlustidee）的茫漠與無稽，還是一個極渺茫的概念，我們根據這種道德適用於自然科學的事情，一步都前進不了。像這種不信任和憤慨的表現，任在何時何處都能做到，然而惟其如此，所以任在何時何處都不適宜。究竟是誰阻礙杜林格君發見原始星雲之機械的體系呢？

幸而我們現在聽見過這句話：康德的星雲說，『和宇宙媒介體完全屬於同一狀態的學說，換言之，和物質的不變狀態說，迥然不同』。這件事，在滿足於從現存的天體追溯到星雲，連作夢都未想到物質的不變狀態之康德，眞是幸福！雖然今日的自然科學上，把康德的星雲呼做一個原始星雲的名稱、那當然只是比較可解的東西。其實所謂原始星雲，一方就是現存的天體之根源的意義，他方則是我們至今追溯得到的物質之最原始形態的意義。這一事實，決不是排除物質在原始星雲以前，也曾經過其他形態的無限系列那件事的。簡直可說是以此爲前提的。

杜林格君所認爲有機可乘的正是這一點。假如我們的科學走到原始星雲說而停留的時候，他的科學之科學，就要使他更進而溯及那『宇宙媒介體的狀態』，溯及那『在今日觀念的意義上、既不是純粹靜的東西，也不是動的東西』——因而畢竟是——『不能理解的狀態』。『物質的不變狀態．是一切可以列舉的發展狀態之前提，我們所稱爲宇宙媒介體的物質和機械力的統一，就是要把這一事實指示出來的所謂論理的＝現實的表式』。

我們還沒有明顯地脫離物質不變的原始狀態。這裏，物質的不變狀態，表現爲物質和機械力的統一、而這統一又表現爲理論的＝現實的表式，因此、物質和機械力的統一一消滅，運動就開始。

所謂論理的＝現實的表式，不外於想把黑智兒的『卽自』(Ansich) 與『向自』(Fürsich) 的範疇，利用到現實哲學上去的一種笨拙的嘗試。在黑智兒方面，這卽自的中間，存有潛在於一個事物、一個過程，一個概念當開的未發展的對立之原始的同一性；而向自的中間，乃潛在的要素之區別及分化，因爲這樣衝突就開始。因此，我們要把不動的原始狀態，看做物質和機械力的統一，把走向運動的轉形，看做兩者的分化和對抗。然而我們依據這一點去理解得到的，並不是那種想像上的原始狀態之實在的證明，只不過能把那種想像的原始狀態，在黑智兒的卽自的範疇下去把握，把那種想像的消滅，在黑智兒的向自的範疇下去把握而已。黑智兒呵！幫助幫助呵！

杜林格君說：物質是一切現實的充任者，所以機械力決不能在物質之外。更進一層，機械力就是物質的狀態，所以任何變化都不發生的原始狀態上，物質與其狀態——機械力是一個東西。其後某種變化開始發生的時候，無疑地物質的原始狀態已從物質分離出來了。照他這樣說，我們便只好滿足於一種神祕的話語和保證了，卽是滿足於所謂不變的狀態，既不是靜的東西也不是動的東西，既不是平衡狀態也不是運動狀態。但是，我們仍然不能理解這件事：究竟機械力是何時存在於那種狀態之下的？牠如何不受外部的刺戟卽無神的行爲，而能從絕對的不動到運動呢？

在杜林格君以前，唯物論者把物質及運動當作問題。可是杜林格君却要把運動歸到所謂根本形態的機械力上去，而同時就使物質與運動之間所存的現實的關聯不能理解。這種關聯，就在從前的一切唯物論者，也是未曾明瞭的事情。然而問題却極簡單。運動是物質的存在形態，無論何處都不曾有過無運動的物質存在，而且不會存在。宇宙的運動，各個天體內最小的物體之機械的運動；成爲熱、或電流、或磁流之分子的運動；化學的分析及化合；有機的生命——宇宙間的一切原子，在一切瞬間都構成運動形態的某一個，或同時構成幾個運動形態，一切的靜止，一切的平衡狀態，只是相對的，他要和某種特定的運動形態相關係的時候，才有意義。例如地球上的某一物體，是在機械的平衡狀態之上的，卽是處於機械的靜止狀態之上的。然而這一事實，絕不妨害牠參與地球的運動及全太陽系的運動，也不妨害牠的物理學的極小部分，生出爲氣温所規定的振動，且不妨害牠的原子經過化學的過程、無運動的物質，和無物質的運動一樣，是不能思考的。因此，運動和物質的自身一樣，既不能創造，也不能破壞。所以舊哲學（笛卡兒）這樣地表現這件事實，牠說存在於世界的運動的量，是經常不變的東西。因此，運動不是被創造出來的，只不過能夠移動而已。運動從這一物體移往那一物體的時候，在牠自己移動的限界內，卽是在能動的限界內，可以把牠看做被移動的原因，卽是受動的運動之原因。這種能動的運動，我們稱之爲力，受動的運動，我們稱之爲力的表現。由此看來，力和牠的表現是一樣大的這件事，便明白了。爲什麼呢？因爲兩者間，都是同一的運動所完成的原故。

這裏，便明白了所謂物質的不運動狀態，簡直是極空虛而極不合理的觀念之一，是純粹的『夢話』。要到達那種觀念，便不能不先把現存於某處的地球上的物體之相對的機械的狀態，常做絕對的靜止狀態去觀察，而後把那種觀察推及於宇宙全體。但是，這只要把一切的運動，歸到單純的機械力時，就容易成功了。然而把運動限於單純的機械力這上面，卻存有那種能夠把力作爲靜止的、被束縛了的，一時不活動的東西去觀察的利益。就是說，運動的移動，若是頻頻發生的極複雜的過程，而這過程上又需要許多中間的連環時，則由於拋擲連鎖中的最後之一環，可以把現實的移動，延長到任意的時刻。如裝火藥於銃內，按銃機而射出的事，我們保留發射的時機，即火藥燃燒所引起的運動的移動之顯現的時機，便是。因此，便可以想到物質在不動的不變狀態之中，是裝了力的東西。如果問杜林格君所用的物質與機械力的統一這句話，究竟指的什麼，那可說是指的這件事，然而這是錯誤的觀念。爲什麼呢？因爲他把本質上是相對的狀態，即在某一瞬間只和物質的一部分發生關係的狀態，當做絕對的狀態而推及於全世界的原故。但是，縱令除開這一點，仍然還有以下的困難：第一，是世界如何能夠裝那種力的問題，因爲時至今日，銃還是不能自己裝藥；第二，是誰的手去按的銃機的問題。我們是能從心所欲地說明的，但在杜林格君的指導之下，卻每每只好歸於神的指頭了。

我們的現實哲學者，從天文學移到力學和物理學，因而嗟歎道：熱力學在其發見以來的一世紀中，本質上，一步都未超越羅伯邁雅（1）所漸次使其到達的境地而前進。加之事實的全體，都還極其模糊。我們『必須常常記着這種事：在物質的運動狀態之外，還有靜止狀態的存在；而後者是和機械的作用沒有何等關係的東西。……我們曾把自然呼爲一個大的勞動者，我們現在如果還要力持這種主張，便不能不在上面聲明一句：不變的狀態及靜止的關係，決不是表示機械的作用的。所以，我們在這裏，也是沒有可以再從靜的移到動的去的媒介的。所謂潛熱這東西，如果至今對於這個理論還是一個防害，那末，我們在這裏，也就要承認那適用於宇宙的時候不可否定的缺點了』。

此等一切玄妙的談論　其實也不外於表現了這種壞心眼：對於從絕對的非運動性造出運動來的事情，既已感着陷入了絕望的境地，而又恥於依賴惟一救主的天地創造者。如果含有熱力學的力學之中，猶且不能發見從靜的到動的，從平衡狀態到運動的媒介，那末，何以杜林格君獨有義務去發見這不運動的狀態到運動去的媒

（1）羅伯邁雅（Robert mayer 1814-78），德國自然科學者他唱力的不增不減說，著有『論力的保存』等書。

介呢？或許要這樣，他才僥幸逃脫了那種苦痛的境地。

在通常的力學上，有從靜的到動的去的媒介之存在，——從外部來的刺戟就是這個。把一百磅重的石頭，舉到十米突高，當牠構成不變的狀態，在靜止的關係上停止起來而吊着的時候，要說這物體的現在狀態，決不是表示機械的作用的，而其距離原來的位置，也不能靠機械的作用去測定，這只有向嬰兒羣衆去宣傳才行。無論路傍的何人，恐怕都能教杜林格君理解這一點：石頭不是逕自跑到這高處的繩子頭上來的；又、無論什麼力學的辭典，恐怕也能告訴這件事：如果教他把石頭再放下來，則石頭在落下的時候所完成的機械的作用，便和牠被舉到十米突高的時候所必要的是同一之程度。就只石頭被高吊着的這單純的事實，也是表現機械的作用的。為什麼呢？因為若是長時間的吊着，則化學的分解之結果，繩子便不能支持而至於被石頭墜斷。借杜林格君的話說，一切機械的現象，都能歸到那種單純的根本形態上，只要十分用他的能力，還不曾有過不能發見從靜的到動的去的媒介之技師。

六　自然哲學（其二）宇宙創成論　物理學　化學　九六

運動爲其反對物卽靜止所測定，——這件事在我們的形而上學者方面，實在是困難而討厭的事情。據杜林格君看來，那正是一個明顯的矛盾。而一切的矛盾，就是不合理的東西，可是他儘管這麼說，而事實上，吊着的石頭，却表示出一定的機械運動的量，而這種機械運動的量，根據石頭的重量及其離地的距隔，可以正確地測定出來；可以在種種方式上——例如依據垂直的落下；依據斜面滑下；依據體軸的旋轉——隨意利用，關於裝了火藥的銃，也是一樣。在辯證法的見解上，運動在其反對卽靜止的中間表現出來，這決不是何等困難的事情。據辯證法的見解，恰如我們前面所說，一切的對立，都只是相對的，絕對的靜止，無條件的平衡狀態，沒有存在過。各個的運動，雖向着平衡狀態前進，而總的運動却又止揚這平衡狀態。於是靜止與平衡狀態的發生，隨時都是被限制了的運動之結果。不消說，這運動是可以依據結果去測定，在結果中表現出來，並從這一結果變成其他別種形態的東西。然而這樣單純地說明事物，杜林格君是不能滿足的。優異的形而上學者的他，先在運動與平衡狀態之間，造出實際上不存在的鴻溝，隨着又驚奇他自造的鴻溝上，不能發見通行的橋。因此，所以他也能巧妙地騎着他的形而上學的洛西蘭特(1)，追蹤於康德的『物自體』(Dingan sich)之後。爲什麼呢？因爲隱藏在這不能發見的橋蔭下的，就是『物自體』，此外沒有旁的什麼。

然則對於那種學說成爲『障礙物』的熱力學和潛熱是什麼？

若在普通氣壓下，把冰點下的冰一磅，依熱的作用變爲同一溫度的水一磅，則消失的熱量，足和水一磅從攝氏的零度熱到七九·四度時的熱量相等，或足和七九·四磅的水，熱到一度時的熱量相等。又，把一磅水熱到沸騰點即一〇〇度而變爲一〇〇度的蒸汽時，則到最後一滴變成蒸汽爲止，則消失七倍的熱量，足和五三七·二磅水的溫度提高一度的熱量相等。這個被消失了的熱，就叫做潛在的熱。若依冷却的作用再把蒸汽變爲水，把水再變爲冰，則和以前所潛在的量相同的熱再被發散，卽被感覺得是熱量，且能被測定。這熱量在蒸汽的凝集及水的結冰之際的發散·就是蒸汽在一〇〇度上冷却的時候，漸變而爲水，冰點的水·極徐緩地變而爲冰的原由·這是事實。所以問題是這樣：然則熱量當其潛在着的時候，是什麼情形？

(1)洛西蘭特(R.zinante)：意大利塞爾萬小說中的董基何之坐馬。

熱力學——據牠說來，所謂熱，就是物體的物理學活動之最小部分（分子），因氣溫和凝集狀態之不同而異其大小的震動，而這震動又能因情形之不同而轉變而爲其他的任何運動形態——用以說明問題的是這種事實：卽是巳經消失了的熱量，牠完成了某種作用，或變成了某種作用的事實。冰在融解時，便失去各個分子間相互密切的關聯，而變爲鬆緩的並存關係。沸騰點上的水蒸發時，各個分子的相互間，完全不起什麽顯著作用，而且因熱的作用而發生飛散於各方面的狀態。因此，便明白了這件事：某種物體的各個分子，在氣體狀態上，比在液體狀態上所具的力更大，而在液體狀態上，又比在固體狀態上所具的力更多。所以，潛在的熱量，絕不是消失了而只是轉變了，只是採取了分子的膨脹力之形態。各個分子能夠相互保持那種絕對的或相對的自由之條件一停止，換言之，溫度一旦降到百度以下或零度以下，這膨脹力便消失了，分子便再以從前離散了的同樣的力相互凝集起來。這個力若消滅，就是牠再現爲熱量，並且再現爲正和以前所潛在下去的同一量的熱量了。這個說明，不用說，和熱力學一樣是一個假說，至少在迄今任何人都沒有看到分子

（何況震動的分子）的限界內是如此的。惟其如此，所以這一說仍和一切的新說同樣，明明充滿了缺點。但是，牠却至少可以和運動的不生不滅的性質不相矛盾而說明現象，而且可以精密地計算那通過變化的熱量的不變。因此，潛在熱，絕不是熱力學的障礙。反之，根據這一說，才能完成現象的合理的說明，如果以爲有障礙，那至多不過是從下面的事實發生的，即是由於物理學者對於變爲其他分子能的形態之熱量，還用陳舊的，不適當的『潛在』這名詞去稱呼的原故。

因此，在機械的作用爲熱量的尺度時，固體，液體，以及氣體的不變狀態和靜止關係，是表現着機械的作用的。地殼和大洋的水，在其現存狀態上，都表現着被發散了的熱的一定量，不消說，在這熱的一定量上，機械力的一定量是和牠相照應着的。又，當地球之根源的氣體變爲液體，其後大部分又變爲固體的時候，分子能的一定量，是以熱量放散於空間的。所以，像杜林格君那麼神秘的耳語般的困難，是不存在的，那怕把牠適用於宇宙一般的當間，也不會遭逢理論所不能克服的障礙，雖然要碰着缺漏（這是我們的認識手段不完全的罪過）的話。從靜止到運動的媒介，在這裏，也是由外部來的刺戟，即是對於平衡狀態上的對象發生影響的其他物體所惹起的冷却或溫蒸。我們對於杜林格君的這種自然哲學越深入，使越發理解了：想從不動去說明運動，或是想發見純固定和靜止有能夠自己達到活動、達到運動的媒介，這一切的嘗試都是不可能的事情。

因此，我們便能僥幸暫從不變的原始狀態脫離出來。杜林格君現在又移於化學上去了。他借這個機會，把至今爲現實哲學所獲得的關於自然的三個不變法則，像下面那樣地告訴我們。

他說：(一)一般物質的大小；(二)單純的（化學的）要素之大小；(三)機械力的大小，這三件都是不變的東西。

這就是說，物質的不生不滅之性質，以及物質具着單純要素的時候而其要素及運動的不生不滅之性質，——這從來周知的表現得極不充分的事實，——是杜林格君作爲他的無機界的自然哲學之結果，拿來提供於我們的惟一積極的見解。然而一切都是我們已經知道的事情，我們所不知道的，就是『不變的法則』，就是如是如是的『事物的體系之圖型的特性』。這仍和上述的康德的情形一樣。換一句話，就是杜林格君把世界周知的廢物拾起來，在那上面貼上杜林格的商標，因而稱為『根本獨特的結論及見解：：構成一個體系的思想：：根本的科學』。

話雖這麼說，我們却仍不必因此就失望。那種最根本的科學和最好的社會制度，無論有什麼缺陷，而杜林格君却能斷然地主張牠是惟一無二的東西。他說：『存在於天地間的金子，必然地常是一定額，和一般的物質同樣，不能有所增減』。但是我們拿着這『現存的金子』，能夠買得什麼？可惜杜林格君不曾告訴我們。

七　自然哲學（其三）有機界

『從壓力及衝擊上的力學到感覺和思想的結合，有一個居中的惟一的統一階段存在』。杜林格君不過如斯斷定而已，對於生命之發生的詳細的說明，却故意規避，雖說他以爲有些人們，以爲那些把世界的發展追溯到牠的不變狀態、對於其他天體也很通曉的思想家們，關於這一點是精通的話。然而這個斷定，在不爲前述的黑智兒的質量關係的結節線所補足的時候，只有半分的正確性。從某一運動形態到其他運動形態的轉變，儘管是漸進地完成的，然而却是一個飛躍，一個決定的轉變。例如從天體的力學到各個天體內的細微物體的力學之移動是如此，同樣，從物體的力學到分子（我們在純粹物理學上所研究的運動，如熱、光、電氣、磁氣等都包含在內）的力學之移動也是如此。又，從分子的物理學到原子的物理學——化學——之移動，也一樣地爲決定的飛躍所完成，而從通常的化學作用到我們所稱爲生命的蛋白質的化學作用之移動，更是如此。在生命的界內，飛躍是更稀薄，更不明顯的。——因此，在這裏不能不糾正杜林格君的，仍是黑智兒。

使杜林格君在概念上構想着到有機界去的移動的，便是目的概念（Zweckbegriff），這也是從黑智兒借來的。黑智兒在論理學——概念的學問——上，依着目的論或目的的學問而從化學作用移到生命上。無論就那方面說，我們在杜林格君的學說上看見的，都是黑智兒的『生硬』，他公然把牠稱爲自己的根本的科學。目的及手段的觀念之適用於有機界，究竟到什麼程度是正確的適當的？在這裏研究這一點，恐怕過於離開了問題吧！總之，黑智兒的『內在的目的』，——即：不是那種靠意思的動作着的第三者（比如靠神的叡智）而移入於自然之中的目的，乃是存在的事物本身的必然性之中的目的，——若在那些沒有充分哲學的教養的人們適用起來，便要不斷地把意識的而且意圖的行爲弄成無意識的假造。杜林格君對於他人的極其細微的『心靈主義的』傾向，每每發出激烈的義憤，他自己却斷定『本能的感覺，主要的是爲着滿足而創造出來的東西，那種滿足又是和滿足的實行相伴隨的』。他對我們這樣說：可憐的自然，『不能不使對象界常常建立新的秩序』，同時，牠又不能不作那種『從自然方面看來，需要超乎世人所通常認識之上的精妙』的工作。然而自然不僅知道自己爲什麼造此造彼而已 牠不僅做使女的工作而已，自然不但具着精妙——只此已是主觀的意識的思惟中之極美滿的完成——牠還具着意志。爲什麼呢？即令說本能把現實的自然條件如營養、生殖等等，爲副次的充實，而對於那種本能之副次的作用，『我們是不能當做直接被欲求的東西去觀察，只能當做間接被欲求的東西去觀察的』。這樣，我們便到達意識地去思惟去行動的自然了。換一句話，不是站在從靜止到運動的『橋』上，而是站在從汎神論(Panthersmus)到自然神論(Deismus)的『橋』上了。或者杜林格君現在是來作一次『自然哲學的半熟詩』的麽？

那是不可能的事情。我們的現實哲學者關於有機界方面所能告訴我們的，總而言之，是限於對這自然哲學的半熟詩，對『具備了價廉的淺薄和堪稱科學的神秘性之欺騙主義』，對達爾文主義的『半熟詩的特徵』的鬥爭。

達爾文首先充了槍靶子。他被這樣地攻擊着：把馬爾薩斯的人口論從經濟學移到自然科學；囿於牧畜者觀念；以生存競爭說來作非科學的半熟詩；整個的達爾文主義，若除開了向拉馬克的借用，不過是違反人類性的一片獸性而已。

達爾文從他的科學旅行中，帶回了一種見解：認爲植物及動物的種類並非不變的而是變化的東西。他爲了把這種思想在自己的家中更加考究，以動植物的培養作最良方法。實在就這種培養說，英國是古典國，別的國家的勞績——比如德國，在這點上所成就的，便遠不及英國。但是，大部分的結果，都是過去百年的事情，在事實的確證上，還不那麽十分困難。於是達爾文發見了這件事：這種培養，對於同種的動植物，以人爲的方法所引起的差異，比一般被認做異種的種類之間的差異還大。因此，一方到某點爲止，證明了種類的可變性；他方又證明了屬性不同的有機體，其祖先是可以共同的可能性。所以，達爾文接着就研究這一點：培養者並未意識的意圖過，只因對於生活的有機體，施行人工的培養，遂不絕地發生變化，那末，自然的中間，究竟有無惹起和這同樣變化的原因之存在呢？於是他在自然所產出的無數的胚種與實際上得以成育的極少數的有機體之間的不平衡上，發見了這一原因。現在知道一切的胚種，都爲自己的發展而努力，所以必然地發生生存競爭，這不單是直接的肉體的競爭，或單表現爲吞噬而已，就在植物方面，也還表現出獲得空間及光線的競爭。在這種競爭上，縱然是極細微的個體，只要牠具有何等利於生存競爭的個性，便有能夠成育和繁殖的希望，這是明顯的事情。所以，這種個性具有遺傳的傾向，如果牠又爲許多同種的個體所表現時，便因遺傳的累積，在一度取得的方向上，更加具有強盛的傾向。反之，沒有具着這種特質的個體，便容易在生存競爭上失敗而逐漸歸於消滅。這樣，種是因自然陶汰和適者生存而變化的。

杜林格君對於達爾文的這種學說，他說：生存競爭的觀念之起原，正和達爾文的自白一樣，是可以求之於經濟學的人口論者馬爾薩斯的見解中的，所以他陷入了牧師的見解般的馬爾薩斯的人口過剩所特有的一切缺陷。——但是，所謂生存競爭的觀念之起原，可以求之於馬爾薩斯的見解中的話，達爾文決沒有想到。他只說過他自己的生存競爭說，是把馬爾薩斯的學說，適用於全體動植物界了的。達爾文毫無成見地採用了馬爾薩斯的學說，因此就說他錯誤，我想無論把多大的錯誤歸在他身上，總之任誰一見都知道以下的事實：要認識自然界的生存競爭——此係自然無節制地產生出來的無數胚種和能夠成育的少數胚種之間的矛盾，實際上，這矛盾的大部分(有時極慘酷)都是被生存競爭所解決——並不需要馬爾薩斯的眼鏡。正如李嘉圖作爲立論根據的馬爾薩斯的理論，雖然已經消滅之後　而工銀法則依然實現一樣，自然界的生存競爭說，也是不需要馬爾薩斯的何等解釋而能成立的。加之，自然的有機體，也同樣地有其繁殖法則，不過這法則向來沒有被人研究罷了，然而牠的確立，對於種的發展理論，也許具有決定的重要性。然則在這方面賦與了決定的刺戟的是誰？那並不是旁人而是達爾文。

杜林格君却極力避免深入問題的這種積極方面。反之，他還要反復地攻擊生存競爭說。據他說來，無意識的植物和柔順的草食動物方面的生存競爭，原來就成不了問題。『就嚴密的意義說，生存競爭是在奪取食料及吞噬弱者的範圍內，表演於獸行上的』。他把生存競爭的概念，拘束到那樣狹隘的範圍之後，便把他自己以爲只有獸行才適用的這種概念，當做獸行而對牠發洩毫不留情的憤怒。然而他的這種義憤，只是對他自己發的義憤罷了。爲什麼呢？因爲他自己才是那種被限制了的生存競爭的惟一創作者，也就只有他自己才能負那種責任。因此，達爾文倒不曾『求一切自然行爲的法則及知識於猛獸世界』，——因爲達爾文實在把全體有機界都包括在那種競爭法則之下的原故，——那只是杜林格君自己紮成的空想的茅人。就作爲生存競爭這名稱，足以招致杜林格君的大大的義憤吧！無如那種現象在植物方面也存在，這是一切的牧場，一切的穀田，一切的森林都能證明的事實。不過應該叫

七 自然哲學（其三）有機界　一〇八

牠一個『生存競爭』呢？抑叫牠一個『生存條件及機械的作用之欠缺』呢？問題不在於名稱如何，而在於這事實影響到種的保存及變化上的如何。關於這一點，杜林格君很頑強地守着永久的沉默。所以，自然淘汰的問題之討論，暫且截至這裏爲止。

但是，杜林格君又說：達爾文主義是，『從無中生出他的變化及分化來』的。誠然，達爾文處理自然淘汰這問題的時候，不曾注意那引起各個個體上的變化之原因，他第一是把這種個別的差異，如何逐漸構成部屬、種屬、或種類的特徵這件事、當作問題在研究。在達爾文看來，最重要的問題，不在於發見這種原因——直到今日，牠的某部分還完全不知道，某部分不過能夠指出其大概——簡直在於發見該原因的作用，保持其持續的意義的合理形式。然而達爾文却過事把自己的發見適用於廣大的範圍了，他把牠作爲種變化的惟一槓杆，遂被那種對於各個反復變化施行一般化的形式所掩蔽，而看漏了各個變化的原因，這是他和那些成功眞實進步的許多人們所共通的一個缺點。但是，達爾文若眞從無中產生出那種個體的變化來，並專門適用『培養者的智慧』，那末，這培養者，便不但從無中產出自己的觀念上的動植物形態之變化，而現實上的動植物形態之變化，也要從無中產生出來了。實際上，那種變化及分化，究從何處產生？給與人們以研究這件事的刺戟的，也並不是旁人而是達爾文。

尤其最近由赫克爾擴大自然淘汰的觀念、他認爲種的變化，是順應與遺傳的交互作用，同時，他還說明了順應是進化的變化方面，遺傳是進化的保守方面，這在杜林格君看來也是不正確的。他說：『對生活條件的眞正順應，當其爲自然所規定或拘束時，是以表象所規定的本能及行爲爲前提的，否則那個順應，便只是表面上的事情，而這裏所作用的因果關係，便不能走出物理學，化學，以及植物生理學的下級階段』。杜林格君在這裏所要憤怒的，也是關於名稱的事情。然而無論杜林格君想怎樣稱呼這現象，而這裏的問題確是如此：究竟是否因這種現象而在有機體的種上發生變化呢？杜林格君對於這一點，仍然沒有一個回答。

杜林格君說：『假使植物當其生長之際，選擇那可以獲得極多光線的方面，而這個進行的結果，也不外於物理學的力與化學作用的結合。如果說這種情形不是譬

七　自然哲學（其三）有機界　一一〇

喻而是眞實的順應，那就概念上必然招致心靈主義的混亂』。自然究竟基於什麼意思而如此如彼地運作呢，深切理解了這一點的人，講着自然的精微的人，並且連自然的意思都講到的人，確比旁人不同些，是嚴密些！然而正牌的心靈主義的混亂，不知究竟是誰？赫克爾呢？杜林格君呢？

其實，那不但是心靈主義的混亂，且是論理的混亂。我們已經知道杜林格君谿了在自然中實現目的概念的一切努力了。他說：『手段與目的的關係，絕不是以意識的意圖爲前提的』。然則他那樣攻擊着的既不是意識的意圖，也不是觀念的無媒介的順應，牠不是那樣無意識的目的活動是什麼？

所以，那怕青蛙和食樹葉的蟲是綠色，砂漠的動物是黃色，極地的動物大體上是雪白色，然而牠們決不是根據意圖或何等觀念獲得那種顏色的，反之，牠們的顏色可以用物理學上的力與化學作用去說明。但是，這些動物們靠自己的色彩合目的地順應了自己的生存環境，確是無可否認之點；而且牠們託庇這件事，可以大大地減少敵人的發見。同樣，某種植物用以捕食那些棲息於牠身上的蟲子的器官，也是順應物」這個活動的，而且合目的地順應着。所以，杜林格君所主張的順應須靠觀念而成功，這換一句說，就是說目的行爲也須是觀念所媒介的意識的意圖的東西。這樣，我們就和現實哲學的經常情形一樣，又到達目的的創造者——神的上面了。『世人皆把那種結論呼做自然神論，不甚重視他（杜林格君說）。實際人們現在正回到以上的關係中』。

我們由順應進到遺傳去。這裏照杜林格君說來，達爾文也完全走入了迷途。他說：達爾文以爲有機界的全體，都是從一個原始物(Urwesen)發生的，簡直就是惟一猿猩的子孫。在達爾文看來，若無某種血緣關係，便不會有同種的自然物之獨立的並存；所以，他不能不依據自己的退一步的研究，走到生殖或其他繁殖系統所終結的地方。

達爾文把現存的一切有機體從惟一的原始物中論的這種主張，鄭重地說，就是杜林格君的『自己的任意創造和想像』。達爾文明明白白在所著『物種之起原』第六版的最後第二頁，這樣說過：自己『不把一切的存在，看做各別的創造，而看做從

七 自然哲學(其三)有機界 一一二

若干少數的粉粒生出來的直系的子孫』。赫克爾更進幾步地說：假定『在植物界，是一個完全獨立的祖先，在動物界，是另一個祖先』，而這兩者之間，又『有若干獨立的勃洛季士吞(Protisten)的祖先，各個都是離開自己的原始莫列耳(Moneren)形態而獨立地發達起來的』(創造史，三九七頁)(1)。但是，這種原始物，原來是杜林格君要把牠和原始猶太人亞當的傳說相對照，好拚命地施行攻擊而發明的東西。可惜這時候，有一件在他(杜林格)是不幸的事情：這原始猶太人，因爲斯密氏(2)對於亞西里亞的研究，變成了原始塞米人；又，拜布耳的創世記及羅亞的大洪水這兩種故事，完全是猶太人，巴比倫人，卡爾達人以及亞西里亞人所共通的古代異教的宗教傳說之一節，他簡直不知道這回事。

說達爾文終止在血緣的系統被切斷了的地方，這對於達爾文固然是過刻的攻擊，却也不能否認。不幸一切自然科學，都値得這樣攻擊。這些自然科學，都『終止』在血緣的系統被切斷了的地方。自然科學還不會無祖先而能創出有機物。實際上，連從化學的要素造出單純的原形質或其他蛋白質來的事，都還做不到。

(1)赫克爾把最下級的單純有機物，作爲Protisten界，從多細胞的動物及植物中分類出來，使之屬於單細胞或幾個同種細胞所成的有機物。把這種東西的最原始形態稱做Moneren。

(2 斯密氏(George Smith 1840-1876，英國東洋語學者。他是著名亞西里亞語的翻譯，關於巴比倫遺物研究之著述甚多。他於1871年，在大英博物館的楔形文字的斷片中，發見了關於羅亞大洪水的記錄。知道羅亞大洪水不是巴勒斯坦的創造，而是巴比倫的故事。

因此，自然科學關於生命的來源，迄今還只能確定牠無疑地是在化學的道程上被完成的。然而現實哲學，或許能夠救濟這一點，因爲他是處理互無血緣關係之獨立的並存的自然物的學問。然則這些自然物是如何發生的呢？是由於自生的麼？直到現在，那怕自生論的最勇敢的代表者，也只能說黴菌、菌的胚種、以及其他極原始的有機物，是在這種方法上產生的東西，決不敢主張虫、魚、鳥、哺乳動物、都是這樣產生的。但是，如果認爲此等同種自然物——當然是有機物，這裏專門只論有機物——沒有血緣關係，那就不能不認爲此等自然物或其祖先，是在『血緣的系統被切斷了的』那種地方，因各別獨立的創造行爲而在這個世界上現出來的東西。所以，我們又碰見了創造主，碰見了人們所稱的自然神論。

再者，所謂『把各種特質中的性別的構成行爲，當做這些特質發生的根本原則』，杜林格君以爲這是達爾文的極膚淺的觀察。這也是我們的根本的哲學者之自由創造和想像的事情。反之，達爾文明明這樣地說着：自然淘太這一語、單是指的變化的助長，絕不是指的變化的起源（前書六三頁）。把達爾文所未曾說過的話，拿來誣賴他，這使我們理解了杜林格君的深刻的用意。牠的用意就在這裏：『如果以爲在生殖的內在的圖型中，求出了何等獨立的變化原理，那末，這個思想，或許完全是合理的。爲什麼呢？因爲把一般的發生原理和性別的生殖原理，從事統一的觀察，從一個較高的見地着眼，對於所謂自生，不把牠認做再生產的絕對的對立，而認做恰是一個生產，這是當然的考察』。發出這種狂言來的傢伙，他還厚着臉攻擊黑智兒的『夢話』。

好罷！杜林格君對於達爾文說所刺戟起來的自然科學上的偉大進步，用以洩憤的那種醜惡而自相矛盾的怒罵，只此已十分了。達爾文並遵奉達爾文說的自然科學者，都不曾起意想小視拉馬克的偉大供獻，並且開始喚起人們注意拉馬克的，正是他們。但是，在拉馬克時代，科學還不能處理充分的材料，因而對於物種起源的問題，只算給了一個先導的回答，給了一個預言的回答，我們不可看漏這件事實。其後，在聚積於那種蒐積動植物學及解剖動植物學的領域之龐大材料而外，產生了拉馬克以來的兩個極重要的嶄新科學，這就是動植物的胚種之研究（發生學），以及保存在地殼各層的有機物的殘骸之研究(古生物學)。實際上，就是發見了有機物的歷種走到成熟的有機體的發展階段、牠和相繼出現於地球上的歷史中的動植物順序之間，存有奇異的一致。而給進化說一個最確實基礎的，正是這個一致。不過進化說本身，還是一個極新的學說，因此，將來的研究，無疑地還要把現今嚴格地對於達爾文的物種進化過程所具見解，從事顯著的變更。

然則現實哲學關於有機物的發展，想積極地對我們說些什麼？牠說：『……所謂物種的變化，是一個可以容許的假定』，而同時却『存有無血緣關係的同種自然物的獨立的並存』。那末，我們便不能不如此觀察：異種的自然物，即變化的種，都相互地有着血緣關係，而同種的自然物則不然。然而這還是不正確，因為就在變化的物種方面，也是如此——『血緣所生的關係，反而是自然的完全第二次的行為』。因此，血緣固然是有的，牠却是『第二流的性質』。杜林格君以為關於血緣這件事，說了許多無價值的話之後，又把牠從後門口拉進去，這是痛快事情。在自然淘汰說方面也是一樣。為什麼呢？因為他對於自然淘汰所由實現的

七　自然哲學（其三）有機界　一一六

生存競爭說，發洩了許多義憤之後，忽然說：『被造物的特質之較深的根柢，也是可以求之於生存條件及周圍的關係之中的，反之，達爾文所主張的自然淘汰說，只算得第二次上的問題』。所以，儘管自然淘汰被列入第二流，總是存在的東西。同時，生存競爭，馬耳薩斯的牧師式的人口過剩論，也同自然淘汰一樣！這是總綱，其他的情形，杜林格君教我們去讀拉馬克。

最後，他告誡我們不要誤用變態及進化的名辭。據他說，變態是不明確的概念，進化的概念，只在進化法則為實際所證明的範圍內，才可容許。我們可以拿『構成』這一語來代替那兩者。如其是這樣，萬事便很順遂了。他的這種說法，還是照例的套子。那怕事物依然如昔，只要我們變變名稱，杜林格君就完全滿足了。我們如果說卵中的雞的進化，那我們就陷入了混亂的泥塗，因為我們對於進化的法則，只能找出不充分的證據。可是我們如果說的是雞的構成，或許萬事都明顯了。所以，我們不能說小孩子健壯地生長，只能說小孩子健壯地構成。我們祝福杜林格君，他不僅能和『利白恩根的指環』(1)之作者一樣的自尊自大，並且在當稱將來作曲家

(1) 利白恩根的指環（Nebelungenring），德國神話中的亞爾伯里西用萊因的金子做成的指環，被瓦格內耳的歌劇採作了題材。

的那種性格上，也能相比肩。

八　自然哲學（其四）有機界（結論）

『我們要考察……在對於我們的自然哲學這一節，賦與一切科學的前提上，需要什麼實證的知識。作我們的自然哲學之基礎的，第一就是數學上的一切根本的結論，其次，是力學，物理學，化學上的精確知識之主要原理，以及生理學，動物學並其他學問領域的一般自然科學的結論』。

杜林格君以那種自信而且斷定的態度，敘着杜林格君在數學上及自然科學上的博識。但是，我們看了他的貧弱的這一節，尤其看了這個貧弱的結論，並不覺得有什麼深厚的實證知識隱藏在牠的背後。總而言之，要實現杜林格君對於物理化學的神話，在物理學方面，只要知道表現熱力學上的等量之方程式就夠了，在化學方面，只要知道一切物質都是爲原子和原子結合而成的就夠了。加之，杜林格君在一三一頁上說過，『能夠把重力所作用的原子』論述出來，那只不過暴露他自己對於原子與分子的區別，完全是一個『瞎子』罷了。原子和人們知道的一樣，不是在重力或其他機械的乃至物理學的運動形態上存在，他只在化學的作用上存在而已。如果一讀他的關於有機界的章節，便在那種空虛而矛盾的重要點上，看出他的神話式的無意義的說明以及結論的完全渺茫，使得我們入手就要認爲杜林格君在這種區處是說的他自己毫無所知的事物。我們的這個見解，看了他在有機物的學說（生物學）上，提出與其說發展不如說構成的主張，更加確實。提出那種議案來的人，足見他對於有機體的形成，完全沒有知識。

一切有機體，除開最下級的動植物，都是從細胞成立的，即是從那種擴大到幾十倍後，才看得見的內部有核的極小的蛋白球成立的。這種細胞，通常外面長膜，同時，內容多少是流動的。最下級的細胞體，由單細胞所成。大多數的有機體，都由於許多細胞所構成，即是許多細胞的複合體。這許多的細胞，在下級有機體，還是同樣的東西，而在較高級的有機體，則漸次具着不同的形態、集合、活動。比如人體方面，骨、筋肉、神經、腱、韌帶、軟骨、皮膚，——約而言之，一切組織，都爲細胞所組成，不然，就是發生於細胞。然而從最單純的，大部分無膜而內部有核的一個蛋白質的球塊之變形蟲（Amöbe）到人類，從最小的單細胞之迭士米吉亞開（Desmidiacee——藻之一種）到最發展的植物，舉凡由細胞成立的有機體，其細胞增殖的樣式都是一樣，即都是從分裂來的。最初，核從當中束細而兩端膨大，其後把這核分爲兩個膨脹體的束細愈見酷烈，最後則中斷而兩端分離，遂形成兩個細胞核。和這同樣的過程，細胞本身也表現出來。這兩個核的雙方，都成爲細胞的物材之凝集的中心，這兩個凝集，因更趨酷烈的束細而彼此密接，最後則兩者分裂而各成獨立的細胞。一切完成的動物，都是由於那種反復着的細胞分裂，受胎後，從動物卵子的胚種徐徐發展起來的，同樣的情形，又在十分成長的動物身上，成功牠的消耗已盡的細胞之補充。把這種過程取名構成，稱發展一語爲『純粹的空想』，像這種人——在今日，簡直難於信其有——無疑地是對於那一過程毫無所知的人。這裏，單在文字的意義上說，也只是發展而決不是構成。

杜林格君通常把什麼當做生命在理解？關於這一點，我們以後或許稍稍還有觸到的機會。他對於生命特別是抱的這種觀念：『無機界，也是自己完成運動的一體系。然而我們要在配置物材的調合作用，依據能夠變成較小形體的胚種形態，通過固有機構和特殊管子而從內部某點開始的時候，才能就狹義而嚴密的意義上，講眞實的生命』。

這一段，就狹義而嚴密的意義說，縱然不問那不能着手的文法上的混亂，也是無意義的自己完成運動（不管那是什麽東西）的體系。若以爲生命是從固有的機構開始的時候出發的，那末，我們對於赫克爾的勃洛季士忝界不用說，就是對於其他許多的東西，也因承認這個機構而不能不當做死物看待牠們。若以爲生命是在這機構能爲較小的胚種形體所轉移的時候發生的，那末，一切有機物——至少到單細胞爲止，或包括單細胞在內——便都沒有生命了。若是特別的管子所生的配置物材的調合作用，是生命的表徵，那末，我們便不能不於上述的東西之外，把腔腸動物lC ölenterata)的上級傘體——僅除開水母類(Medussn)——卽是把一切的水螅(Po(yrP en)及其他的植蟲類(Pflanzenthiere)，屏於生物界之外。又，如果以爲從某中心點通過特殊管子而起的物質循環，是生命之本質的表徵，那末，我們便不能不把毫無心臟，或是沒有多心臟的動物，當做死物去理解。要列(1)入死物之內的，除上述的東西之外，還有一切蠕體動物．海盤車，輪蟲類（哈克斯列所分類的環狀類及環節類），以及甲殼類的一部(蟹)並某種有脊椎動物即水陸兩棲的闊沙脫（Lanzetthierchen）類（蛞蝓魚）。一切的植物，也要列入死物之內。

杜林格君爲要把眞實的生命，在狹義而嚴密的意義上表徵出來，像那樣舉了四個完全矛盾的生命的特徵。其中的一個，就是不但把植物界全體當做了死物，簡直把動物界的半分，都當做永久的死物了。他所賜給我們的『根本特殊的結論及見解』，眞沒有騙我們！

他在旁的區處又這樣說：『就是在自然界，從最低級到最高級的一切組織的根柢上，也有一個單純的類型存在』，這個類型，『在最不完全的植物之最下級的運動中，也能完全找出牠的一般的本質』。這也是『完全』無意義的主張。在一切有機界，能夠發見的最單純的類型，就是細胞，這確實在高級組織的基礎上也存在。反之

(1)哈克斯列(Huxlay1825-65) 英國自然科學家，達爾文之友國擁護進化論者。

八　自然哲學(其四)有機界(結論)　　一二二

，在最低級的有機物中，有許多比細胞還低等的東西，如洛塔美別(Protamöbe)，無何等分化的單純蛋白質物，其他一系列的莫列耳，以及喜老法耳根(Schlauchalgen)——藻之一種，屬有管類）皆是。此等一切，僅靠牠的主要成分是蛋白質，就是僅靠營蛋白質的機能——卽生死，和高級的有機物相結合而已。

杜林格君又進而對我們說：『就生理學上說，感覺總是和一個神經裝置的存在相結合的，倒不管是什麼單純的東西。因此，一切動物界的特徵，就在於有感覺能力，卽是能夠主觀的意識的把握自己的狀態。植物與動物之明顯的界限，就在於能夠完成走向感覺去的飛躍這一點上。這個界限，不能爲一般所知的中間形體所抹殺，牠簡遊戲由於牠的外表不確定或不能確定的形體而成爲論理的要求』。他更進而說：『反之，植物是完全並永久沒有絲毫感覺的痕跡的，而且沒有感覺的能力』。

第一，黑智兒在其『自然哲學』三五一節的補註上說：『感覺是種的特異(Differentia specifica)，是動物的絕對特徵』。所以，我們對於前面杜林格君的說話，也是碰着了黑智兒的『生硬』。牠因爲杜林格君的附和，竟躍上了終極的絕對眞理之光榮地位。

第二，我們如今才聽說植物與動物之間的中間形體，外表上不確定或不能確定的形體（巧妙的奇談）。這種中間形體的存在，這種完全不能說明牠是植物抑是動物的有機體的存在，因而我們不能明顯地確定植物和動物的界限，——這種事實，使杜林格君認爲設定區別的標準，正是論理的要求。然而在這樣的措辭之下，他又承認那種區別不能爲力！但是，我們倒不須溯及植物與動物的疑問領域，只問一接觸間而葉捲或花閉之感覺的植物，或食蟲的植物，牠是毫無感覺的痕跡而且對於感覺沒有能力的麼？杜林格君自己若不是『非科學的半熟詩』，恐怕不會那樣主張。

第三，杜林格君說感覺在生理學上，總和某種即使儘管雖簡單的——神經裝置的存在相結合，這也是他的隨意創造，是他的空想。不但一切的原始動物，就是植蟲類，至少牠的大多數沒有表露神經裝置的痕跡。那種神經裝置，要到了蠕形動物，才可發見牠是原則，因爲原始動物和植蟲類沒有神經，便主張牠沒有感覺，這實在要算杜林格君是嚆矢。感覺不一定和神經結合着，牠倘直是和某種蛋白質物，迄今還未詳細證實的一種蛋白質物相結合的。

還有把杜林格君的生物學的知識程度充分表現出來的：就是他大膽地對於達爾文所發的質問。他問：『動物是從植物發展起來的麼？』像他的這種質問，只有對於動植物絲毫不懂的人，才說得出口。

關於一般的生命，杜林格君只知道這樣說：『只有造形的合式的組織（這究竟是什麼？）所成功的新陳代謝，常是真實的生活過程之特性』。

這是我們從杜林格君領教的關於生命的知識之全部。這時候，我們得了『造形的合式組織』之機會，徹頭徹尾地陷入最純粹的杜林格君的隱語之無意義的晦澀中了。所以，我們要想知道生命是什麼，我們自己就不得不詳細地考察這一問題。

有機的新陳代謝，是生命的最普遍而最顯著的現象，這是三十年來，生理學的化學者及化學的生理學者所屢次唱說的事情，這裏却爲杜林格君譯成他的優雅而明瞭的文句了。但是，把有機的新陳代謝作生命的定義，這就是把生命作生命的定義。爲什麼呢？有機的新陳代謝，或用造形的合式組織弄成的新陳代謝，就是表現了需要牠自身並生命所做的說明，需要有機物及無機物的區別，卽生命及非生命的區別所做的說明。所以，我們靠這種說明，是一步都不能前進的。

新陳代謝的自身，沒有生命也行。在化學上，有充分供給原料而不絕地把牠自己的條件再生產出來，而且那時候，某一定的物體就是這一過程的充任者——這麽一系列的過程。比如燃燒硫黃而造出硫酸來，卽是其例。這時候，若是把二酸化硫黃SO_2加以製造，而給與牠以水蒸氣與亞硝酸，則該二酸化硫黃更吸收水素與酸素而變成硫酸H_2SO_4。這時候，亞硝酸因吐出了酸素而還元爲酸化窒素，這酸化窒素，又馬上從空中吸收酸素而變爲窒素的更高的酸化物。然而這不過是把酸素登時給與二酸化硫黃，再演同樣的過程而已。所以，在理論上，要把二酸化硫黃物和無機的酸素及水素的無限量變成硫酸、只須極少量的亞硝酸就夠了。——那種新陳代謝，只要把死的有機的薄膜和無機的薄膜浸入液體之中，也會發生，正如葡萄(Traube)的人工細胞一樣。這裏，我們又明白了靠新陳代謝這件事，是一步都不能前進的。爲什麽呢？因爲可以說明生命的新陳代謝，牠自身又需要基於生命的說明。

因此，我們不能不向旁的地方去求。

生命就是蛋白物的存在方法，而這存在方法，本質上，是存於該物體的化學構成要素之不斷的更新上的。

這時候，所謂蛋白物，是可以在近代化學的意義上去理解的，在近代化學上，這名稱之下，是包括一切類似於普通卵白的複合體（zusammengesetgten Rörper），以及另稱爲蛋白質物的東西的。其所以說這一名稱不正確，就是因爲普通的卵白，在類似於牠的物質中，最演着非生命的、受動的任務之故，即是因爲他和卵黃都只是發育中的胚種之營養物的原故。但是，對於這蛋白物的化學的構成，還不十分知道的當間，這一個名稱又比旁的名稱較爲優長，因之也就較爲適宜。

我們發見生命的時候，往往發見牠是和蛋白物相結合的。又，我們發見一個沒有解體的蛋白物的時候，必然地發見生活現象。要引起這種生活現象的特殊分化，無疑地需要生活物內的其他化學結合的現存。然而牠們對於赤裸裸的生命却不是必要物，因爲牠們只是被攝取爲營養物，轉變爲蛋白的範圍內的東西。我們所知道的最下級生物，實在只是單純的蛋白塊而已，然而牠已經表現着一切根本生活現象。

然則到處皆存在的生活現象，即是一切生物身上都同樣存在的生活現象，究竟是基於什麼而來的呢？牠第一是基於這一點：蛋白物從自己的周圍攝取旁的適當物質，使之同化於自己，同時，又把這物體的陳舊部分，加以分解和排泄。其他沒有生命的物體，固然也隨事物的自然運行而變化，而分解，或結合，但是這種時候，牠却變成和從前不同的東西了。風化了的岩石，早已算不得岩石，酸化了的金屬，已經變而爲銹。沒有生命的物體之壞滅的原因，在蛋白質方面，却是生存的根本條件。從蛋白物內的構成部分之不斷的變化停止時起，即是從攝取和排泄的那種不斷的新陳代謝停止時起，蛋白物自己也停止、分解、即死亡。因此、生命即蛋白物的生存方法，第一是在於這一點：無論那一瞬間，牠既是牠自己，同時又是旁的東西。這種情形，絕不像牠在沒有生命的物體上一樣，是一種由于外部逼迫而成的過程之結果。並且恰恰相反，生命，即攝取和排泄所演成的新陳代謝，是獨自顯現的過程，而這一過程，就是該充任者即蛋白的中間所固有的生來的東西，如果沒有這一過程，蛋白便不能存在。由這一事實又發生以下的結論：假定人爲的造得出蛋白來，那就縱然這蛋白是如何微弱的，牠總是表示生活現象的。至於化學究竟能否發見適應於這種蛋白的食物，當然是疑問。

從攝取及排泄所成就的蛋白之本質的機能——新陳代謝，並蛋白所特有的可塑性(Plasticität)中，抽出一切最單純的生命要素來，即是抽出敏感性(Reizbarkeit)(這是已經含在蛋白和其營養之間的交互作用中的)、收縮性(Kontraktibilität)(這是在最低的階段上，表現於食物的消化之際的)、生長的可能性(Wahsthumsmoglickkeit)(這包含最低階段的分裂所起的繁殖)、內部的運動(innere Bewegung)(若沒有牠，食物的消化和吸收都不可能)。

我們對於生命所下的定義，當然很不充分，這因爲牠不是包括一切生活現象的，可說牠只限於最普遍而最單純的生活現象。一切的定義，就科學的說，是沒有多大價値的。要眞實地絲毫不漏地完全知道生命是什麼，那就必須遍歷最低級到最高級的一切生命的現象形態。然而在日用上，那一種定義却是極便利而往往不可缺的西。如果人們不忘記定義所具的不可避的缺點，定義也無害處。

我們再回到杜林格君那方面去吧！杜林格君縱然在地上的生物學中遭了小小的失敗，他仍然可以自慰，因爲他還有星辰的天上可走。

他說：『那早已不是感覺器官的特殊機關，而是以快樂及苦痛的生產爲目的的全客觀世界。由於這種根據，我們可以假定快樂與苦痛的對立，實際在我們所周知的方法上，是普遍的對立，而在宇宙的種種世界上，根本上也無疑地爲同樣的感情所代表。……可是這普遍的一致，是有不少的意義的。爲什麼呢？因爲牠是認識感覺世界的關鍵。……所以在我們看來，主觀的宇宙和客觀的宇宙、同樣不奇異。兩世界的構成，應該根據統一的定型去觀察，同時、我們就得到意識說的發端，這種意識說所具的範圍、比簡單地球的範圍還大』。

那些懷中掛一把走進感覺世界去的鑰匙的人們，對於這個世上的自然科學也有幾個大誤謬，這是什麼一回事？再朝前進罷！

九 道德與法律(其一)永久的真理

杜林格君作爲意識的要素上的根本科學以提供於讀者的，多至五十頁，其爲平庸和神話的混淆物．約而言之，無價値的贅述，這裏且不舉出種種的例證來。我們只把下面的一句引用一下：『只能靠言語去思惟的人，他不曾知道抽象的而且眞實的思惟，是指什麽的』。照這樣看，動物算是最抽象的而且眞實的思惟者了，因爲動物的思惟，是不會因煩瑣的言語之夾入而混亂的。總而言之，我們從杜林格君的思想及其表現思想的語言中、看得出下面的情形來：爲何這個思想不適於任何語言，爲何德國語不適於這個思想。

最後到了第四節，亦緒稍稍好一點。因爲他於那種空洞的廢話之外，至少到處都有讓我們能夠理解道德與法律的講話。他在那裏招手，叫我們從速往旁的世界去旅行。他說：道德的諸要素，『在活動的悟性，不能不從事於調整衝動的生活活動之一切人類外的存在方面，也同樣地……不能不存在……然而我們對於那種推斷，沒有多大關係。……加之，假使我們認爲旁的天體內，個人生活和共同生活，要從一個定式」——牠不能廢棄或避免那隨悟性而行動的人們之一般的根本狀態——出發，那就是很適宜地擴大我們眼界的觀念』。

這時候、杜林格君的眞理之適用於一切可能的其他世界這件事，其所以很例外地不放在該章的終結而放在該章的起首的，自有充分的理由。如果最初就確立了杜林格君的道德觀和正義觀適用於一切世界的這一點，那就容易把適宜性對各時代合式地擴大起來。這裏，也是把不出於終極的絕對眞理之眞理作問題的。據他說：道德的世界，『和一般的知識世界一樣，具有自己的永久原理和單純要素』；道德的原理、『超越着歷史，超越着今日民族姓的區別。……經由發展過程而構成較完全的道德意識及所謂良心的特殊眞理，只要認識了牠的終極的根柢，便能要求那和數學上的判斷及應用相同的妥適並妥適的範圍。眞正的眞理，通常是不變化的……因此，大凡以爲認識的正確性，爲時間及現實的變化所左右的，總算是蠢貨』。所以，嚴密的知識之確實性和普遍的認識之充足性，不許我們在愼重考慮的狀態上、懷

九　道德與法律（其二）永久的眞理　　一三二

疑於知識的原理之絕對的妥適性。『不斷的疑惑，這件事的本身，已是衰弱的病態之表現，那不外於一面系統地意識着虛無，同時却又表現出那種追求極微小的表面確實性的蕪雜錯亂。在道德問題上，對於一般的原理之否定，那是拘泥於習俗及原則的地理歷史的多樣性。然而世人如果承認道德的邪惡之不可避免的必然性，那就是以爲普遍的道德的衝動之眞實的適用性，或事實上的有效性不在承認之內。這種深刻的懷疑論，牠不對抗各種謬誤學說，反而對抗能夠達到意識的道德性的人類能力，這種懷疑論、結局，定要陷入眞實的無，並且比單純的虛無主義更壞的某物之中。……這種懷疑論，牠自負其在業已解體的道德觀念的濁流中易於支配，能夠放縱不規則的願望。然而那是很大的錯誤。爲什麼呢？對於所謂自然法的錯誤，並不怎樣排斥正常結論的這件事，若是想依着惟一的類推去認識，只要指示謬誤和眞理上不可避免的悟性之命運就夠了』。

以上我們把杜林格君的終極的絕對眞理，思惟的至上權，認識的絕對確實性等等一切美麗的詞句，都如實地接受了？爲什麼呢？因爲問題是要在我們此刻所到達的地方，才能判定的。向來，只研究現實哲學的各種主張，在什麼範圍內，具有『至上的適用性 和『無條件的眞理權』，——這樣研究便夠了。現在我們碰着了下面的問題：人類的認識之產物，普通能夠具有至上的適用性和無條件的眞理權麼？如其是有的話，究竟什麼產物才有呢？我雖然說着人類的認識，却不是在侮辱其他天體——我沒有得到了解的光榮之天體——的居民這意義上說的，我只是從動物固然也認識，但決不是至上的這種理由說的。狗把自己的主人當做神，然而這時候，牠的注人却是極無用的東西。

人類的思惟是至上的麼？我們在答復這句話的對與不對之前，我們必須先研究人類的思惟是什麼。那是某個人的思惟麼？不是！然而那只有成爲無數的過去和現在及未來的人類個別的思惟而存在。假使我說我的觀念中所綜合之一切人——將來的人也包含在內——的思惟，只要人類永久的存續，只要認識不受認識的器官和認識的對象所限制，牠便是至上的能夠認識現存世界的，那末，我便是說着極俗氣而極無聊的事情了。爲什麼呢？因爲我們是站在人類歷史的最初發端之處的，能夠糾正我們的誤謬的下代，或許比我們能夠糾正其認識——往往極輕視地——前代，人數尤爲衆多，基於此，那種見地縱然最有價値的結果，也許要使我們對於現在的認識極不相信。

林格君自己也說：意識，也就是思惟和認識，必然地只有在個人的系列上表現出來。我們對於一切個人的思惟所能承認這至上性的，只在這種時候，即是我們不知道何種力量，能在健全而正規的狀態中，無理地向個人強給某一思想的時候。我們關於各個人的認識之至上適用性，已經知道以下的事實：至上適用性，不算是問題，徵之一切過去的經驗，認識所包含之不須改善的或正確的東西，每不及包含的需要改善的東西爲多。

換一句話，思惟的至上性，是在極其非至上的思惟着的人類系列中實現的，具有無條件的眞理權的認識，是在相對的誤謬系列中實現的。這兩者除了靠人類的無限存續以外，都不能完全實現。

這裏，我們又會着：上面所說的必然要當做絕對去觀察的人類思惟的特質，與這思惟完全存在於被限制地思惟着的個人中這事實之間的矛盾，即是只有在無限的過程中才能解決的矛盾，只有在至少從我們看來，實際上是無限的人類之繼承中，才能解決的矛盾。在這一意義上，人類的思惟是至上的，同樣，又是非至上的，人類的認識能力，是無限制的，同樣，又是有限制的。若從資質、天分、力量、歷史的最終目的看來，是至上的，無限制的，但是，從各人的實行，各自的現實看來，又是非至上的，有限制的。

關於永久的眞理，也是一樣。如果人類單拿着永久的眞理，單拿着具有至上的適用和無條件的眞理權的思惟之結果，來達到處理的地點，那末，人類便達到了知識界的無限性在現實上可能上都實現的這種地點，同時，也就是達到了可以計數的無數這種有名的奇蹟能夠完成的地點。

但是，確定到這樣——有人懷疑牠，便是狂謬的造謠——的眞理，果然有麼？二的二倍是四，三角形的內角之和等於兩直角，巴黎在法國，人類得不着食物就餓死，如此等等就是的麼？就是說，永久的眞理，終極的絕對眞理，果是存在的麼？

確是那樣。我們可把認識的全領域，根據歷來大家都知道的方法，分爲三大部分。第一種，以數學爲對象，多少包含了可用數學去處理的一切科學，如數學，天文學，力學，物理學，化學。若是愛用誇大的言辭來說這極簡單的事物，那就可以說：這些科學的某種結論，是永久的眞理，終極的絕對眞理。所以這些科學，向來稱爲精密的科學。然而一切的結論，決不至於如是。因可變量的移入，與達到這變化的無限小及無限大的擴張　而極嚴密的數學墮落了。數學吃了智慧的萍果，牠對於數學開拓了無限的進化途徑，同時，却也開拓了誤謬的途徑。一切數學上的結論之絕對適用性、不可爭的確定性——這種純潔狀態，永遠消滅了。論爭的世界已經開始，我們於是乎到達了這種地方：許多人們都不是因爲要理解他們所作之事而加以微分積分，乃是從向來產生正確結論的那種純粹信仰上而加以微分積分的。天文學和力學，尤其不行；在物理學和化學上，我們處於假定中的情形　正和處於蜂羣中一樣。除了如上所述的情形外，什麽都不是的。在物理學上，研究分子的運動，在化學上，研究分子從原子來的構成。如果光波的相交(Inierfereng——物理學上對于光波音波電波等等的用語）不是假設的話，那末，我們對于有這樣興趣的事物，是絕對沒有用肉眼去觀察的希望的。所以，終極的絕對眞理，確隨時代的變遷而顯著地減少。

在地質學上，更加不行，地質學的本質，主要的是研究一般人類所未經驗（不僅我們如是）的現象的。因此，在地質學上，要獲得終極的絕對眞理　是勞而無功的事情。

科學的第二種，就是把有生命的有機物之研究包括在內的科學。在這種領域內，交互關係和因果係關，是帶着各種各色的性質發展的，所以不但被解決了的問題，引起無數的各種新問題、而且各種問題、往往需要幾百年的繼續研究，才能解決。在這種地方，想把各種關聯從事系統的觀察，便要不絕地把終極的絕對眞理，用假定的茂密籓籬圍繞起來。要知單只證明哺乳動物的血液循環這種單純事實的正確，也經過了從卡年(1)到馬爾比基(2)的如何長期的中間階段，我們對于血球的成立，知道得如何之少；假如要把疾病的現象和病源爲合理地關聯，今日還如何缺乏許

(1)卡年(Galen130-201)，羅馬時代的醫學者，實驗醫學及實驗生物學的鼻祖。

(2)馬爾比基 Malpcyhi 1628-1694) 意大利的解剖學生理學者

中間多的連鎖，同時，和發見細胞之類的發見，屢次產生出來，使從來在生物學的領域被確定了的一切終極的絕對眞理，完全都修正，一舉而廓清了從來的學說。因此，在這一領域內，想確立純正不變的眞理的人，他必然滿足於這種粗俗的事實：如一切人類都不能不死，一切哺乳動物的女性都有乳腺之類。他連高等動物用胃腸消化的理由，都說不出來，因爲他不知道集中于頭腦的神經活動，不適于消化的原故。

至于科學的第三種，即是對人類的生存條件，社會關係，法律及國家形態，以及觀念的上層建築之哲學，宗教，藝術等，研究其歷史的繼續和現在的歸結之學問，——在這門科學上，更難找着永久的眞理。在有機界，我們至少在我們的直接觀察成問題時，要研究那在極廣的範圍內很規則的反復着的現象系列。有機物的種類，從亞里士多德以來，大體上都是一樣。反之，在社會史上，我們一經脫離人類的原始時代——所謂石器時代，狀態的反復便是例外而不是原則了。即令有實現那種反復的地方，那也絕不是正確地在同一事情下實現的。如一切文明民族方面的原始土地共有制度的出現，以及那種制度的解體之形態，即是其例。所以，在人類史的領域內，我們的科學，比在生物學的領域內，還遲得多。縱然例外地理解了某種時代之社會的及政治的生活形態的內部關聯，那普通也是在這一形態已經大半陳舊而瀕于沒落的時候。因此，這種地方，知識，根本上是相對的。就是說，牠只限于對某時代某民族所存在的、而其性質上又是暫時的某種社會及國家形態的關聯下觀察並結論。所以，那種追求終極的絕對眞理，追求眞正的一成不變的眞理的人，除了一種最淺薄的平常事實和常識——如人類普通不勞動便不能生活，人類向來多分爲治者和被治者，拿破崙死于一八二一年五月五日之類——以外，不能獲得什麽。

但是，在這種領域內，我們實在時常遇着所謂永久的眞理，終極的絕對眞理，這是應該注意的事情。二的二倍爲四，鳥有嘴，把這類的事件當作永久的眞理的八，只不過想從一般的永久的眞理之存在，推論出人類史的領域內，也有永久的眞理，也有永久的道德，也有永久的正義，其適用性與適用範圍，恰如數學的知識和應用一樣。然而我們確能預言着這種同樣的慈善家，有機會的時候，定會對我們說明以下的事實：一切過去的永久的眞理之製造者，多少都是糊塗虫，吹牛屁的大王，完全都陷在錯誤中，都不正確，他們的錯誤和不正確，乃是自然法則的事實，也就是證明眞理及正確原來存在於他自己身上的事實，今日出現的預言者的他，正挑着一大担終極的絕對眞理，永久的道德，永久的正義。那種事實，已有幾百遍幾千遍的表現，所以，世間竟有不是就旁人而是就自己去信仰那種事實的輕浮人，這眞是奇怪事情。偏偏我們如今至少遇着了那種豫言者的一位，他在世人否定誰能提供終極的絕對眞理之時，照例表示極大的義憤。他以爲那種否定，那怕不是否定而只懷疑，也是衰弱的病態，蕪雜的混亂、虛無、比單純的虛無主義還壞的深刻的懷疑豁，極大的昏迷，此外，還値得許多同樣的好評。他和一切預言者一樣，不從事批判的＝科學的研究和判斷，直爲道德的宣告。

我們于前述的學問之外，還能舉出研究人類的思惟法則的科學，即是論理學和辯證法。這類的學問，對于永久的眞理，也生不出什麼較好的結果來。杜林格君說純正的辯證法，就是純粹的矛盾，然至今已經寫成將來還要寫的關于論理學的著述，十分證明終極的絕對眞理，比許多人們所信仰的少得遠。

此外，我們現今所處的認識階段，和一切以前的階段一樣，不是終極的東西，這絕不是可驚的事情。這個認識階段，已經包括知識上的無數材料，對于希望通曉某種專門學問的人，要求非常特殊的研究。然而如果有人把眞正的不變的絕對眞理之標準，求之於這一認識，即：在事物的性質上，經過幾世代的長期還是相對的，而只能徐徐完成的認識；或求之於另一認識，即：有如宇宙創成論，地質學，人類史這類的學問上，因爲歷史的材料不充足而常常有缺陷的認識，像這種地方，即令不是個人的非錯誤之要求作背景，却也因此表示了自己的無知和矛盾。眞理和誤謬，與一切從事着兩極的對抗之思惟規定同樣，只對於極端被限定的範圍，才有絕對的適用性。這是我們已經知道的一點，就是杜林格君，只要他知道那研究一切兩極的對抗之不充分性的辯證法之初步，也是知道的。我們一把眞理和誤謬的對抗，適用於上述的那種狹窄範圍之外，那種對抗就要變成相對的，同時就不能供正確的科學表現方法之用。然而雖在上述的範圍之外，我們仍要把牠作爲絕對的東西來適用

九　道德與法律(其一)永久的眞理

，那就一定歸於失敗。於是對抗的兩極變成反對物了，結果，眞理一變而爲誤謬，誤謬一變而爲眞理。我們試取波以耳(1)法則爲例來看看。依照這個法則，在同一溫度之下，氣體的容積，和加於氣體上的壓力爲反比例。而列格那爾脫(2)却發見這一法則，在某種時候不適用。假使他是個現實哲學者，他定會這麼說：波以爾法則是變化的，便不是純正的眞理，結局便不算眞理，便是誤謬。這麼一來，恐怕他犯的誤謬，比波以耳法則所含的誤謬還大，恐怕他的眞理的小粒，要覆沒於誤謬的砂丘之中了。就是說，他把本來正確的結果一加工，就反而變成了誤謬，波以耳法則和這一誤謬相比，縱然說牠上面粘着了小小的誤謬，或許還可當做眞理看。可是科學家的列格那爾脫，並不做那種形同兒戲的事情。他反把波以耳法則爲進一步的研究，發見牠通常只有近似的正確性，尤其不適用於因壓力而變成流動的液體之氣體，同時，壓力接近液化點點時候，就不適用了。因此，波以耳法則，只在一定範圍內是正確的。然則這法則在這種範圍內，果然是絕對的麼？是終極的眞理麼？恐怕無論什麼物理學者，都不至於那樣主張。他或許這麼說：那只在一定的壓力和氣

(1)波以耳(Boyle 1626-1692) 英國化學者。近世自然科學中的化學之開山祖。

(2)列格那爾脫(Regnault)

溫的範圍內、而且對於一定的氣體，才有適用性。就是在這種狹隘的限界內，恐怕他也不否定將來的研究，有更加限於狹隘、或發生旁的觀察方法的可能性(註)。比如在物理學上，終極的絕對眞理，就是那種東西。因此，眞正的科學工作，要避免的事情，就是把所謂謬誤與眞理那樣獨斷的道德之表現拿來當原則。但是，像那種把空虛的模糊的話語，拿來作絕對的思惟之絕對的結果，想強迫我們去接受的現實哲學的著述中，却充滿了獨斷的表現。

(註)我寫了上述的情形之後，認爲那是已經確實證明了的東西。依據新由孟特內夫(Mendelejeff)和波格斯基(Bogusky)用比較正確的裝置所成功的研究，則一切純正的氣體，是指示壓力與容積之間的可變關係的。在水素，則膨脹率(Ausdehungskoe-fficient)在一切從來加上了的壓力上面爲正量(容積隨壓力之增加而逐漸減少)，在空氣及曾經被試驗的氣體，壓力的零點對此對彼都存在，所以壓力愈減少，膨脹率就愈增加，壓力愈增加膨脹率就愈減少。因此，從來在實際上應用的波以耳法則，有爲許多特殊法則

九　道德與法律 其一 永久的眞理　一四四

所補正之必要。(我們現在——一八八五年——還知道一般『純正』的氣體不存在的事實。此等一切，都可還元爲流動的液體)。

然而素樸的讀者，也許要問：杜林格君究竟在何處明說過他的現實哲學的內容，是絕對的眞理，終極的眞理呢？原來是問他在何處說過麼？這只看我們就第二章中部分的引用出來的他對於他自己的體系之讚歌（一三頁）；或是看他在上面引用的章節中，所說的：道德的眞理，只要理解了牠的終極的根本性，便要求和數學的知識一樣的適用性，就知道了。然則杜林格君不是主張：從他的眞正的批判立場，經由達到根本的研究，而到達了這終極的根本，根本的圖型麼？換一句話，不是主張：對於道德的眞理，賦與終極的適用性麼？假使杜林格君認爲那種要求，既不是對於自己本身，也不是對於自己的時代的，假使他單是說在攸久的將來，有時可以確立絕對的眞理，又假使他單是想把『深刻的懷疑論』和『蕪雜的混亂』這類的事件，加以無秩序地敍述，——那末，他爲何這樣的咆哮呢？這於杜林格君究竟有什麼用處？

我們如果關於眞理及誤謬，沒有成功什麽進步，那末，關於善和惡，更是如此。這種對抗，完全只表現於道德的領域，即是關於人類史的領域，然而惟其在這領域，終極的絕對眞理，正是最稀薄的東西。因民族的不同，因時代的不同，善惡的觀念便有劇烈的變化，往往相互立於正反對的地位。然而或許有人這樣的抗辯：善決不是惡，惡決不是善，如果把善惡混同起來，那就一切的道德都沒有了，各人都能隨意從事，也都不能隨意從事。這如果除去了一切的飾辭，就是杜林格君的見解。但是，問題不能那樣簡單的解決。假使那樣簡單，則關於善惡二字，或許沒有什麽爭論，而各人都知道何者爲善何者爲惡了。然則現在怎樣？現在對我們說的是什麽道德？第一是從古時信仰時代傳下來的基督教的＝封建的道德。牠的根本上，又分爲舊教和新教，更從挨士伊托的(Jesuitisch)舊派道德和正統的新派道德到所謂開放的道德，成就了細分的派別。和這道德並行的，有近代資本家道德，和資本家道德相對抗的，更有普羅列塔利亞的未來道德。因此，在歐洲最進步的各國，產出了過去、現在、未來的三羣同時並行的道德說。然則這三羣道德中，誰是眞實的道

九　道德與法律　其一永久的眞理　一四六

德？在絕對適用性的意義上，誰也不是眞實的道德。不過就現在說，其中要算代表現代之變革，即代表將來的道德，換言之，普羅列塔利亞的道德，有着最多的長續的要素。

我們如果知道近代社會的三階級——封建貴族、資本家、無產者，各自有其特殊道德，那我們就只可從這一事實中，抽出以下的結論：不管是人類意識的也好，無意識的也好，都是從造成自己的階級狀態之基礎的實際關係，從他們生產交換於其中的經濟關係，創造自己的道德觀的。

然而上述的三種道德說中，有許多是三者所共通的，難道這至少不算永久不變的道德之一端麼？但是，這種道德說，是代表同一歷史的發展上三個不同的階段的，也就是有着共通的歷史背景的，因而必然地有着許多共通點。不但如是。在同一或近於同一的經濟發展階段上，道德說必然多少是一致的。從動產的私有發展之後，在這私有演現着的社會，必然以『切勿竊盜』爲共通的道德律。然則這種道德律，便能因此成爲永久的道德律麼？決不如是！在斬除了盜竊之動機的社會、在至多不過精神病者犯盜竊行爲的社會，如果還有嚴正地宣布所謂『切勿盜竊』這種永久眞理的道德說教者，該是何等好笑的事情！

因此，如果以爲道德界的永久眞理，超越着歷史和民族的差別，企圖這樣藉口來把某種道德的獨斷說，作爲永久的，終極的，嗣後不變的道德律，強迫我們去信從，我們是拒絕的。反之，我們是這樣的主張：一切從來的道德說，結局，都是當時社會的經濟狀態之產物。社會向來是階級對抗，一樣，道德也常是階級道德。牠或是承認支配階級的支配，或是當被支配階級有力的時候，代表着對支配者的反抗並被支配者的將來之利益。這時候，就全體看來，在道德方面，也和人類知識的其他一切部門一樣，無疑地發生了一個進步。但是，我們却還沒有脫離階級道德。超越階級對抗及消滅階級對抗之回憶的眞實的人類道德，不僅要在克服階級對抗之後，並且要在生活的實際上，不再記憶階級對抗的社會階段，才有可能。那末，人們現在或許理解杜林格君自負的程度了，他是從舊階級社會的當中，在社會革命的前夜，對將來無階級的社會，強迫其承認超越着時代和現實變化的永久道德的！這樣，只好假定他是已經理解了——我們迄今還不知道的——將來的社會構造，至少是理解了牠的根本特質的。

最後，他還有一個『根本獨特的』，因此也就是一種『達到根本』的曝露。即是，他關於惡的起原，說：『在我們看來，有以下的事實存在：生來就有狡猾性的貓的定型（Typus），牠表現着一個動物的定型，而同樣的性質，在人類中間也一樣地存在。……因此，惡決不是神祕的東西，只要不從貓的存在，或從一般猛獸的存在去探求神祕』。惡——是貓。換言之，這個惡魔，牠不需要角和蹄子而需要爪和綠眼。所以，哥德(1)不把惡魔作爲黑貓而作爲黑犬向人介紹的時候，鬧出很大錯誤的笑話。惡是貓！這不但對於一切世界是道德，就對於貓也是道德！

十 道德與法律（其二）平等

我們已經屢次求過杜林格君的方法。牠的方法就在這一點：把一切種類的認識對象，分析爲外觀上最單純的要素，對於這個要素，適用同一單純的、外觀上很明

(1)哥德(Coetne 1746—,1832)，德國詩人。這裏所說的就是他的名著浮士德(Faust)中的故事。

顯的公理，於是把那樣得來的結論，更加以解剖(Operiren)。在社會生活領域內的問題，也『恰和處理數學上單純的……根本形態一樣，可用各個單純的形態，作公理的決定』。所以，數學的方法之對於歷史、道德及法律的適用，牠又對於獲得的結果之眞理，給以數學的確實性，替牠嵌上一個特質成爲純正不變的眞理。

這只是往日流行之觀念的、或叫做先驗的方法之適用，牠不是想從對象的自身去認識對象之特質 而是想演繹地從對象的概念中抽出對象之特質來的。最初，人們從對象造出對象的概念，繼則一變而在對象的描像即概念上去測定對象。於是概念不爲對象所規定，對象反爲概念所規定。在杜林格君，他所能到達的最簡單的要素，終極的抽象，是用於實質上不發生何等變化的概念上的，而那種簡單的要素，至多也只是純概念的性質。因此，這裏也明白了現實哲學，原是純粹的空論，牠是把現實從觀念抽出，不是把現實從現實的自身抽出來的。

然則那樣的空想家(Ideolog)，既以爲道德和法律，不是從環繞牠四周的人類之現實的社會關係所構成，而是從概念或所謂最單純的『社會』要素構成的，試問

十　道德與法律(其二)平等　　一五〇

什麽材料是爲那種構成而存在的呢？這明明白白有兩種：第一，是那種根本抽象中，還能存在的具體内容的小小殘滓；第二，是我們的空想家從自己的意識抽出來的内容。然則他在自己的意識中，發見了什麽呢？那主要的，是發見了一種道德觀和政治觀，而這種道德觀和政治觀，就是多少和他自己生活於其下的社會關係及政治關係相適應——積極的或消極的，承認的或反對的——的表現。此外，恐怕就是從與這問題有關的文籍中得來的觀念，再就恐怕是他個人的妄想了。我們的空想家，還是就他自己所想的去幹得試試的好。他驅逐出來了的歷史的現實，又從窗内扒進去了。他自以爲一切世界和時代都適用的道義及法律學說，是能夠成立的東西，其實那種道義及法律學說，因爲離開了現實基礎的原故，完全弱了。他所描寫的，恰是映在凹面鏡中一樣，立着的當時保守的或革命的思潮之影。

於是杜林格君，把社會析爲最單純的要素，由這一分析便發見了最單純的社會，至少是從兩個人的人類(zwei Menschen)成立的。這兩個人的人類，又被他作公理的處置。因此，產生了道德上的根本公理，他說：『兩個人的人類之意思，原是彼此完全平等的，所以一方對他方，初不能積極地要求什麼』。因此，『表徵了道德的正義之根本形式』，而法律的正義之根本形式，也是一樣。這就是因爲『我們在發展那原則的法律概念上，只須兩個人的人類之完全單純而基礎的關係』之故。

然而兩個人的人類或兩個人的人類之意思，原是完全平等的這件事，不僅不是公理，而且只是極大的誇張。說到兩個人的人類，第一性的方面，原來就會不平等，並且這種單純的事實，還使我們登時這樣的思量：社會的最單純的要素——如果暫以那種兒戲事情作問題——並不是兩個男子，乃是創造一個家庭（即因生產的關係而形成的最單純而最初的團結形態）的一男一女。然而這在杜林格君看來，決不合胃口。爲什麼呢？因爲一方面，必須把兩個創造者，盡可能地造成平等，而另一方面，就是杜林格君，也恐怕難以從原始家庭去構成男女的道德上及法律上的平等。因此，不能不採以下的事實之一。若不是杜林格君的社會分子——因其繁殖(Vervielfacnung——加倍之意)而成爲全社會——這東西，最初就註定了滅亡的命運（因爲兩個男子，決不能產生子女）；我們就要把這兩個男子，當做兩個家長看。如果是後者的情形，則單純的根本形式之自身，就和杜林格君的主張成了正反對。爲什麼呢？因爲那不是人類的平等，至多不過證明了家長的平等，而且就婦女沒有被列入問題的一層說，更證明了婦女的從屬地位。

這裏，我們對讀者不能不作一種使讀者不愉快的報告：往後將有很長的期間，不能脫離這兩個有名的人類。他們在社會關係的領域所盡的任務，和從來住在別種世界的居民——我們情願從此和他絕緣的——所盡的任務一樣。如果關於經濟、政治等等有要解決的問題，這兩個人馬上出來作『公理的』解決。無論如何，這總算我們的現實哲學者之偉大的、創造的、構成體系的發見，只可惜說起眞實的事實來，他並不是這兩個人的發見者。那是十八世紀全體所共通的東西。牠們已在一七五四年的盧梭的不平等論中出現過，在盧梭的不平論中，證明了這兩個人簡直和杜林格君的主張是正反對。他們又在亞丹斯密到李嘉圖的經濟學中，盡過主要的任務，然而他們在那種地方，至少在各自從事着不同的職業——許多場所是獵人和漁夫—

——互相交換其生產物的一點上，是不平等的。其實他們這兩個人，在整個十八世紀，主要的都作了單純的說明例證之用，而杜林格君的獨創，只是把這種引證的方法，提高為一切社會科學的根本方法，一切歷史構成的標準而已。誰也不能比這還容易造成『關於事物及人類的嚴密科學的觀念』。

兩個人的人類和兩個人的人類之意思完全平等，誰也不能命令誰，要造出這樣根本的公理，我們決不能用隨便的兩個人。這兩個人，必須是完全從一切現實、從地球上所產生的一切國民的、經濟的、政治的宗教的等關係，從一切性的差別並個人的特性解放出來，其結果，他們任誰都除了單純的人類這概念以外，算不得什麼東西的兩個人，這樣的兩個人，才眞是『完全平等』的。換言之，他們完全是兩個『幽靈』，是到處喚到『心靈主義的』傾向就告發的杜林格君所喚出來的東西。這兩個幽靈，不消說，必須遵照那個耍魔法的一切要求行事，所以，他們的一切藝術品，與旁的世界完全無關係。

我們現在把杜林格君的公理論，稍稍追探一下。儘管這兩個人的意思，彼此都

十　道德與法律(其二)平等

不能積極地相要求，然而如果一方這樣做——以武力貫徹自己的要求，那就得發生某種不正的狀態。杜格林君便依據這種根本形式，說明了不正，強制，隸從，略言之，說明了從來一切　厭的歷史。其實，盧梭在上面引述的他的著述中，已借這兩個人，把正反對的事實，作過同一的公理的證明。卽是，兩人中的A，倒不是用暴力使B服從他，乃是因爲B無A就不能生存的事實而使B服從的。可是據杜林格君說，這個觀察方法，未免過於唯物了。那末，我們把同一的事實，稍稍改變一下看看。假定兩個遇難的人，漂流在一個無人的孤島上，他倆在這孤島上造一個社會。他倆的意思，形式上是完全平等的，而且這一事實，是兩人所同認的。然而實質上，却大大的不平等。A果斷而有精力，B優柔而懈惰而虛弱；A聰明，B愚蠢。假定起初A對於B，用說服的方法使他服從自己的意思，其後遂習慣地，並往往在自己情愿的形式之下，從事於定規的強制，試問做到這種境地，究竟需要多少時日？不管自己情愿的形式是被保持，或被踩躪，隸從還是隸從。因自己情愿而起的隸屬，牠表現於整個的中世紀，在德國，則演現到三十年戰爭以後。普魯士於一八○六年及一八〇七年的戰敗之後，廢止莊園奴隸制，同時，領主對臣民的窮困，病疾，老衰的救濟義務，也廢止了，這時候，農民向領主請願照舊當奴隸，他們說，如果不然，一旦陷於困苦之際，誰來照拂我們呢？所以，兩個男子的箇學，既能『適用』於平等與相互扶助，一樣，也能『適用』於不平等和隸從。我們既然認爲怕他們有死滅之虞而不能不假定他們是家長，那就可以從中窺見他們的世襲隸從制。

關於這件事，我們暫且置之不論。我們假定杜林格君的公理論，把我們說服了，假定我們承認了兩個意思的完全平等權，『一般人類的至上權』，『個人的至上權』。這眞算得豪語，和這相比較，史齊爾的有財產的『惟一者』，只是一個蠢貨，固然史齊爾的『惟一者』，對於這種語言，也可要求相當的一分兒(1)。這樣，我們大家現在便完全平等了，獨立了。大家麼？不是！仍然不是大家。這裏還有『可以容許的隸屬』存在。然而說明這一點，却要根據這個理由：『不是由兩個意思的活動中求得出的，要在第三領域（例如就小孩子說，他自己的判定不充分）中才求得出來』。

不錯，從這的根據，不是在兩個意思的活動中求得出的！當然求不出，因爲一

(1)本書註釋者拍斯基註云：世人每稱許史齊爾(Stirner)的名著『惟一者與其財產』(Der Einzige und sein Eigentum)，給了杜林格的大影響，恩格斯在這裏插入這一段，或許也是這個緣故。

十　道德與法律（其二）平等

方的意思活動，恰恰要受防害的原故！那末，在第三領域中是可以求得出的。然則第三領域是什麽？那是被當做不充分的意思而抑壓的意思之具體的規定！我們的現實哲學者，對於意思這一抽象的無內容的用語，已經把牠的眞實內容，特質規定，當做第三領域而遠遠地離開現實了。然而無論如何，我們不能不注意這平等權有例外的情形。牠不適用於那種不能充分自己制定的意思。這是第一步的退却。

不僅如此。『在動物和人類，混合於一個人格中的時候，我們在第二的、完全人類的人格這名稱之下，可以這樣的質問：牠的行爲方法，能否同所謂「只有人類的人格，是互相對立着」的時候一樣？……因此，我們推想到那裏有兩個在道德上不平等的人（其中一人在某種意義上具有眞正的動物性）沿續乃是由於那種不平等而在人羣的內部，以及人羣的相互間……對於一切能夠發生的關係之最典型的根本形態』。現在讀者對於隨這種混亂的解說而來之悲吟的議論，當能理解了。在這種議論中，杜林格君爲了用決疑的態度，確定人類的人類，能夠侵害動物的人類到什麽地步；人類對人類，能夠對於動物的人類，在不毀損那不變的道德上，使用不信，戰略，以及尖銳的恐嚇的欺騙手段到什麼地步，竟和耶蘇教的僧侶一樣旋舞着。

所以，兩個人在『道德上不平等』的時候，平等就消滅。同時，也就無須乎作一種値不得努力的事情，卽是把兩個完全平等的人叫出來。這因爲不會有兩個在道德上完全平等的人類之故。——反之，不平等存在於這一點上，卽一方是人類的人格，他方的自身中却具有幾分動物性。但是，人類原是從動物界派生的，所以人類決沒有脫離動物性。因此，問題只是人類性上的動物性的程度之差異而已，多少的不同而已。把人類判然割成兩羣，分出人類的人類和動物的人類，善和惡，羊和山羊的類別，這除了現實哲學之外，只有基督教才知道。基督教、連徹底完成這種區別的世界審判官都有。然則在現實哲學上，誰能做審判官呢？那不能不和基督教的實際一樣。在基督教方面，信仰很深的羊子，是對於鄙陋的隣人卽山羊，執着世界審判官的任務，並且表演出世人所熟知的結果來的。現實哲學者的宗派，假定能夠發生的話，恐怕牠關于這一點，也絲毫無補於世界的平安。然而那於我們無甚關係，我們認爲有興趣的、乃是下述的聲明，據這一聲明，則人類在道德上是不平等的，所以平等早不存在。這是第二步的退却。

他又說：『假定一方依據眞理和科學而行動，他方依據某種迷信或偏見而行動……普通必然要起衝突……在某種程度的無能，粗鄙，或惡癖中，必然常常起衝突……不單對于小孩子或瘋子，暴力是最後的手段。人類的整個自然集團及文化階段的特質，把悖謬違理所釀成的敵對意欲壓服下去，這在把牠移作共同生活的結合力之意義上，簡直是不可避免的必要的事情。在這種地方，對方的意思，也被當做平等的權利者來尊重。然而他的悖謬不合理的行爲，確是要求同等報酬的。他縱然遭受了暴力，他也只是受了自己的不正行爲的反作用』。

所以，不但道德的不平等，就是精神的不平等，也足夠排除兩個意思的『完全平等』而實現一個道德。依據這個道德，則文明的掠奪國家對於未開化民族的一切不正行爲，都是合理的，甚至俄國人對於土耳其斯坦的虐待，也是合理的。考弗滿（1）將軍在一八七三年的夏天，襲擊約姆登的韃靼種族，燒燬他們的天幕，把他們的婦女和小孩子，照命令行事——『完全高加索式』地殺戮時，他也曾這樣的宣布

(1)考弗滿 kaufmann 1818—1882，俄國將軍，對中亞細亞的侵略主義實行者，替俄國擴張了很多的領土。

過：壓服約姆登人的悖謬違理的意欲，在使那種意欲作共同生活的結合力這意義上，是不可避免的必要的事情，他並且說他所用的手段，是最合目的的手段；這因爲求目的者須先求手段的原故。不過他沒有殘忍到這樣：嘲笑着約姆登人，說他爲了報酬而殺戮他們，正是把他們的意思，當做有平等權利的東西在尊重。所以，在這種鬥爭上，對於什麼是迷信，什麼是偏見，什麼是粗鄙，什麼是惡癖，什麼時候暴力和壓服是均等上的必需這等等下決定的，也是神所選擇的人，是自稱依據眞理及科學而行動的人．結局，卽是現實哲學者。因此，平等就是暴力所造的報酬，第二的意思，由第一的意思用壓服手段承認他是平等權利者。這是第三步的退却。於是抱頭鼠竄而去。

再說一句，對方的意思，只有在暴力所造的報酬上被承認爲平等權利者，這句話，只是黑智兒說的塗改。就是說，照黑智兒的學說，刑罰是犯罪者的權利，『在刑罰被看做含有犯罪者自身之權利的這點上，犯罪者被尊視爲有理性的人』（黑智兒法律哲學，一〇〇節註）。

十 道德與法律（其二）平等　　　一六〇

就這樣完事的好吧！我們已不須超乎此去追杜林格君，看他用公理造成的平等，一般人類的至上權等等，一件一件地破壞。還有一層，他一方面雖然用兩個人造成社會，而爲着國家的出現，還有另外找一個人的必要，因爲——簡單地說——沒有第三者，便不能行多數決。不行多數決，卽是沒有多數對於少數的支配，國家便不能成立。然而我們對於這件事，倒不必論述了。至於他爲了構成他的所謂共同社會之未來國家——我們該有天氣清朗的一天，到那種未來國去探訪他的福氣吧！——漫漫去找風平浪靜的航路，這件事我們也無論述之必要。我們已經十分看透了下面的事實：兩個意思的完全平等，只在兩個意思彼此都不相求的時候才存在，牠們一旦不是人類意思的本身，換言之，一旦變而爲現實的個人意思，變而爲兩個現實的人類意思，則平等歸於消滅；又，一方面爲幼稚，瘋狂、所謂動物性 所謂迷信、頑固的偏見、揣測的無能力，他方爲理想上的人類性。對眞理及科學的洞察，——卽是雙方意思性質之差別以及隨那種差別來的知識性質之差別，把不平等合理化了，而那種不平等，遂能升格至於屈伏。杜林格君把自己的平等建築，像那樣從根本上毀壞之後，我們還想追求什麼？

我們雖然認爲杜林格君的粗淺而拙劣的平等觀念之解釋方法，業被打毀無餘，然而決不是說連平等觀念都被打毀了，平等觀念曾因盧梭而盡過一個理論的任務，在法國大革命中和革命以後，盡過實際的政治的任務，現今在一切國家的社會主義運動上，還幹着可驚的煽動的任務。這種學問的內容之確立，或許就是決定牠對於普羅列塔利亞的煽動價值。

一切人類，都有成爲人類的某種共通物，在那種共通的範圍內，還是平等，像這種觀念，當然是極舊的東西。近代的平等要求，和這完全不同。近代平等觀念的特質，就是想從那種人類的共通性，從人類之爲人類的平等性，抽出億萬人或至少一國家的全體市民，或一社會的全體成員之政治上乃至社會上的平等權。從那種相對的平等之原始觀念，到抽出國家及社會的平等權的結論，而且達到認定這結論乃是自然的自明的東西時，必須經過幾千年之久，且已經過幾千年了。在最古代自然發生的共同體內，至多不過共同體的成員之間，有平等權存在，婦女，奴隸，外來人，當然不在此例。在希臘人和羅馬人，人類的不平等方面，比任何平等都通行。若在古代人的面前，說希臘人和野蠻人，自由人和奴隸，國家市民和歸化的外人，羅馬市民和羅馬臣民（用包括的話說），有要求政治上平等的權利，牠定以爲是虛妄的謠傳。在羅馬帝政時代，除了自由人和奴隸的區別外，其餘的一切區別都漸漸消滅了。這麼一來，至少自由人之間，發生了私人的平等，而建立在這私人平等的基礎上的羅馬法，——即是我們所熟知的立脚於私有財產制度上的最完全的法律，——於是發達了。然而只要自由人和奴隸的對抗還存在，便不會得到一般人類的平等性產生出法律來的結論。我們對於這一事實，最近在北美的奴隸州還看得出來。

基督教只知道萬人的惟一的平等，這種平等，是與基督教的性質之適於爲奴隸及被壓迫者的宗教相同的原罪的平等。此外，牠只知道神所選擇的人們的平等，而這種平等，也只在最初的時期被提倡過。同時，在這種新宗教的初期表現過的財產共同的痕跡，其歸於眞實平等觀念的，遠不及歸於被迫害者的團結之多。不久，僧侶和俗人的區別之確立，對于這基督教的平等之殘餘，也給了牠一個掃除。——日耳曼人向西歐的侵入，漫漫建設了從來不曾有過的複雜之社會的和政治的階級秩序，因此，經過數世紀後，排除了一切的平等觀念。然而，同時牠却把西南及中部歐洲引入於歷史的運動，創造了鞏固的文化領域，在這一領域內，才創造了互相影響、互相阻害的重要的民族國家之體系。因此，便造成了後來把人類的平等權和人權當作問題的基礎。

加之，封建的中世，牠自身的內部，更發展起來而使一個階級發育，這階級，就是擔負着要求近代的平等這一使命的資產階級。最初自己爲封建的一身分之資產階級，當十五世紀末期，海路上的偉大發見，給牠打開了新的更寬的交通道路之時，已在封建社會的內部，把主要的手工業的產業和生產物的交換，發達到比較的高度了。從來只在意大利與東方諸國之間盛行的歐洲對外的商業，現在擴充到了美洲和印度，而其重要性，倏忽間已凌駕於歐洲各國間的交換及各國的國內貿易之上了。美洲的金銀溢出於歐洲，正和分解的要素一樣，鑽入了封建社會的一切空隙、裂

十　道德與法律(其二)平等　一六四

縫、毛眼之中。手工業的企業，已經不能充分滿足日益增大的需要，而進步諸國的主要產業方面，遂爲工場手工業所替代。

但是，社會經濟的生活條件如是的變動，而適應牠的政治的秩序之變化，並沒有馬上接踵而起。社會雖然日益成爲布爾喬亞的，而國家則依然是封建的。大規模的商業——國際的商業及世界的商業，必須有自由而活動不受拘束的商品所有者；此等商品所有者，他自身是平等的權利者，至少在一定的地域，他們對於一切都站在平等權利的基礎上行交換。從手工業到工場手工業的轉移，以多數自由勞動者的存在爲前提，這種自由，一方是脫離基爾特的束縛之自由；他方是脫離自己所藉以利用自己的勞動力的生產手段之自由，他們爲了把自己的勞動租借出去，能夠和工場主訂立契約，即是以契約者的資格，和工場主對立於同等權利的地位。最後，一切人類勞動的平等性和平等的適用性——因爲牠是一般的人類勞動，並且在這一限界內——雖是無意識的，却很有力地表現於近代布爾喬亞經濟學的價值法則之中，依照這種價值法則，一切商品的價值，是被牠中間所含的社會的必要勞動所測定的

(註)。然而在經濟的關係要求自由和平等權時，政治的秩序，每每使基爾特的束縛和特權與之對立而妨害牠。地方的特權，保護稅、各種例外法規，不但商業上妨害外國人和植民地人，並妨害了屬於一切範疇的本國公民，基爾特的特權所及之處，往往妨害工場手工業的發展。無論何處，路徑都不是自由的 對於布爾喬亞的競爭者，不曾有過平等的機會，——而開闢這種自由和機會平等的道路，實爲重要而且日益迫切的要求。

(註)從布爾喬亞社會的經濟條件來說明近代的平等觀念，經馬克思在資本論中開始敘述出來。

要求解除封建的鎖鍊，與要求廢棄封建的不平等以建立平等權利，這件事，因社會經濟的進步而一旦成爲日常問題時，馬上就要更加擴大起來。這種要求，一經發生於工商業的利益關係之上，則多數的農民，也非要求同一的平等權不可。這是因爲此等農民，從純粹的農奴起首在一切隸屬階段上，把勞動時間的大部分，無報酬地提供於封建領主外，還要納很多的稅於領主和國家的緣故。另一方面，對於封建的特權、貴族的免稅，一切身分上的政治特權，也得要求廢止。人類已不是處於往日羅馬帝國般的世界帝國之中，乃是在各自獨立而互以同等地位相交通，大略近似於布爾喬亞的發展狀況之一種國家體系中生存着，所以那種要求，當然採取超越各個國家的一般的性質，把自由平等作爲人權而宣布。這時候，這類人權之特別表徵布爾喬亞的性質的，就是美國憲法。這個憲法承認人權的第一條，同時就是固定了美國原有的黑奴制度，即是，階級的特權雖然廢止，人種的特權却要神聖化。

然而布爾喬亞，從脫離封建的資產階級的一瞬起，從中世的身分變爲近代的階級的一瞬起，就有萬難避免地跟着牠的背後的影子——普羅列塔利亞，這是人所共知的事實。同時，布爾喬亞要求平等的背後，也有普羅列塔利亞的要求平等尾隨着。從布爾喬亞提出廢止階級特權的要求之一瞬起，便發生了普羅列塔利亞廢止階級本身的要求（普羅列塔利亞的這種要求，最初是在原始基督教所傾向的宗教形態之上表現，其後則根據布爾喬亞的平等說的本身）。無產階級對資產階級說道：平等不只是外觀上的事情，不只是國家這範圍內的平等，平等要是眞實的平等，要在社會的經濟的範圍內實現，把這套話頭拿來捉住資產階級。尤其從大革命後的法國資產階級，把布爾喬亞的平等，當做壓倒一切的東西之一瞬以來，法國的無產階級，也拿要求社會的經濟的平等這件事和牠相對抗，於是平等特別成了法國無產階級鬥爭的標語。

因此，無產階級口中的要求平等，含有兩重意義。其一，是對於顯著的社會不平等，如富人和窮人、主人和奴隸、享樂者和飢餓者的對立之自然的反抗，這特別在最初時期，如農民戰爭時期爲然。那種平等，純粹是革命的本能之表現，在這一點上，而且只有在這一點上，可以找出牠的意義來。其二，就是從向着布爾喬亞爭平等的要求還反抗產生的，牠是從布爾喬亞的平等要求中，抽出來的多少比較正當比較進步的要求，其功用是煽動工人對抗資本家的手段，使工人用資本家的主張對抗資本家。這種形勢下的平等之要求，是和布爾喬亞的平等同生死的。無論在上面的那一種情形之下，普羅列搭利亞要求平等的眞實內容，總是廢棄階級。除此以外的平等之要求，必然地毫無意義。其例證我們已經舉述過，如果我們再把杜林格君的未來空想作問題，那種例證還可找出許多來。

所以，平等的觀念，不管布爾喬亞的形式下，抑在普羅列塔利亞的形式下，牠自身總是一個歷史的產物。牠要發達，必需有一定的歷史關係，而這歷史關係，又以長期的前史為前提。因此，平等的觀念，雖是一般的東西，卻斷乎不是永久的真理。假使平等是現今許多人在某一意義上所自然明白的，或如馬克思所說：是『已有國民的偏見之固定性』的，那末，平等便不是公理的真理之結果，而是十八世紀的思想普及於一般並具有根深蒂固的時代適應性之結果。因此，杜林格君所以能把兩個有名的人選行放在平等的地盤上，教他們經營社會生活的，就因為他認定這種事，在國民的偏見看來，極為自然的原故。實在，杜林格君稱他的哲學為**自然哲學**，便因那是從他自己所認為自然的純粹事物出發的原故。但是，他為何把牠當做自然去觀察，關於這一點，他自己原來就沒有列為問題解答過。

十一　道德與法律（其三）自由與必然

『關於政治和法律的領域，本講義所述的原則，實有最透徹的專門研究橫在牠的基礎上。所以，無論何人……恐怕在這裏，都要從澈底地敍述法律學及國家學的研究之結論出發。我的最初的專門研究，正是法律學、我對於法律學的研究，不僅在大學的普通三年間爲理論的準備而已，還作了三年司法官，繼續地以深入這一學問的堂奧爲目的而委身研究過……我如果對於這個專門的弱點，不和其優點一樣意識的去認識，恐怕對於私法關係的批判，以及適應於私法關係的法理不充分的批判，不能夠像這樣的確信地表現出來吧！』。

自己有資格那樣吹的人，無疑地起首就給了人們的信仰，尤其和『馬克思所曾明白蔑視過的法律研究』相對照的時候如是。因此，以那種自信心表現出來的私法關係的批判，止於教給了我們下面的事實：『法律學的學問上的價值……不是很大的東西』；現行民法，是把暴力的私有弄成神聖化的不正當的東西；刑法的『自然基礎』，就是復讎（這是羸弱的主張，只看他用『自然基礎』一語來神祕其說的這一點，已是嶄新的東西），關於這一點，使我們不得不驚奇。國家學上的結論，只是論述：一個人向來用暴力壓服旁的兩個人——這樣被意識的三人而已，這時候，杜林格君研究的是：最初使用了暴力和隸屬的是第二者呢？抑第三者呢？

現在，我們對於自信其具有最徹底的專門研究與三年司法官生活所得的更加深刻的學問之法律家，稍稍追隨一下看看。

杜林格君關於拉塞耳的批評，這樣說道：他『因爲教唆竊盜提箱未遂』(1)而被告，『然而當時審判上的免除還有可能……即是因爲宣布了半無罪，沒有發表審判官的判決』。

這裏構成問題的拉塞耳的訴訟，是一八四八年的夏天，克恩的陪審法院所審理的案件。在克恩地方，簡直和在萊因州一樣，法國刑法是有效力的。只有對於政治上的輕罪和重罪，才例外地適用普魯士的國法，而這種例外規定，又已於一八四八年的四月，爲康浦豪正（2）所廢除了。不規則的普魯士法律所規定的關於重罪的教唆，法國的法律完全不知道，何況犯罪未遂的教唆。法國的法律所知道的，只是對於犯罪的煽動，然而要治罪，也『必須是

(1)拉塞耳於1846年與一伯爵夫人相知，伯爵因爲和夫人不睦，擬將財產的一部分贈與某男爵夫人。當伯爵與男爵夫人往克恩時，爲拉塞耳所探悉，遂與伯爵夫人尾隨其後，投宿於男爵夫人所下榻之克恩的某飯店。他們窺見男爵夫人行李中有提箱一隻，疑其藏着伯爵的卑鄙行爲之證據的贈與書，因而在男爵夫人房中盜出其提箱。伯爵遂於1848年8月11日在克恩法庭以竊盜共犯罪控拉塞耳。然因拉塞耳辯訴(1)自己並非共犯；(2)無竊盜提箱的本身之意；(3)他不曾和伯爵夫人同謀，終受無罪的宣告。——據法譯者拉斯基註。

(2)康浦豪正(Camphnusen)，當時的宰相。

贈與、豫約、脅迫、職權或濫用暴力、詐欺的煽動以及可罪的詭計之所爲』(刑法法典，第六十條）。深入了普魯士法律的檢察官，和杜林格君一樣，看漏了規定明白的法國法規和規定含混的普魯士法規之間的根本區別，因此，對於拉塞耳僅僅成功一個偏頗判決，終歸好事不成。爲什麼呢？在法國的刑事訴訟上、主張像普魯士法律那樣的判決無罪(即所謂半無罪)，那不過表示其對於法國的近代法律範圍，完全盲目無知而已。法國的法律在刑事訴訟上，只知道有罪無罪，不知道中間物。

因此，我們到了不能不這樣說的時候。只要杜林格君對於拿破崙法典，曾經翻閱過一次，那就恐怕不能以同一的自信，把這種『偉大的歷史記述』，適用於拉塞耳了。所以，我們對於杜林格君，不能不斷定他完全不知道這以法國大革命之社會的成果爲基礎，而且把那種成果翻譯在法律中了的近代布爾喬亞的惟一法典——近代法國法律。

杜林格君還在旁的區處，把批判那種已在全大陸實施了的以法國爲模範而採取多數決定制的陪審制的事情，告訴我們。他說：『恐怕人們都認爲靠反對投票的判決，在完全的共同社會，是不可能的制度吧！那樣的制度，是由歷史上未曾有過例子的思想，辛辛苦苦獲得少數同意的東西。……然而這種眞實而有精神上的深刻工夫的見解，已在上面指示過，因爲太適切的緣故，無疑地對於傳統的制度，要表現爲不適當的東西』。

從這看來，杜林格君也完全不知道下面的事實：從英國的普通法，即是最遠的時代說，至少依照十四世紀以來具有效力的不文法，不但刑事判決的時候要陪審官一致議決，就是民事案件的判決，也絕對地要這樣。所以，照杜林格君說，則在現今世界上，可以稱爲太適切的眞實而深刻的見解，其實在英國方面，最黑暗的中世紀，即已有了法律的效力，並且牠已經由英國移到愛爾蘭，移到美國，移到英國的一切植民地了。然而最詳細的專門研究，却沒有把那種事實的一個字教給杜林格君。要知道陪審一致議決制的領域，不但和普魯士法律所施行的狹小領域相比較，廣大得可驚，並且比陪審官多數決定制的施行領域的全體還要大。杜林格君不但不知道近代的惟一法律之法國法典，就是關於離開羅馬法的權威而獨立地發展到現在，遍傳於世界各地方的惟一日耳曼法之英國法典，也同樣地不知道。然則他爲何不知道呢？因爲杜林格君曾說：英國式的法律的思惟方法，『從建築在德國領域內、而爲古代羅馬法學者所訓練的法律學派看來，畢竟不成樣子』。他又說：『具有幼稚的混合語的英語國，比起我們自然的語言形體來，那是作什麼的東西？』。關於這一點，我們只好借斯賓諾莎的話來回答：無知算不得理由。

這裏，我們不能出於以下的結論之外。杜林格君的最詳細的專門研究，是第一個三年對於羅馬法典爲理論的研究，第二個三年對於尊貴的普魯士法爲實踐的研究。這不消說，在可尊敬的古代普魯士的區法院之推事和律師方面，許有很大的功用，也許是很充分的功用。若是一個人想構成一種通全世界和全時代的法律哲學，他對於法、英，美之類的各國民的法律關係，便不能不多少知道一些。這些國民，在歷史上所盡的任務，是和普魯士法開了繁榮之花的德國的一隅不同的。可是我們再朝前看看。

地方、州、聯邦的法律，或爲習慣法，或爲成文法，極無秩序地相交錯，且又往往穿上純粹成文條例形式的重大事項之衣，在種種方向相交錯，像這種雜沓混合——個別（判例）打倒一般（一般的條文）、有時一般（一般的原理）又打倒特殊（特別規定）——的無秩序和矛盾的樣本，實在不適宜於使什麼人對於明白的法律意識，有……的可能。然則在什麼地方實現着那種混亂狀態呢？說起來，就是在普魯士國法所施行的地方。這種地方，和國法同時並行的州法，地方法，或在國法之上或在國法之下，各自有其效力，又因區域之不同，而普通法和其他瑣屑的法律，在極不同的相對階段上具着効力。因此，促起一切法律的業務家，發出和杜林格曾經再三再四要求同情的一樣的呼救聲。然而杜林格君並不須離開他親愛的普魯士，只要到萊因地方走一趟就夠了，如其他往那裏走一趟，包管他相信七十年來，該地已無所謂法律的錯綜了。何況更跑到其他已經把那種陳腐狀態排除乾淨的各國，那更不消說。

他還說：『產生了一種不是極粗暴的方法，而是由於法院或其他行政機關掩蔽各成員之個人發言權的那種祕密的（也就是匿名的）集合審判和集合行為，把自然的個人責任掩蔽起來的方法』。又在旁的區處說：『要排斥法院所行的掩蔽並隱匿各審判官的個人責任這件事，那在我們今日所處的狀態之下，恐怕算得一件可驚的而且極嚴重的要求』。我們如果告訴杜林格君，說：在英國法律所施行的領域，法院的審判官，是在公開的法庭上，各自下判決而且還要申述理由的；至於行政官的地位，不是從選舉得來，並且還要把理由及票決祕密起來的這種情形，只是普魯士所特有的制度，旁的許多國家都沒有看見，所以他的要求，只能說在普魯士方面，確實算得可驚的而且極嚴重的要求。恐怕他聽見這種話，定說是個可驚的報告哩！

同樣，關於出生、結婚、死亡和埋葬，加上宗教儀式的強制這件事，杜林格君也有攻擊，不過他的這種攻擊，在一切文明國中只好施諸普魯士而已，其實就是普魯士，從戶籍法實施以來，也沒有那種事情存在了。杜林格君所惺惺作態地以為只有在『共同社會的』未來狀態上，才能達到的事情，畢士馬克已經用一紙法律(1)把牠解決了。『法律家對於他的職業沒有充分準備』的這種攻擊，這是對於『行政官』也能用的攻擊，然而其中被慨歎的，也特別是普魯士的慨歎。即令那是杜林格君向來

(1)1878年2月6日頒布的法律第14條。一據法譯者註

十一　道德與法律（其三）自由與必然

一有機會便提示於人以供滑稽的對猶太人的憎惡，卽令不是普魯士所特有的，然至少也特別是東愛耳伯人的特徵。傲然蔑視一切的偏見和迷信而自身却陷於偏見和迷信中的現實哲學者，自己反深深地囿於個人的妄想，把中世的不正確的信仰所遺傳的對猶太人的民族偏見，名爲基於『自然原因』的『自然判斷』，而發表下述的巨大的主張：『社會主義，是很能對抗猶太人的混合人口狀態（猶太人的混合狀態！這是一句什麼很自然的德語麼？）的惟一的力』。

得了！不說了罷！拿通曉法律上的學理來自誇，他的背後，至多不過是極尋常而陳腐的普魯士法律家之極尋常的專門知識而已。杜林格君把牠的結論首尾一貫起來而對我們說的法律學和國家學的領域，那是和普魯士國法的實施領域『一致』的。杜林格君的法律知識，連一切法律家所知道的現在英國很普及的羅馬法都除外了，他所用了一番功夫的，僅僅只是普魯士國法，只是用德文寫下來的啓蒙的家長專制主義的法典，並且這種法典，因爲其中有道德的註釋，法理的不明瞭和不確實，用作拷問及刑罰手段的鞭笞的原故，還全是屬於革命前的那時代的東西。超乎此的—

近代布爾喬亞的法國法律，那在法律的發展史上，有其特殊的發展，對於全大陸所不存在的個人自由，加以保障的英國法律，都被杜林格君認爲是惡物。所謂『即令不適於單純外觀上的視界，而強力變革的運動之中，却展開外部和內部的自然之一切天和地』的哲學，牠有着眞實的視界，據牠的視界所及，——只有寶貴的國法所施行的古代普魯士六州，以及其他幾個地方的領界。哲學在這種視界之外，對於天地均不展開，對於外部的自然和內部自然也不展開，只展開他對於普魯士以外的世界所顯現的事件之極無知的畫卷。

我們不討論所謂自由意志的問題，不討論人類之責任能力的問題、不討論自由與必然之關係的問題，便不能十分研究道德和法律的問題。現實哲學對於這種問題的解答，不止一個而有兩個。

牠說：『我們要丟開一切謬誤的自由學說，來定立那一方是合理的洞察；他方是衝動的規定，簡直就是結合爲中間力的兩者之關係的經驗性質。這種動態論的基本事實，要從觀察中抽出來，而對於尚未發生的事件之預測，也要盡可能地一般地評價牠的種類和大小。因此，關於內部的自由，費了幾千年心血的愚蠢的想像，不但根本上被鏟除了，並且已爲有益於生活之實際組織的積極的東西所代替』。依照這一說，自由的所在之點，就是合理的洞察把人類朝右拉，不合理的衝動把人類朝左拉，因這種力的平行四邊形而實際運動便表現於對角線的方向　這一點。因此，自由便是洞察和衝動，悟性和非悟性之間的平均，這種平均的程度，用天文學上的話說，就是要用『個人的時差』，在各個人的身上經驗地去決定的。然而到了幾頁以後，又說：『我們在自由的基礎上建立道德的責任，而這裏所說的自由，就是指的依據於先天的悟性和後天的悟性之標準而對於意識的動機之感受性，除此以外沒有別的什麼。那種一切的動機，儘管有發覺某種對立行爲的可能，却以不可避的自然法則性活動着。但是，我們在加上道德的槓桿時，正是預信那種不可避的必然性的』。

隨便打消第一自由規定的第二自由規定　也不過是黑智兒的觀念之極端的庸俗化。原來黑智兒是正確地敘述自由與必然之關係的最初一人。在黑智兒看來，所謂自由，就是洞察必然的話，『必然只在未被理解的限界內，牠才是盲目的』。自由，不同一般人所夢想的一樣，存在於離開自然法則而獨立之點上，自由乃是存在於認識這一自然法則的中間，存在於認識自然法則而計畫的使這一法則爲一定的目的所利用的可能性的中間。這不但對於外的自然可以說，對於支配人類的肉體和精神的存在之各種法則也可以說。這兩種法則，我們至多只能在表象上去分別，在現實上決分不開。所以，所謂意志的自由，不外於指的可用事實的知識去決定的能力。因此，某人對於某種問題的判斷，越是較自由，那一判斷的內容，便越發是被更大的必然性規定的；反之，不根據於事物之認識的決定，是從外觀上許多不同而相矛盾的決定可能性中，任意選擇的，當然不確實，結果反受他自己應該支配的對象所支配，這便是證明了他自己的不自由。因此，那立足於自然的必然之認識而向我們自身及外的自然施行着支配的當中，才有自由存在。因此，自由必然是一個歷史的產物。初從動物界分離出來的人類，在其根本上，也曾和動物自身一樣不自由。可是文化上的一切進步，都是走向自由的一步。人類史的入口，有從機械的運動到熱的

十一　道德與法律(其三)自由與必然　一八〇

轉變，即是摩擦生火的創造；迄於現在的最後發展，則有從熱到機械的運動的轉變，即是蒸汽機關。蒸汽機關對於社會，雖貢獻了巨大解放的變革——牠還沒有完成一半工程——然在解放世界的效果上，摩擦生火的方面，無疑地要出乎蒸汽機關之上。因爲摩擦生火這件事，是人類開始對自然施行支配的工作，人類賴此永久脫離了動物界。蒸汽機關這東西，雖給我們認定牠是一切依附於牠的巨大生產力的代表者，惟有托庇這個代表的生產力，才有不慮何等階級對抗，不慮何等個人的生活手段的社會——人類要在牠的下面，才得着眞正的自由，才得着和已經認識的自然法則相調和的生活之社會——之到來的可能，然牠決不是在人類的發展上，成功那樣巨大飛躍的東西。全人類的歷史，現在還是如何幼稚，對我們今日的見解，硬想給牠何等絕對的意義，又是如何滑稽，根據以下的簡單事實，便可明白。所謂簡單的事實，就是直到現在的歷史之全部，可以叫做從機械運動轉變爲熱的實證發見、走到熱又轉變爲機械運動的實證發見之一個長期的歷史。

在杜林格君方面，不消說，歷史是受着別種看待的。概括的說，歷史是誤謬的歷史，是無知和粗笨的歷史，是暴力及隸從的歷史，是招致現實哲學厭惡的對象；而整個歷史時期，則被他分爲兩大部分：（一）從物質不變的狀態到法國革命；（二）從法國革命到杜林格君。然而十九世紀，『根本上還是反動的，從精神的方面說，比十八世紀還反動（！）』，不過那是社會主義的搖籃期，所以藏着『比法國革命的先輩們和英雄們所想到（！）的更強大的變革之萌芽』。現實哲學對于從來歷史的侮蔑，可照下述的來證明。『如果人們把將來的幾千年思考一下，則回顧過去的歷史被記載所傳到現在的幾千年，固然是人類造成功的產物，却無重大意義。……人類就全體看，現在還是極幼稚，假使將來學問的回顧，不用幾千年而用幾萬年來計算，則我們今日的制度，精神上還在未熟的幼稚狀態，這種幼稚狀態就明顯地是將來稱做太古時代的一個準備，當爲不可爭的事實』。我們不拘泥于這全是『自然的言語形態』的最後一節，只把下述的兩點加以注意。第一，這『太古時代』，從各種點上看來，對一切將來的時代是最富興趣的歷史之一幕。何故？因爲他是造成以後一切更高發展的基礎的，且以人類脫離動物界爲出發點，其內容是克服一種困難—

十一　道德與法律（其三）自由與必然　　一八二

——將來結合的人類不再遭逢的困難的。第二，若要根據我們極『遲緩』而『退步』的世紀之精神上還未成熟的幼稚程度，發見一種終極的絕對眞理、不變的眞理、根本的認識，來造將來可以遵奉的規準，則這一太古時代的終結，定是極巧妙地選擇而來的時幾，因爲和這一時代相對照，而將來不受那種困難和障碍所阻滯的歷史時代，完全期待特別科學的、技術的，社會的效果。其實投於從來歷史發展上的一切侮蔑，都是中在歷史的外表結果上，——也就是中在所謂現實哲學的頭上，——看漏這一點的人，祇是今夏特•瓦格拉（沒有他的才能也可以）那樣的哲學家。

這種根本的新科學之最特徵的部分中的一個，就是關於生活的個別化及價值增進的一節。這裏，神秘的常識，如噴水一般不絕的在三個全章中湧流出來。可惜我們的檢討，只能限於兩三個短短的例證。

『一切的感覺之深刻的本質，也就是一切主觀的生活形態之深刻的本質，都基於狀態的差異……對于完全的（一）生活，直可證明以下的情形：生活感情因而提高，決定的刺激因而發展的，並不是固定的狀態，乃是從這一生活狀態到那一生活狀態的移動。……不變的，停滯于所謂固着沈滯及同一平衡狀態之上的那種狀態，無論牠是什麼狀態，在生存的實驗上沒有十分重大的意義。……習慣和所謂習熟，把人類弄到簡直與死無異的不足輕重的狀態至多不過加上悶倦的痛苦，成爲一種消極的生活刺激而已。在沈滯的生活上，無論個人或民族，都消失對于生存的一切熱情和興味　但是，我們的差別法則，能夠說明此等一切的現象』。

杜林格君用什麼速度從根本上遂到了他的獨特的結論，確推想不到。現實哲學所翻譯的一種常識，就是：同一神經之繼續的刺激，或那種刺激的繼續，使一切神經及神經系統都疲勞，因之在通常狀態上，不能不弄成神經刺激的中絕及更代的事情，（然而這種事情，在近年生理學參考書的每種上都可發見，無論什麼平凡的人，都能用自己的經驗去理解），——這種易於了解的平凡事實，一被所謂一切感覺之深刻的本質，基于狀態的差異那樣神祕的形式所翻譯，牠就變成『我們的差別法則』。果然如是，則這差別法則，便使現象的全系列『完全明瞭』；其實這現象系列，是變化的快適之說明，牠只是一個例證，所以牠自身對于最平凡的俗人之悟性

十一　道德與法律（其三）自由與必然　　一八四

，也用不着說明，在引用這種差別法則的地方，連原子般大的明瞭性牠都得不着。

然而『我們的差別法則』之根本性，不是十分盡于此的，『年齡的次序以及和牠相結合着的生活關係的變化之出現，提供了指示我們的差別法則的切實例證。幼年，少年，青年，壯年，他們隨着年齡的次序而經驗各自的生活感情之強弱，這件事，並不是依據于某處已經固定的狀態，簡直是依據於從這一時代到那一時代的過渡期』。僅此還不充分。『我們的差別法則，只有在我們計慮到那已被經驗或完成了的事物之反復、是沒有具着何種刺戟的這種事實之時，更加廣大地適用』。現在讀者當可想而知這神談的廢話之本身了，因爲具有上述那樣深刻和根本的各節，對此已經提供了一個端緒。然而杜林格君在其大著的終結上，恐怕還要揚揚得意的高叫道：『在生活價值的評價和增進上，無論理論方面或實際方面，差別的法則都成了標準！』。但是，這在杜林格君給他的聽衆一個精神的評價時，也同樣地成爲標準，那時候，他一定相信他的聽衆們，都是純粹的下愚或外行。

我們更進而承教極實際的生活規則。『鼓勵全體對于生活的興趣之手段』（這在外行或想做外行的人們，却是偉大的任務！）』，『就是存于這一點上：順應自然的時準，把全體所由構成的各個所謂基本的興趣，發展起來，或使其互相更替。同樣，就在同一狀態上，那種把低度的容易滿足的刺激，代以比較高度的能夠繼續的刺激，也就是為了避免發生完全無興趣的空隙，而應用的手段。但是，還得注意到：不要任意冗積和加強社會生活的自然過程上，或社會生活的常軌進行過程上所生的緊張，不要滿足于微小的刺激（那正是反對的缺點），因而妨害享樂的欲求之發展。這裏也和其他場所一樣，保持自然的拍子，是整齊的典雅的運動之前提條件。所以，我們不可提出如次的不可解的問題——想把某種境遇的刺戟擴大到自然或一定的關係所規定的期間以上』。這想把那種威風凜凜的鄙俚的——用詭辯來掩飾其陳腐的平凡之誇衒行為的——神話，用作生活歷練之準則的紳士先生，或許沒有完全苦悶於『完全無興趣的空隙中吧！他是要把他的全時間，用在享樂的正則準備和佈置上的，他還有一刻的自由時間作享樂用麼?！我們必須經驗生活，經驗完全的生活。杜林格君禁止我們的只有兩條：第一，『喫煙的不潔』；第二，飲酒和『具有令人發生不快之感或普通妨害雅與的性質』之飲食物。但是，杜林格君在經濟學講義中，又熱烈地讚揚燒酒的釀造，所以他所說的飲酒、不能認爲是燒酒，于是我們得到這一結論：他所禁止的只限于葡萄酒和啤酒。他還禁止食肉，所以又把現實哲學提高到了格斯塔夫●司徒魯伯(1)曾經大成功的同一程度——純粹兒戲的程度。

然而杜林格君現在對于酒精飲料，恐怕稍微寬大些了。誠如他自己的聲明：還不能發見從靜止到運動的橋的人，在某個可憐虫醉酒的結果，以致不能發見從運動到靜止的橋之時，對他當然要沉靜地批評。

十二　辯証法（其一）量與質

『關于存在之論理的根本特質，第一最重要的命題，就是排除矛盾。矛盾是一個範疇，然牠却只是能够存在于思想的結合上，不能存在于現實上的範疇。事物上決無什麼矛盾，換一句話，被作爲現實而設定的矛盾，牠自身便不合理到了極頂。

（1）格斯塔夫·司徒魯伯（Gustav struve 1803—1870） 共和主義中最活動最著名的大煽動者，他宣傳過食菜主義。

……在反對的方向上互相爭逐的力的對抗，猶且是世界及屬于世界的事物之實在上的一切活動的根本形式。但是，要素及個體的力的方向這樣對抗着的事實，牠和不合理的矛盾思想絕不是一致的東西。……這裡，我們可以滿足于以下的事實：現實的矛盾之實際，就是不合理的東西，——由于這種明瞭的肖像，消除了論理學的假定之神祕所常常發生的雲霧，說明了人們丟開叙述對抗的世界圖型論，去信服那種極粗笨地彫刻木人——矛盾的辯證法，竟是徒然無益的阿附』。這簡直是哲學講義中對辯證法所論述的全部。至于批判史上，則和矛盾辯證法一起受着別樣看待的，特別是黑智兒。『據黑智兒的論理學說來，簡直是據他的純理性說來，矛盾決不是存在于性質上只是主觀的或是意識的所能表象的思惟之中，而是客觀的存在于事物及現象的自身之中，可說就是在那中間如實地體現出來的東西。因此，牠的不合理，就不止于是不可能的思想結合而已，還成爲事實上力。不合理的現實性，是黑智兒的論理學及非論理學之統一的第一個信條。……越矛盾越眞實，換一句話，越不合理越可信，這種不一定是新發見而是從啟示神祕說所得到的格言，就是所謂辯證法的原理之赤裸裸的表現』。

這裡引用的兩節之思想的內容，可以概約而爲這一公式：矛盾＝不合理，所以現實界不會有矛盾的存在。這種公式，在有相當常識的人們看來，定和直的不能是曲的，曲的不能是直的一樣，具着明顯的妥適性。然而微分學，儘管是常識的反對，牠却設定直線和曲線在一定的狀態之下爲同一物，並且因此成就了人類的常識——很固執地以爲直線和曲線的同一是矛盾的這種常識——所不能完成的結果。如果想到所謂矛盾辯證法，從古代希臘到今日，在哲學上所盡的重大任務，那就儘管比杜林格君還頑固的反對者，他定會不僅拿一個斷定和幾句侮蔑的言辭來打擊而已，還要找出別種議論來對抗。

不消說，我們把事物作爲靜止的，無生命的東西，各自獨立地兩不相關地觀察時，是碰不着何等矛盾的。我們在這些事物中，發見其一部是大家共通的，一部是不同而且互相矛盾着的某種特質，這時候，特質分配在各別的事物身上，所以牠自身不包含何等矛盾。若以這種觀察領域爲滿足，我們便只要用普通的形而上學的方法就夠了。但是，我們一旦把事物在其運動上，在其變化上，在其生命上，在其相互作用上去觀察，那就完全不同了。這種時候，我們立即陷於矛盾之中。運動的自身，就是一個矛盾，即如簡單的機械移動位置，也只有依據於一種物體在同一時間內，既在這裏同時又在那裏，既是同一場所又不是同一場所的事實，才能完成牠的運動。那種不斷的造成矛盾和同時解決矛盾，正是運動。

所以，我們在這裏看出了那『客觀的存在於事物及現象的自身中，簡直就是在那中間如實地體現出來的』矛盾。杜林格君對於這一點，他怎樣說着呢？他這麼說：直到如今，『在合理的力學上，還沒有嚴密的存在於靜止和運動之間的一道橋』。讀者現在已經知道了杜林格君所愛用的這種語句的背後，藏着的是些什麼了。那終不外於這句話：形而上學的思惟的悟性，絕對不能從靜止的思想達到運動的思想，因為上述的矛盾妨礙了牠的走路之故。在形而上學的思惟看來，運動是矛盾，所以完全不可理解。然而他既是說運動不可理解，所以就是不知不覺地承認了那種矛盾的存在，也就是承認了客觀的存在於事物及現象自身中的矛盾，並且承認了那種矛盾是事實上的力。

既然認定簡單的機械移動位置，其中也含着矛盾，那末，物質的更高度的運動，尤其有機的生命及其發展，更加爲然了。我們已在上面說過，生命的所在之點，第一就是無論什麽時候，牠既是同一物同時又是另一物的一點。因此，生命是存在於事物及現象的自身中，常常造成自己解决自己的矛盾，矛盾一停止，生命就停止，於是死期到來。同樣，我們在思惟的領域，也知道我們如何不能避免矛盾的情形。例如內部無邊際的人類之認識能力，和牠現實的存在於完全爲外部所限制而認識有限的人類之中——這兩者間的矛盾，至少我們知道那是如何被解决於人類實際上的不斷繼承之中，卽是被解决於無限的進步之中。

我們曾經說過，高等數學的主要基礎之一，就是在某種情形之下，直線曲線都能夠是同一物的這種矛盾。高等數學又實現別的矛盾，這個矛盾的表現，就是這一事實：在我們的眼前相交的線，從那個交點起，離開五六生的米突，已可看做平行線，儘管無限的延長，也是决不能相交的兩條線。然而高等數學因着這類的矛盾，以及比這更激烈的矛盾，不僅得到了正確的結果，還得到了初等數學所決得不着的結果。

但是，那怕在初等數學上，也是充滿着矛盾。比如：A的一根不能不是A的一乘，並且確確實實地是 $A^{\frac{1}{2}}=\sqrt{A}$，這就是一個矛盾。又如負數必然是某物的平方——因爲一切負數自乘起來，就發生正數的平方——這也是一個矛盾。因此，負數的一平方根，不單是矛盾，且是不合理的矛盾，眞正無意義的事情。然而 $\sqrt{-1}$ 在許多場所，牠是正確的數學計算上之必然的結果。不僅如是，如其禁止 $\sqrt{-1}$ 的運用，什麽地方還有數學（不說高等初等的話）存在呢？

數學的自身，因爲研究變量而走進了辯證法的領域；尤堪特別記述的，就是辯證法的哲學者笛卡兒，他把這種進步用到數學上來了。變量的數學對於不變量的關係，普通和辯證法的思惟對於形而上學的思惟的關係一樣。這種事實，並不妨礙許多數學者，只在數學的領域內認識辯證法的這件事，也不妨礙這些數學家的中間，還有許許多多的人，把在辯證法的道路上獲得的方法，完全拿從來被拘束了的形而

十二　辯證法(其二)量與質

上學的方法來運用的這件事。

要把杜林格君的力的對抗以及他的對抗的世界鬪型論，更加詳細的論述，這恐怕只在他用簡單空話上的某物，向我們叙述該問題的時候，才有可能。他說出了這種空話以後，無論在世界鬪型論上，在自然哲學上，都未曾使這個對抗實際地作用過一次，這就是杜林格君不能以『世界及存於世界的事物之實在上的一切活動的根本形態』，做出何等積極東西的一個頂好的聲明。不錯！我們若是把黑智兒的『本質論』，降低爲不在矛盾上運動而在相反的方向上運動的力這麽一種平凡的事實，當然就是我們規避一般常識的一切適用之最好方法。

給杜林格君排洩他的反辯證法的憤怒之機會的，就是馬克思的『資本論』。他說：『因爲缺乏自然的及悟性的論理學，於是辯證法的混亂和奇怪的觀念顯著起來……人們在現存的部分上，已經不能不適用以下的原則：在某點上，而且一般的(!)因爲有名的哲學上的偏見，可以在個別中求全體，在全體中求個別。但是，如果依據於這種觀念的誤用和濫用，則結局一切都是一個』。一般所知道的杜林格君那種對於哲學上的偏見之洞見，終使杜林格君在說了：『但是，就人類方面及德國方面說最後二卷內，究竟應該繼續地說些什麽，實在不知道』——這句話，恰恰七行之後，便能確實地豫斷馬克思的經濟的思辨之『終極』是什麽，卽是『資本論』的續卷之內容是什麽。

然而杜林格君的著述，暴露了牠是『矛盾在客觀上存在，簡直如實地體現着』的『事物』，這種情形不自此次爲始。但是，這一事實，决不妨害他像下面那樣揚揚得意地繼續說。他說：『可是健全的論理學，恐怕對於那種戲畫是占勝利的。……自尊自大的主義與辯證法的神秘主義，恐怕不曾迷惑判斷力還稍微健全的人，使他模倣牠的思想和體裁的醜陋……。辯證法的愚蠢之殘滓一消滅，牠的欺騙手段，……恐怕也要失掉詐欺的力，誰也不以爲應該自尋苦惱，想在糾紛的事物之淨化了的核心，縱然不是表示常識，也只表示尋常理論的特徵——這種區處，達到更深刻的智慧。……不瀆犯健全的論理學而再現那（馬克思的）依據純理性說所構成的混亂，是完全不可能的事情』。馬克思的方法，『就在於對自己的信仰者、構成辯證法的怪異之一點上』等語。

馬克思說的經濟上的結論之正確與否，這裏毫無關係，我們只把馬克思所用的辯證法的方法當做問題。但是，下面的事實倒是確實的，『資本論』的大多數讀者，現在叨蒙杜林格君的教言，才了解自己所讀的東西。這些讀者的中間，杜林格君也是其一，記得杜林格君在一八六七年（補遺），第三卷第三册 （Ergänzungsblätter III, Heft 3），還敍述了這書的梗概，說當作某種思想家看，牠是比較合理的東西，還不像今日當做絕對的必要一樣，必須把馬克思的發展，移作杜林格君的發展。當時他雖然犯着一個錯誤，說馬克思的辯證法，和黑智兒的辯證法是同一的東西，却還沒有完全失掉理解的能力，還能理解方法和用方法所得的結果，應該有區別，縱然大家認爲方法不對，却不能特意地排斥結果。

杜林格君的最值得驚異的話，就是說從馬克思的立場看，『結局都是一個』，換一句話，在馬克思看來，資本家、工錢勞動者、封建的、資本主義的、以及社會主義的生產方法，也『都是一個』，甚至馬克思和杜林格君，結局也『都是一個』

。他如何弄成這樣簡單的呆拙，要說明這一點，只有假定：或許是因爲簡單的辯證法這句話，使杜林格君陷於無能力的狀態，而引起觀念的誤用及濫用，結局，遂把自己所說所爲的常做『都是一個』了，除了這樣以外再無方法。

這裏，我們試一研究杜林格君所稱爲『我的大規模的歷史記述』，或稱爲概括的處理方法，這是『計算了種屬及定型，完全不把休姆所喚做愚蠢學者的人，在小論理的(Mikrologich)各個點上去尊敬的概括的處理方法：只有這種更高級更優尙的方法，和完全眞理的利益是一致的，和對於不受組合束縛的公衆之義務是一致的』。對的，大規模的歷史記述，以及計算了種屬和定型的總括方法，在杜林格君看來，實是極便利的事情，因爲他在這種地方，能夠把一切確定的事實，當做小論理的東西去輕視，當做虛無去設定；而且無須乎論證，只要作出普通的文句，自己堅決地主張並一味地嘲罵就夠了。同時，這種方法還有以下的利益：就是不讓對方得着一點頭緒，換一句話，不讓對方有旁的辯駁方法，只好和杜林格君一樣，也大規模而且總括地主張反對，也使用普通的文句，結局，還給杜林格君一頓嘲罵，約言之，就是來一套人人都不愛的惡斷至必返之。所以，我們要感謝杜林格君，他例外地丟開那高級而優尙的態度，從可厭的馬克思之純理性說中，至少舉着兩個例證。

『比如他基於黑智兒的混亂的曖昧觀念，說量變而爲質，因之墊款一旦達到一定的限界，就單因量的增加而成爲資本，試問這種主張是如何滑稽呢？』

我們一看杜林格君所『淨化了』的敍述，就感覺牠無論如何都是滑稽。因此，我們試把原本看看，看馬克思究竟是怎樣說的。馬克思在『資本論』第二版的三一三頁上，從前述的關於不變資本和可變資本及剩餘價值的研究中，抽出如次的結論：『一切任意的貨幣量或價值量，不會變成資本，反之，這一變化的前提，是要各個貨幣所有者或商品所有者的手中，握有一定限度的貨幣或交換價值的』。因此，馬克思以下面的假定來作例證，他假定：某勞動部門的工人，每天爲自己做八小時的工，即是爲生產工錢的價值而勞動，把剩餘的四小時爲資本家作工，即主要的是爲生產那流入資本家荷包中的剩餘價值而勞動。那時候，無論何人，他要每天榨取和一個工人的生活程度相同的剩餘價值，他就非有可以供給兩個工人用的原料、勞動手段和工錢的價值量不行。然而資本家的生產，不是以單純的生計為目的的，其目的在於增加財富，所以這僅有兩個工人的雇主，恐怕還算不得資本家。他如果要過兩倍於普通工人的生活，且把生產出來的剩餘價值之半數，併入資本中去，他就非雇八個工人不行，即是要有上面已經假定過的價值量的四倍。馬克思像那樣敍述之後，又拿許多話來說明並證明這一事實，他說不是一切任意的價值量，在變成資本上都適宜的，可說一切發展期間和一切產業部門，都各有一定的最低限界。這樣解釋之後，才說：『就在這裏，也和在自然科學上一樣，能夠證實黑智兒在論理學上所發見的法則——單純量的變化達到某點時，就變成質的差異的這一法則的正確』。

所以，人們或許要驚歎杜林格君的高級而優尚的手段，因為他靠牠把恰和馬克思所實際說過的話相反的事情，拿來強迫馬克思。馬克思說：某種價值量，雖因情形而不同，然而要在各場所達到一定的最低限度時，才能變成資本，——這一事實是證實黑智兒的法則之正確的一個證據。杜林格君却強迫他，要他說：依據黑智兒的法則，便是量變而爲質，所以說，『因之』，『預墊款』一旦達到一定的限界，就變成了『資本』。這就是馬克思所實際說過的正反對。

『爲了完全的眞理』以及爲了『對於不受組合束縛的公衆之義務』而誤行引用的習慣，我們已在杜林格君處理達爾文問題的論述中知道了。牠逐漸構成現實哲學的內部的必然性，誠然是極『總括的方法』。杜林格君又誣賴馬克思，說他是論述的一切任意的『預墊款』，而事實上，却無疑地馬克思只說過那種變爲原料，勞動手段和工錢的預墊款；同時，便無疑地杜林格君是強迫馬克思說毫無意義的話。然而他有一副厚臉皮，把自己所造成的無意義，當做人家的滑稽。他爲了試驗自己的力量，造出了空中樓閣的達爾文，這裏又造着空中樓閣的馬克思。誠然是『大規模的歷史記述』！

我們已在上述之世界圖型論的處所，知道杜林格君不幸於窮塞時，自己承認而且適用了黑智兒所說之質量關係的結節線，即量的變化，在某點上，突然發生質的變化的事情。我們在那裏，舉了最爲一般人所深知的例證之一，即水的凝集狀態之變化，指出水於普通氣壓下，在攝氏零度上由液體變固體，在攝氏百度上由液體變氣體，因此，在這兩個分歧點上，氣溫之單純的量的變化，是惹起水的質的變化來的。

我們要證明這一法則，從自然和人類社會中，常能舉出無數的那種事實來。例如馬克思的『資本論』中，顯名相對的剩餘價值之生產的第四篇全體，所處理着的，就是指出協業、分業和工場手工業、機械的經營和大工業的領域，有無數的事例，證實了事物之量的變化惹起質的變化，質的變化惹起量的變化，若借杜林格君所極端厭惡的話說，就是量變而爲質，質變而爲量的無數舉例。比如幾個人的協業——即是把許多力弄成一個集合力的融合，借馬克思的話說，就是造成『新的強大力量』來的，那根本和個別力量的總和不同。

加之，馬克思還在那種被杜林格君爲了完全的眞理而弄成正反對的地方，加上註釋如下：『由勞崙(1)及蓋爾哈特(2)開始爲科學的敍述而被近代化學應用了的分子說，不是基於旁的法則的東西』。然而那於杜林格君有什麽關係？他實在相信以

(1)勞崙(Laurent 1807-1835)
(2)蓋爾哈特(Gerhardt)

下的事實：『自然科學的思惟方法之卓越的近代構成要素，在半科學和極膚淺的哲學成爲陋劣學問的掩藏之處，如在馬克思及其對敵者拉莎耳方面一樣，是不存在的』。可是在杜林格君方面，則是『力學、物理學和化學的嚴密知識的主要原則』，構成着基礎，這是我們已經說過了的。但是，我們現在爲了第三者能夠判斷邪正起見，把馬克思的註釋上所舉過的例證，稍稍詳細地考察一下看看。

這裏，是炭素化合物的類似系列作了問題，這問題是人們已經深深知道的情形，牠們各有其所特有的代數學上的組合表式。現在我們假定依照化學上所表現的方法，把一原子量的炭素用C來表示，把一原子量的水素用H來表示，把一原子量的酸素用O來表示，把各化合物中所含的炭素之原子量的數目用n來表示，則此等系列各自的分子式，可以表示如下：

CnH_2n+2——普通的巴拉霏因(Paraffine——蠟燭原料)系列

CnH_2n+2O——最初酒精系列

CnH_2n+O_2——單鹽基性的油酸

我們若把最前的系列拿來作例證，並且依次假定 n=1,n=₂,n=₃，便可得到如次的結果(除開同分異性物)：

CH_2O——蟻酸——沸點1000——融解點10——

$C_2H_4O_2$——醋酸——沸點1180——融解點170——

$C_3H_6O_2$——Propeonsaure——沸點1400——融解點——

$C_4H_8O_2$——酪酸——沸點1620——融解點——

$C_5H_{10}O_2$——Baleriausaure——沸點——1750——融解點——

這樣，遂繼續增加到 $C_{30}H_{60}O_2$ 而成爲麥利精酸Meilsisnanre。這種酸類，要在攝氏一百八十度才能溶解，牠並且沒有沸騰點，因爲到了氣化的時候，便一定分解了。

因此，我們在這裏可以看到量的方面彼此不同的一切個體的全系列，而這個系列，是由原素之單純的量的增加——然而常是同一比例的增加——形成的。這在化合的原素以同一比例使量發生變化的時候，最純粹地表現出來，比如通常的巴拉霏因C_nH_{2n+2}，就是例子。最低的是沼氣CH_4，即是氣體，著名最高的是黑克德康(Hekdehan) $C_{16}H_{34}$，即是無色的結晶之固體，牠在二一度上溶解，在二七八度上才蒸發。在這兩個系列上，新環的產生，都是由於CH_2的添加，即是在前環的分子式上，添加一原子量的炭素和二原子量的水素，而分子式上的那種量的變化，常使質的方面生出不同的個體來。

然而那種系列，不過是特別明白的一個例證，在化學上，簡直到處都能知道：窒素的種種酸化物、燐或硫黄的種種酸素酸的中間，如何『量變而爲質』；又能知道：黑智兒的那種所謂混亂的神祕觀念，如何在事物及現象中具體的表現出來；並且知道：杜林格君以外的人們，都不是混亂，都不是神祕。現在若是假定馬克思是最初喚起留意於這一點的人，而杜林格君是不曾理解他的指示而讀下去的（因爲他如果理解了，便沒有那樣未之前聞的無禮），便不待回顧聲名洋溢之杜林格君的自然哲學，已是充分地明瞭以下的事實了，——究竟誰缺乏『自然科學的思惟方法之顯著的近代要素』，馬克思呢？杜林格君呢？又，究竟誰缺乏『化學的……主要原則』之知識呢？

最後，我們找一個證人——拿破崙，來證明從量到質的變化。拿破崙對于騎術不精而訓練有素的法國兵，和那在兩人互鬥的時候無與匹敵而素乏訓練的馬美克人（Mameluken——埃及騎兵）作戰所得的經驗，像下面那樣寫道：『兩個馬美克人絕對優於三個法國人，百個馬美克人恰和百個法國人相敵，三百法國人，通常要優於三百馬美克人，千個法國人，便往往擊破一千五百個馬美克人』。這正同馬克思說的要交換價值額變成資本，雖因情形而不同，但一定的最低量是必要的一樣，在拿破崙看來，要紀律嚴整和計畫周密的力量有實現的可能，要戰勝擅長騎術，善於作戰，至少是同樣勇敢而無秩序的騎兵的大集團，那就必需一定限度的騎兵隊。然而那對於杜林格君是證實什麼？拿破崙不是在他和歐洲作戰的時候大敗了麼？他不是屢敗麼？那是什麼原故呢？沒有旁的關係，只因他把黑智兒的混亂的神秘觀念，移到騎兵戰術中去了！

十三　辯證法（其二）否定之否定

『這個（關於英國的所謂原始資本蓄積之誕生的）歷史的描寫，在馬克思的著述中，是比較的最優良的文章。他如果不在學問的手段之外，又依賴辯證法的手段，那就更好了。黑智兒的否定之否定，在這種地方，沒有更好更明白的手段，而是從事着產婆的任務，因此，未來遂從過去的胎內生了出來。十六世紀以來在暗示的方法上所完成的個人的所有之止揚，就是第一的否定。接着當是第二的否定來了，這第二的否定，牠有成爲否定之否定的特徵，同時，又是以『個人的所有』之復活爲特徵的，然而這乃是基於土地和勞動工具的共有而來的更高形式的個人所有之復活。這新起的個人的所有，若照馬克思說來，同時又呼做『社會的所有』，那就是黑智兒的更高的統一，在這裏實現出來了，即是實現了矛盾被止揚的統一——用開玩笑的字面說，便是一面克服矛盾一面又保持矛盾的統一。……所以，所謂收奪者的收奪，簡直是物質的外部關係上歷史的現實之自動的產物。……若是有點考慮的人，恐怕不至於信任黑智兒的詐欺——否定之否定也是其一——而相信土地和資本的共有之必然性。……用當作科學基礎的黑智兒辯證法，能夠產生什麼？簡直什麼都不成功——知道這一點的人，看得馬克思的那種兩性同體式(Zwittergestalt)的神祕觀念，是毫不足怪的事情。對於那些不知道這種魔術的人，黑智兒的第一否定，是墮落(Sündenfall——人類對神犯罪)的問答宗教概念(Katechismusbegriff)；他的第二否定，是指引解脫的更高度的統一概念，我們必須明白地注意這件事情。在從宗教領域借來的這種不正確的類推之上，是建立不起事實的論理來的。……馬克思君安居於同時既是個人的又是社會的一切神秘世界，把解釋意義深奧的辯證法之謎的這一工作，交給該項專門家去幹』。以上是杜林格君所說。

因此，就該達到這種結論：馬克思除了靠立足在黑智兒的否定之否定上以外，再不能證明社會革命的必然性，即是土地和勞動所生產的生產要具之共有復活的必然性，他把自己的社會說，建立在從宗教借來的不正確的類推之上，依據這一點，斷定未來的社會，要實現黑智兒所謂的矛盾被止揚的更高度的統一，即同時既是個人的又是社會的那種所有。

我們暫時離開否定之否定，先來研究『同時既是個人的又是社會的那種所有』

看看。這是杜林格君所稱的『神祕世界』，而値得驚奇的事，就是他在這一點上說得倒不錯。然而住在這種神祕世界的，可惜不是馬克思而是杜林格君自己。杜林格君在前述的處所，已於精通黑智兒的『錯亂』方法之下，很輕易地確定了『資本論』的未成各卷的內容應該是什麼，這裏又是一樣，毫不費力地用黑智兒修正了馬克思，把馬克思一句都不曾說過的所有之更高度的統一，拿來誣賴他。

在馬克思方面，這樣說過：『那是否定之否定。那是個人的所有之從新復活，然而那是立足於資本主義時代的成果之基礎上的，即是立足於自由勞動者的協業，以及他們對土地和勞動自身所生產的生產要具之共有上的。立足於各人自己勞動上的一種分散的私有之轉變爲資本主義的所有，比已經立足於社會的生產經營之資本主義的私有轉變爲社會的所有，當然遠爲緩漫，遠爲困難』。這是他所說的全部。換言之，收奪者的收奪所招致的狀態，雖是個人的所有之復活，然而這個復活，其特徵乃是立足於土地及勞動自身所生產的生產要具歸社會的所有的基礎上。如果是理解德語的人看來，那就是指示：社會的所有是說的土地和其他生產要具；個人的所有是說的生產物卽消費物。三歲的小孩子都理解得到的，馬克思在五六頁內，又申述那『用共同的生產要具行勞動，把個人的勞動力意識地當做社會的勞動力支出的自由人的組合』，卽是用社會主義組織起來的組合。且而又說：『組合的全生產物，是社會的生產物，這個生產物的一部，又變成生產要具。那仍是社會的。然而其他的部分，便作爲組合員的生活手段而消費。所以，不能不在他們的中間行分配』。這在黑智兒化了的杜林格君的頭腦看來，也該十分明瞭吧。

同時既是個人的又是社會的那種所有，這個混雜的兩性同體式，在黑智兒的辯證法上所必然產生的不合理，這種神祕世界，馬克思所交給專門家去解決的意義深奧的辯證法之謎，——此等一切，都是杜林格君的任意創造和想像。所謂黑智兒派的馬克思，有指示否定之否定的結果，就是眞確的更高的統一之義務，然而因爲他沒有依照杜林格君的興趣幹這件事，所以杜林格君不能不拿出更高級更優尙的手段，『爲完全的眞理』而把自己製造的產物來誣賴馬克思。那種絲毫都不能正確引用的人，對於處處都正確引用的其他人們之『中國式的博學』，自當大發義憤，他們惟其正確地引用，才『不能很巧妙地掩飾自己對於被引用的著者之思想全部缺乏理解』。杜林格君是正確的。大規模的歷史記述萬歲！

向來我們從這樣的前提出發：以爲杜林格君所固執的誤謬引用，至少也是出於善意，是基於他自身不能理解；即令不然，也是基於大規模的歷史記述所特有、即普通稱爲疎忽的完全靠記憶而引用的習慣來的。然而我們現在却認爲杜林格君，也到達了量變而爲質的地方。爲什麼呢？因爲：第一、那種地方，在馬克思方面，是完全明瞭的，而且該書明明不許誤會的其他處所，已經補充過；第二、杜林格君在上面所引用過的補遺中對『資本論』的批評，以及『批判史』的第一版內，都沒有摘發那種『同時既是個人的又是社會的所有』之怪物，在第二版上，即第三次講義中，才摘發出來；並且，杜林格君在這按照社會主義加以改寫了的第二版上，為了能夠更得意地誇示其所謂——實係他所主張——『我在我的「講義」中，就經濟的和政治的概說了的經濟公社』起見，有強迫馬克思盡可能地對於未來的社會組織說些無意思的話之必要，——此等一切的事實，我們一加考慮，便要達到如次的結論，要承認杜林格君在這種地方，把馬克思的思想，意識地『有効地擴大了』（當然對於杜林格君是有効的）。

然則否定之否定，在馬克思方面，盡了什麽任務？他在七九一頁以下的各頁內，敍着其先五十頁所論的關於所謂原始資本蓄積之經濟的和歷史的研究之結論。在資本主義時代以前，至少在英國，有過建立在勞動者私有着生產要具的基礎之上的小規模經營。所謂原始資本蓄積，就存在於此等直接生產者被收奪，即基於自己勞動的私有之解體的中間。這件事情的可能，其理由乃在於上述的小規模經營，僅能適應於狹小的自然限界內的生產和社會，一旦達到某種高度，就得產生破坏自己本身的手段。這個破坏——這種個人的分散的生產要具之轉變爲社會的集中的生產要具，構成了資本的前史。勞動者一變爲無產者，勞動條件一變爲資本；資本家的生產方法一立脚得住，則勞動之更大的社會化，以及土地和其他生產要具之更大的轉變，因而私有者之更大的收奪，便採取一個新的形式。『現在應該被收奪的，已不是自己經營的勞動者，而是榨取許多勞動者的資本家。這個收奪，是由資本家的生產之內在的法則即資本集中所完成的。每每一個資本家，撲滅許多資本家。於是隨着這一集中，換一句話，隨着少數資本家收奪多數資本家的這一事實，而正在日益變成大規模的勞動行程之協業形態，科學被意識的技術的應用，土地被計畫的共同利用，勞動手段轉變爲只能共同利用的勞動手段，基於一切生產要具被作爲結合的社會的勞動所共同的生產要具去使用而來的節約等事，都發達起來。因爲在轉形過程中把一切利益横奪獨占以去的資本家數，一天一天減少的原故，而窮困，壓迫，奴從，頹廢，榨取的量，就更加擴大。但是，同時，反抗和工人階級的數量，也增加起來，這是因爲資本家的生產方法之機構所訓練、所結合、所組織而日見發展的。於是資本變成那種和牠同時並在其下開花茂盛過的生產方法之桎梏。於是生產要具的集中和勞動的社會化，到達不能和資本家的外殼相容之點。於是資本家的外殼破裂。於是資本家的私有之喪鍾報響。而收奪者遂被收奪』（這段話的引用，對原書略有删減，意義却無變動，請參照德文本『資本論』第一卷七二八頁——譯者）。

那末，我問讀者，到底什麼地方有辯證法的混亂不清和奇怪的觀念？什麼地方有照牠說、結局便一切都是一個的那種觀念之誤用或濫用？什麼地方有辯證法的怪誕？什麼地方有像杜林格君所說的倣效黑智兒純理性說的辯證法之神祕和錯亂（他說如果沒有牠，馬克思便不能實現他自己的發展）？馬克思只不過就歷史方面指示以下的事實，在這裏把牠概括的敍述而已，他所指示的是：小規模經營因爲自己的發展，必然造出破坏自己的條件，卽是造出小私有者被收奪的條件，而資本家的生產方法也和這一樣，造成定要毀滅自己的物質條件。這種過程是歷史的過程。牠如果同時又是辯證法的過程，那對於杜林格君或許是致命的東西，但決不是馬克思的罪過。

馬克思把他的歷史的經濟的論證作完之後，才接着敍述如下：『資本家的生產及占有方法，卽資本家的私有，牠是以自己勞動爲基礎的個人私有之第一否定。資本家的生產之否定、又因自然過程的必然，由自己本身製造出來。那就是否定之否定』……（以下前面引過）。

因此，馬克思把那種行程稱爲否定之否定的用意，他並不是想依據牠來論證那一行程的歷史的必然。恰恰相反，他是對於那一行程的某一部分事實上旣已發生，某一部分便不能不發生的情事，就歷史的論證之後，因而稱牠爲服從一定的辯證法法則所完成的行程的。僅僅是那樣。所以，杜林格君如果一口咬定馬克思的否定之否定，在這裏必然要執行那種從過去的胎中引出未來的產婆任務，或是硬說馬克思想教人們於信任否定之否定上，確信土地及資本的共有（牠自身是杜林格君的顯著矛盾）之必然性，這仍然是杜林格君的虛構。

杜林格君若是認爲辯證法，正如人們在狹義上那樣理解形式論理學和初等數學一樣，只是證明的工具，那就巳經是完全缺乏對於辯證法的認識了。其實就是形式論理學，牠首先也是爲了發見新結果而用的手段，是從巳知到未知的手段，辯證法——但牠是在更廣義上——也是一樣，而且辯證法因爲是超越形式論理學的窄狹限界的，所以含着更廣汎的世界觀之萌芽。在數學方面，也有同樣的關係存在。初等數學，處理不變數的數學，至少大部分是限於形式論理學的範圍內的，而處理變數的數學，——其最重要的部分爲微積分，——本質上，便不外應用辯證法於數學的關係上。這時候，單純的證明，和這種方法之各種各式地應用於新研究領域的事實相比較，完全是處於下位的東西。然而高等數學的一切證明，從微積分的第一證明爲起，就初等數學的立場嚴格地說起來，牠是錯誤的。倘若想和這裏幹的一樣，用形式論理學來證明那在辯證法領域所得到的結果，那就不能不錯誤。對於杜林格君那樣粗糙的形而上學者，想單用辯證法來證明什麼，那和萊布里茨及其門徒對於當時的數學家，想證明微積分的命題一樣，是無益的努力。微積分——我們往後還要說，微分也在否定之否定上演着一個任務——對於那些數學家所惹起的病態，也和否定之否定對於杜林格君一樣。這些數學家們，在那時候還沒有死掉的，都快快地退讓了，他們的退讓，並不是確信了牠，只因牠經常地產生正確的結果之故。據杜林格君自己說，他的年齡才四十歲，我們希望他高壽，到那時他自然也得着同樣的經驗。

然則這可怕的否定之否定，竟使杜林格君的人生那樣不愉快，使他把這件東西所演的任務，看做和基督教方面對於聖靈的罪過一樣，簡直是不可赦免的犯罪，牠究竟是什麼？——這是極簡單的到處日常顯現的行動。如果掀開那掩藏牠的舊唯心主義哲學的黑幕，掀開杜林格君這樣無力的形而上學者以隱藏着為利益的黑幕，那就是小孩子都能理解的東西。試舉麥粒為例。無數的麥粒，都被搗之煮之而食之。若把那種麥粒之一，放在通常的條件之下，卽是撒在適當的土地上，牠便因溫度和濕氣而發生自己的變化，卽是發芽起來。於是麥粒的本身便消滅，便被否定，而從牠產生的植物起來替代牠，就是麥粒的否定。然則這植物的普通生涯怎樣？牠生長，開花，結實而至於再生出麥粒來，然而這麥粒一成熟，同時麥莖就枯死，植物的自身就被否定。這個否定之否定的結果，我們又復得着麥粒，可是所得的不僅一粒而已，實有十倍，二十倍，三十倍之多。麥的種類，是極緩漫地變化的，而今日的麥子殆和百年前的麥子一樣。但是，我們再取易於變形的裝飾植物來看，比如牡丹和蘭草，如果把牠的種子及由種子產生的植物，照栽植者的技術來處理，這個否定之否定的結果，我們便不僅只得到種子，還可得到開美麗之花的質的改良種子，這種過程每反復一次，而新的否定之否定的完美程度就提高一次。——和麥粒一樣，這過程在許多昆蟲如蝴蝶方面也實現出來。牠以卵的否定從卵中產生出來，到性的成熟而轉變，而交尾，於是又被否定，——因爲傳種過程完畢之後，雌蝶產卵無數而死亡。至於其他的動物和植物方面，這過程不是那樣單純地表現的；牠們在死亡之前，不但一次而是多次產生種子、產生卵或兒，這兩件事完全和這裏無關係，我們只證明否定之否定，實際上在動植物界也表現出來，就夠了。還有一層，全部地質學就是否定之否定的系列，就是舊岩層的崩坏與新岩層的結成相銜接的系列，初由原來的流動體之冷却而生的地殼，因大洋，氣象及風化（Atmosphäris=chchemsceh）的作用而破碎，這被破碎了的一些東西，遂冲積到海底。有時海底隆起於海」而之上，這最初冲積的某部分，便再受雨的作用，季節之溫度變化的作用，空氣的酸素和炭素的作用；那從地球內部突破地層奔出來的溶漿而後來冷却了的岩石，也遇著同一的作用。於是幾百萬年間不斷地產生新層，不斷地崩坏大部分，不斷地供作新層的構成材料。然而結果實是積極的，換言之，就是這一事實：把從種種化學的要素混合而成的這塊地，弄成可用機械破碎的狀態，使能繁殖無數的多種多樣的植物。

在數學上也是一樣。我們取代數學上任意的數卽a來看。我們把牠加以否定時，便得到－a（減a），若再把這否定加以否定——用－a來乘－a，便又得到＋a卽原來的正數，然而這却是在更高的階段卽二乘上得到的。我們能夠因正數a的自乘而得到a^2，這件事不是問題。爲什麽呢？因爲否定之否定，確實在a^2的中間存着，牠經常有着兩個自乘根卽a和－a。不能離開這個否定之否定，不能離開含在自乘中的負數的根，這件事在二次方程式上，具着極明顯的意義，——在更高的分析上，卽是杜林格君自己所呼爲數學的最高運用，普通用語名爲微積分的那種『無限的小數之總和上，這個否定之否定，更加表現得明白。假定如在一定的問題上，有兩個可變量X和Y，其中一方，若沒有他方也順應某種情形而在一定的比例上同時變化的事情，牠便不能變化。我把X和Y加以微分，卽是假定X和Y是無限微小的東西，無論如何微小的實量牠都趕不上，因此，在X和Y的上面，簡直除了完全沒有實質基礎的那種相互關係，除了完全沒有量的那種量關係以外，什麽東西都不存在。這時候，X和Y這兩個微分的關係 $\frac{dy}{dx}$ 就是 $\frac{0}{0}$，而 $\frac{0}{0}$ 又被當做表現 $\frac{Y}{X}$ 的東西。這兩個消滅了的量關係，以及確定那種消滅的時刻，都是一個矛盾。然而正和牠在過去二千年來，不曾擾害過一般的數學一樣，並不是擾害我們的東西。那末，我除了否定——不是和形而上學的否定一樣，已經不睬牠，乃是在適應事態的方法上否定——X和Y以外，還做了什麼？我因此得到X和Y的替身，即是牠的否定，即是上述的公式或方程式上的dX和dY。我用這公式再繼續地計算一下：把X和Y，當做現實的量——縱然是某種例外的法則所支配的量——來處理，一旦達到一定的某點，就我把否定加以否定，即是把微分弄成積分，於是得到dx和dx的替身X和Y。此時我不是幹的和從前同樣的事情，乃是解決了一個普通幾何學代數學枉然恨牠的問題。

在歷史上也是一樣。一切文明的民族，都從土地共有起首。在脫離了某程度的原始階段之一切民族，這共有便隨農業之發展而變成生產的桎梏。牠被止揚，被否定，經過或長或短的中間階段而變爲私有。然而在土地私有的自身所招致的農業發展的更高階段上，私有又轉而成了生產的桎梏，——這在今日看起來，無論是大規模的土地私有或小規模的土地私有，事實都如此。同樣，必然要產生一種要求，要否定土地私有，再把牠變爲共有。但是，這個要求，並不是指的原始共有之復活，乃是指的樹立起進化到更高級的共有形態，那不是生產的桎梏，反而是開始突破生產的障礙，使生產能夠充分地利用近化代學上的發見與力學上的發明的。

再舉其他例證說。古代的哲學，是原始的自然的唯物論。牠自身不曾把思惟對物質的關係弄明白。但是，因爲這點有弄明白的必要，遂產生了離開肉體的靈魂說，接着更產生了靈魂不滅的主張，結果使產生了一神教。換言之，古代唯物論爲唯心論所否定了。然而哲學更加發展時，唯心論也到達不能支持的境地，又爲近代的唯物論所否定。這近代唯物論——否定之否定，不是單純古代唯物論的再現，乃是在其殘存的基礎之上，添加着哲學和自然科學的二千年來的發展，並這二千年歷史的自身之全思想內容的，牠已經不是哲學而是單純的世界觀了，牠不是在某種奇僻的科學之科學上被實現被證明，而是在現實的科學上被證明被實現的。就是說，哲學在這裏『被止揚了』，換言之，就是『同時旣被克服又被保持了』，從其形式上說，是被克服了；而從其實際的內容上說，却是被保持了。所以，在杜林格君所認爲單是『戲言』的區處，若更正確地下觀察，便看得出眞實的內容來。

最後，就盧梭的平等說——杜林格君的平等說，只算得貧弱的錯誤的剽竊——來講，若不是黑智兒的否定之否定——固然牠比黑智兒的誕生還早二十年——執行着產婆任務，也恐怕不能成立。牠並不是以那種情形爲可恥的，在其最初的敍述中，還明明白白地誇示着辯證法的產生。在自然及未開的狀態中，人類是平等的。盧梭因爲把言語看做自然狀態的惡化，所以他當然要把一個種屬的動物之平等，在其可能範圍內，適用到最近黑智兒所假設爲亞拉利（Alali）——不知語言的動物——的分類之獸人中去。然而這平等的獸人，具有優於其他動物的特性，即是完成性——自己發展的能力。於是這特性就成了不平等的原因。所以盧梭把不平等的發生，看做一個進步。然而這進步是一個矛盾，牠同時又是退步。『一切此後（從原始狀態脫離出來）的進步，盡是外觀上走向個人的完成而實際上却走向種屬的滅亡之步驟。金屬加工和農業這兩個技術的發明，就是引起這一革命的動力』（原始林森轉變爲耕作地，同時又因私有而引起貧困和隸屬）。『在詩人說起來，金和銀，在哲學者說起來，鐵和穀，一方面開化了人類，同時却破坏了人類的種屬』。文明的一切新進步，同時就是不平等的新進步。隨文明而起的社會，牠自身造出來的制度，變成牠的原來目的之反對。『人民設統治者的用意，是在於保護自己的自由，不是要牠破坏自己的自由，這是不可爭的事實，且是全體國法的根本法則』。然而這些統治者們，必然地變成人民的壓迫者，而這壓迫一旦達到某種程度，則走到了極端的不平等，又變成牠的反對，卽是變成平等的原因。這就是在專制君主之前人人平等，因爲平等已經等於零了。『這裏有不平等的極點，有繞一周而遇着我們當初出發之點的那個終極點。這裏一切的私人都平等，就是因爲他們都沒有平等，臣民在君主的意志以外，沒有什麼法律的原故』。但是，專制君主要在有權力的時候，才是君主，所以，他『一旦被放逐，便不能說行使權力的話。……權力維持了他，權力又推倒他，一切都遵循着正當的自然的道程』。因此，不平等又變成平等，但這却不是變成那種不知語言之原始人往時的自然的平等，乃是變成更高的社會契約的平等。壓迫者反被壓迫，這就是否定之否定。

那末，我們在盧梭方面，不但可以看出他的思想路徑和馬克思的資本論中所述的全相吻合，而且在許多點上，還可完全看出和馬克思所用的同一辯證法的說法。即是看出性質上是對立的，牠自身中含着矛盾的過程之說法，一極變成牠的對極之說法，最後當做全體核心的乃是否定之否定的說法。所以，即令說盧梭在一七五四年，還不會說黑智兒的隱語，然他却在黑智兒出生的二十三年前，已經深深地陷於黑智兒病，矛盾的辯證法，純理性說，神學等中了。那怕杜林格君，他在利用兩個奚凱的人類而把盧梭的平等說膚淺化的時候，也是站在一種定要淅進否定之否定的掌中去的斜坡上。這兩個人的平等之繁榮的狀態，並且又被當做理想狀態敍述着的狀態，在哲學的二七一頁上，被呼做『原始狀態』。然而這原始狀態，據二七九頁說來，必然地爲『掠奪制度』所止揚，即是第一否定。但是，我們現在沾現實哲學的洪福，到了實行廢棄這掠奪制度，而代以杜林格君所發明的建立在平等上的經濟公社的時候了，這就是否定之否定，更高階段上的平等。所以、杜林格君自己徹底犯了所謂否定之否定的重罪，眞是爽快的有益於擴大眼界的把戲呵！

然則否定之否定是什麽？那是極普遍的自然、歷史及思惟之發展的法則，惟其如此，所以是極廣泛的有効而且重要的法則。和我們已經知道的一樣，那是在動植物，地質學，數學，歷史，哲學上實現的法則，那怕杜林格君對牠施行一切的反對和抵抗，也要不知不覺地在自己的獨特方法上去遵從這法則。我固然把牠——例如麥粒的發展過程，呼做否定之否定、而對於麥粒從發芽到結實後莖子枯死的這種特殊的發展過程，却什麽都沒有說。何以？因爲如果不是那樣，那就如同說積分計算也是否定之否定，所以麥莖的生存過程是積分計算，或是社會主義一樣地無意義。然而形而上學者每每攻擊辯證法的，就在這一點。我對於此等過程，說是否定之否定時，是把牠們包括在那樣的一個運動法則之下的。惟其如此、所以不會注視各個特殊過程的特殊性。辯證法，並不是超乎自然、人類社會及思惟的一般運動法則或發展法則的科學之外的東西。

但是，人們也許這樣地爭辯：這裏所指稱的否定，決不是眞正的否定，我把這麥粒搗碎的時候，我也否定了麥粒，我把昆虫踏死的死候，我也否定了昆虫，我把正數a抵銷的時候，我也否定了正數。或者又說：我如果說薔薇不是薔薇，那我就否定了薔薇是薔薇的命題，然而若再把這否定加以否定，說薔薇還是薔薇的時候，究竟生出什麽結果來呢？事實上，這種反對論，是形而上學者對於辯證法的主要的駁論，不過完全表示其思惟的笨拙而已。辯證法上所謂的否定，絕不是單純地說一個否而已，或說某物不存在或任意破坏牠而已的事情。斯賓諾查已經說過：Omnisdetermiuatio est negatio(凡限定都是否定)，即是一切的限制或規定都是否定的話。至於否定的形式，第一是爲過程的一般性質所限定，第二是爲過程的特殊性質所限定的。我不但否定，還要再止揚否定。所以我不能不在第二否定是可能的或作爲可能的上面，提出第一否定。然則怎樣辦呢？要依據各個場所的特殊性質。我把麥粒搗碎，把昆蟲踏死，雖然完成了第一行爲，却使第二行爲不可能。所以，各種事物，在否定的時候，都具有自己的獨特方式，可以否定到產生發展，而各種表象和概念也是一樣。在微積分上的否定，是異於從負根算出正數的自乘之方式的。這件事和其他的事實一樣，要牢記着才行。我僅靠麥莖和微積分都屬於否定之否定的這種簡單知識，既不能有效地種植麥子，也不能從事於微分和積分，這猶如只知道音節變化因弦的長短而定的這種簡單法則，不能立刻就彈四弦提琴一樣。但是，把a輪流地建立輪流地消滅，或對於薔薇輪流地說牠是薔薇又輪流地說牠不是薔薇，像這樣兒戲般的否定之否定，能夠藉牠產生的東西，明明只是採取那種無聊方法的人們之愚蠢罷了。然而形而上學者，在我們要從事於否定之否定的時候，他偏教我們相信那是正確的方法。

所以，說否定之否定是黑智兒所發明，是從宗教領域借來，建立在由墮落（犯罪）到解脫的歷史之上的類推，——用這來玩弄我們的，實在不是旁人而是杜林格君。人類在不知辯證法是什麽以前，已經很久地用辯證法思惟着，猶如沒有散文的語法以前，已經很久地用散文說着話一樣。的確，否定之否定的法則，在自然和歷史中實行着；並且在牠還未被認識以前，已經無意識地在我們頭腦中實行着，不過經黑智兒開始爲明確的組織罷了。如果杜林格君自己也祕密地用這法則，只嫌名稱不合胃口的話，再找一個好名稱是可以的。但是，如果想把這事實從思惟中驅逐出去，那就要先把牠從自然和歷史中驅逐出去，再發見一種$-a \times -a$不是$+a^2$，且用罰刑禁止微分和積分的數學好了。

十四 結論

我們對於哲學方面就這樣結束牠。此外，杜林格君還在該『講義』中敍着未來的想像，我們往後述及他的社會主義之變革時，常有觸到的機會。但是，究竟杜林格君向我們預約了什麼呢？約定了一切種種。那末，他直到現在遂行了什麼呢？完全什麼都沒有遂行。『現實的哲學之要素，卽是以自然及生命的現實爲對象的哲學之要素』，『嚴密科學的世界觀』，『構成一個體系的思想』，其他由杜林格君以誇張的口吻大吹特吹出來的杜林格之功績，任在何時何地，都是純粹的欺騙，這種事實我們已經理解了。所謂『不妨害思想的深刻而建立了存在的根本形態』之世界圖型論，我們理解了那是剽竊自黑智兒的論理學而極膚淺化了的，並且和黑智兒論理學共通着一種迷信．相信這個根本形態或論理的範疇，在牠可以被適用的世界以前和世界之外、有着不可思議的存在。自然哲學給我們一個宇宙創成論，這宇宙創成論的出發點爲『物質的不變狀態』，牠是只有依據那對於物質與運動的關聯之不可救藥的混亂，才能考察的狀態，並且是只有假定惟一的人，世界外之人格的神——牠能夠把這狀態導入於運動——才能考察的狀態。現實哲學在論有機界的時候，牠於攻擊達爾文的生存競爭及自然淘汰說，是『違反人性的獸性』之後，說這兩者是第二次的東西，却又常做自然的行爲之槓桿，悄悄地從後門口拉進去了。而且，牠在生物學領域所表現出的無知程度，簡直從通俗科學的講演普及以後，在有教養的階級之少女中，不照燈籠都找不出來。在道德及法律的領域，和前面幹着黑智兒的膚淺化一樣，幹着盧梭的平庸化，並且關於法律學方面，雖然作了一切反對的證明，却只表明其無知識的程度，在最平凡的舊時普魯士法律家之間，都很少找得出來。『完全不容許單純外觀上的限界』之哲學，牠在法律方面，却滿足於普魯士國法的實施區域所籠罩的現實限界。我們還時時期待這個哲學所約的、用那種極強的變革運動，來我們的面前展開的『外的自然及內的自然之一切天和地』；同時，我們還期待着『終極的絕對眞理』、『絕對的根本性』。自稱其思惟方法，完全『排棄主觀所限制的世界觀』之哲學，牠不但因爲上面已經指摘過的自己極有缺陷的知識，因爲自己之狹隘的形而上學的思惟方法和奇怪的自負，被主觀所限制，還被孩子氣的個人妄想所限制，這種事實我們已經知道了。他如果不把自己對於煙草，貓子，猶太人的憎惡，作爲普遍適用的法則來強迫全體人類（猶太人也包含在內），便不能完成他的現實哲學。他的對旁人的『眞正批判立場』，就是把人家並沒有說過、而是他自己創造的東西拿來誣人家。他的庸俗題目寫成的關於人生價值及人生享樂之最好方法的冗長著作 是哥德對於浮士德的憎怒之類的粗野。至於哥德以不道德的浮士德爲主人公，不以眞實的現實哲學者瓦格拉爲主人公，這確是奇怪事情。——總而言之，現實哲學這東西，其全體若借黑智兒的話說，是『德國的貧弱的啓明哲學之膚淺的人造花』，這種人造花的貧弱和明顯的平凡，不過被冗長的神話之殘屑所遮蔽所混淆而已，這是我們知道了的事實　所以，我們讀完該書之後，不能不完全放棄期待而作以下的聲明：『新的思惟方法』，『根本獨特的結論及見解』，『構成一個體系的思想』，雖然向我們提示了種種新的無意義，終沒有一行可以讓我們學得什麼。簡直和路傍叫賣的商人一樣，大吹大擂地誇他自己的技術和商品，其實祇講些大話以外，什麼東西都沒有，這種一無所有的傢伙，偏大膽地稱費喜丁和謝林格及黑智兒這般人——實在其中最貧弱的都比他偉大——爲牛屁大王。誠然牛是屁大王，但不知到底是誰？

（完）

1930　9　9　付印

1930　12　1　出版

1——2000册

反杜林格論

上册 實價大洋 1.0…

譯者　錢鐵如

出版者　崑崙書店

上海 浙江路益衆地產公司四樓 崑崙書店發行

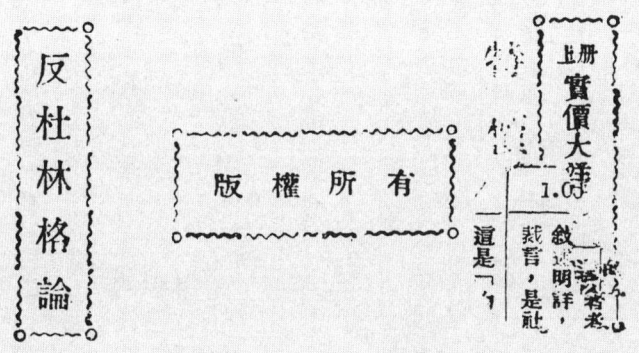

書名	著譯者	版次	實價	說明
反杜林格論 上册	恩格斯著 錢鐵如譯	最新刊	.55	本書是恩格斯和杜林格論戰的產物，在馬克斯主義文獻上的地位和「資本論」同等，這是公認了定評的。牠對於馬克思主義的哲學，經濟學，以及科學的社會主義，提供了豐富的理論材料，眞算得馬克思主義的基礎。在印刷中，上册（哲學篇）近日出版
辯證法與科學 上册	德波林著 熊得山譯	最新刊	.80	這書是最高權威的各研究家各大學教授的總動員的結晶，是馬恩二氏的唯物辯證法的擴大，辯證法的世界觀之最高峯，上册近日出版。
宗教及正義善的觀念之起源	熊得山 張定夫 譯	新刊	.50	神的觀念怎樣起源，怎樣進化？英雄的理想怎樣形成？宗教怎樣崩壞？有產階級信仰宗教的原因在那里？無產階級非宗教的原因在那里？…這部書由馬克思的快婿拉法格把上述的諸疑點都落葉歸根地闡發出來，允爲青年必讀之書。
現代世界觀	李達譯	三版	.80	本書首先研究宗教問題，其次研究各種最重要的世界觀在古代希臘印度和中國是怎樣發展的，再次研究法國的唯物論，再次研究德國古典哲學發展中最重要的階段，最後通過辯證唯物論歷史的大體，中國現代的精神思潮。
辯證法的唯物觀	楊東蓴 張栗原 合譯	版		都八萬言，舉凡哲學上倫理學上幾千年來聚訟紛紜 ，本書均一一爲之消解，確是建立新世界觀新人生 觀，是引導青年到達光明的路標，與本店的現代世 姊妹篇。凡研究社會科學及哲學的人，不可不讀此
新唯物論的認識論	楊東蓴譯		.50	世界觀與人生觀不能確立，便是因爲沒有正確的了解認識論。本書根據辯證法的唯物論，以批判理性而得到認識論之正確的解決，其次從形而上學的唯物論以進到辯證法的唯心論，從辯證法的唯心論以進到辯證法的唯物論。

馬克思恩格斯的意特沃羅基觀

余思齊譯　最新刊　•0

這書雖僅三萬餘言，却把馬克思•恩格斯的意特沃羅基觀，闡發無遺，要研究社會意識學者，不可不讀此書。

現代社會學

李達著　十二版　1.00

[illegible]著者担任湖南大學時所編著之教本，都十六萬言，敘述明詳，理論透闢，就學說言，是革命的社會學，就體裁言，是社會學的革命。誠研究斯學者最良之讀本也。

社會科學概論

李達　錢鐵如譯　五版　.60

這是「物觀」的社會科學概論，是嶄新的社會科學體系，是惟一的好教本。要目：(一)社會科學是什麼？(二)唯物辯證法，(三)唯物史觀，(四)社會構成的分析(其一)，(五)社會構成的分析(其二)，(六)社會發達的過程。

古代社會

楊東蓴　張栗原譯　3.00

本書是社科學上劃期的著作，本書出版後，對於社會科學研究上，給了重大的影響，廓清了歷史上許多陳腐的見解。恩格斯所著家族私有財產及國家之起源，便是根據本書而得到的結論。凡研究社會科學者想必先睹為快也。

社會進化史

王子雲編譯　新刊　•80

要知道社會有過怎樣的變動，正在怎樣變動，牠向前進的動力是什麼？此外，為什麼一部份人想維持現狀，其他的人一定要推翻現狀，他們的關係是怎樣構成？——等等事實，讀了這部書，包你有個明快的回答。採作教本，尤為適宜。

社會思想解說

熊得山著　三版　.50

關於社會思想這類的書，坊間出版的不能說不多，然求其像本書以客觀的見地，把社會思想系統的，透徹的，簡潔的，敘述出來的實不多得。要知道社會思想的背景並其類別的人，讀了這本書，對於社會思想一定有一個明確的觀念。

世界社會史

施復亮譯　再版　.55

本書站在唯物史觀的立場，敘述整個世界社會的發展，與普通的所謂東洋史西洋史截然不同。內分緒論，古代社會史，中世社會；近代社會史四大章，把人類歷史的發展，源源本本地告訴我們，中學以上採作教本，尤為適宜。

社會主義與進化論	張定夫譯		.20	進化論是主張生存競爭的，社會主義是要廢止生存競爭的，這豈不是兩個極端對立的東西嗎？不！「實在這兩種學說，可說是出於同一的根本原理，可以相合而為一個單位」。這書就是把這兩者間的共通之點，極細密的闡明出來的作品。
資本論 第一卷第一分册	陳啓修譯		平裝 1.50 精裝 2.00	人們都知道：『資本論』是『暴露資本主義社會的經濟運動法則』的一部著作，差不多世界各國都有譯本，當然用不着我們「掛一漏萬」的介紹了。本店為適應中國社會的需要起見，特商請陳啓修先生譯成中文，以餉讀者。
資本論解說	李雲		甲 1.40 乙 1.00	「資本論」是民衆必須讀的書，同時又是民衆難讀的書。波哈特所編的這部通俗資本論，是三卷「資本論」的縮和簡明本，由淺入深，由易入難，循次讀去，決不會有難懂的事。這書不僅一般民衆能夠讀，而且專門的學者也要讀。
馬克斯主義經濟學基礎理論	李達等譯	再版	精裝 3.00 平裝 2.50	本書上篇是馬克思主義之哲學的基礎，由唯物論，辯證法，唯物史觀三章組成，下篇是馬克思主義經濟學的出發點，由商品和交換過程兩章組成，確是馬克思學說的入門書。
唯物史觀經濟史	盧[illegible]山施復亮錢鐵如譯	再版	3.00	是書著者山均，石濱知行，河野密為日本新經濟學者大權威，這是人人都知道的。內容計分三篇：一、為資本主義以前經濟史，二、為資本主義經濟史，三、社會主義經濟之發展，共計五十二萬言，是經濟史的唯一好書。
物觀經濟學史	熊得山譯		1.00	是書為辯證法的經濟學史，透說闡[illegible]，如原書所說：「讀了這部書，不僅不為亞丹斯密[illegible]的[illegible]靜的人口論所眩惑，且能了解[illegible]。」[illegible]世有這樣的主張，尤為研究經濟學史者必讀之書。
社會主義經濟學史	寧敦武譯		.40	是書與物觀經濟學史為姊妹篇。物觀經濟學史是理解資本主義經濟學史的一個關鍵，社會主義經濟學史是對於資本主義的發生與發展，沒落期中的各種社會主義的經濟學說之辯證的法觀察。確是研究社會主義經濟學史的必讀之書。

新經濟學之任務

錢鐵如譯

.30

這是河上肇博士對於馬克思主義批判者的批判，也就是博士近著之一「馬克思主義經濟學」及「經濟學大綱」的精萃，讀了這本書，再去讀博士的經濟學近著，包你迎刃而解：讀過博士經濟學近著的人，再讀這本書，更可加深自己的心得。

世界農業史

董之學譯編

最新刊

.60

這書源源本本地把土地共有怎樣變成私有，粗放的農耕怎樣變成集約的農耕，小土地所有怎樣變成大土地所有，現在資本主義的農業怎樣變成社會主義的農業，這些事實，毫無遺憾地敘述出來，是農業史方面的最好教本和參考書。

農業問題之理論

李達譯

.65

農業問題是中國革命的中心問題，在闡明農業問題決定解決的方案以前，必須獲得農業問題的理論，這書中凡屬馬克思派關於農業問題的理論及其實際的應用，都有系統的研究，確是研究農業理論的一本最好的書。

政治科學大綱

鄧初民著

三版

1.40

本書是根據新哲學的立場，從經濟背景的深處，探尋政治現象的因果關係的法則。構造的嚴密，組織的完整，在目前的確是一部很好的政治學教本。

帝國主義沒落期之經濟

甯敦武譯

再版

.65

是書以精確統計為基礎，而敘述所謂第三時期的經濟狀況，如最新式的勞力最大式的瀕於空的交通，最高式的產業組織。可是由其必然的結論，而所謂穩定的，竟是建立於一觸即發的爆彈上。要知道這個爆彈[illegible]即發？請讀此書！

世界之現狀

楊東蓴編

三版

.35

這本書把世界各國最近的狀況，說得非常透徹，先說世界一般的經濟狀況，次說德，意，日，美，各國最近的政治經濟情形，末了再總括起來，說到目前國際外交與各國的對立的尖銳化。敘述簡要明瞭，可說是研究國際近來最好的書。

國際帝國主義史論

馬哲民編

1.30

用科學的眼光，清醒的編制，精確的論斷，流暢的文筆來解釋帝國主義的經濟文化等發達過程及其性質，而於最近國際間對立情勢的說明尤為透闢，確實是研究帝國主義和最近國際形勢的一本最好的書。

第二次世界大戰問題
楊東蓴編
再版
.38
這本書根據世界各國間經濟的狀況，說明牠們中間因經濟的衝突而引起的政治對立，論定第二次世界大戰是帝國主義列強利害衝突的不可調和的必然結果。凡是留心國際情勢的人，不可不讀。

中國社會史研究
熊得山著
四版
.65
現代中國社會，不是被外人稱為一個「謎」的麼？中國社會史料，不也是像在「沙裏淘金」的麼？本書著者，以嚴密的科學的態度，整理中國社會史料，並歸納到現代社會，真是解釋那一個「謎」的一把好鑰匙，是教員學生最好的參考書。

中國產業革命概觀
李達編
三版
.60
要知現代中國的社會究竟是怎樣的社會，只有從經濟裏去探求。現代中國的社會，已經踏入了產業革命的過程，一切政治和社會的變動，都是隨着產業革命進行的。這冊書把中國的產業革命說得非常透澈，有志改造中國的人們，都非買一冊看看不可。

日帝國主義與東三省
許興凱著
1.80
第二次世界大戰的呼聲雖是發自於國際間，然其發生的對象，却不在天之南，地之北，恰在我們的中國，尤其在近來饒有新大陸名稱的中國東北角上「東三省」，牠是歐洲的巴爾幹，是第二次世界大戰的導火線。欲知底細，請閱本店出版的日帝國主義與東三省。

世界文學大綱
木村毅著 朱應會譯
再版
.60
本書所論，是世界各國文學的淵源，變遷，及現狀，包含著東西，上自太古下迄現代，並述及將來的傾向。全書九萬餘字，敘述簡要詳明，辭約而旨豐，確是現代名著之一，可作中學和師範的文學教本。

世界文化史綱
盛爾斯著 朱應會譯
1.40
威爾斯的這部書，脫掉了舊史家的窠臼而注重於各時代的經濟要素，把各時代的社會生活狀況，以及進化的形跡，都描寫得有系統，有條理，供給我們探究社會進化歷程的人們一些事實材料，可算是好的歷史書。已有學校採作教本。

總發行所 上海浙江路益衆地產公司四樓 崑崙書店

后记

“马克思主义经典文献传播通考”丛书经过三年多的立项、写作、编辑，终于呈现在广大读者面前。

“十月革命一声炮响，给我们送来了马克思列宁主义。”从此，以李大钊为代表的中国先进分子选择了这一思想并积极推动马克思主义政党的建立。中国共产党成立后，坚定地把马克思主义作为指导思想和理论基础，推动着中国革命、建设和改革事业不断胜利，推动着中华民族复兴伟业不断前行。2018年是马克思诞辰200周年，2020年是《共产党宣言》第一个完整中译本出版100周年，2021年是中国共产党成立100周年。在这样的背景下，我们推出了“马克思主义经典文献传播通考”，就是要探寻马克思主义经典文献是如何传入中国的；在传播过程中，无数前辈付出了怎样的努力和牺牲；这些经典思想又怎样与中国实际相结合、与中国文化相融合，从而成为指导中国革命和建设的强大思想力量。

辽宁出版集团和辽宁人民出版社秉承出版理想，担当出版使命，以强烈的主题出版意识，承担了这一重大出版工程的编辑出版工作；积极组建工作团队，配备优秀编辑力量，为此项出版工程的顺利推进提供了多维度保障。

在出版项目实施过程中，杨金海、李惠斌、艾四林三位主编以高度的责任意识、严谨的治学态度、扎实的学术功底和深厚的专业素养，为丛书的研究方向、学术内容、逻辑结构、作者选择、书稿质量把关等贡献了大量的智慧，是这套丛书得以顺利出版的根本保证。王宪明、李成旺、姜海波三位副主编全力配合丛书主编工作，为丛书的编写付出了大量心血。特别是常务副主编姜海波全身心投入丛书的编写工作，从丛书所附影印底本资料的搜集，到书稿编写的整体协调和联络，都精心负责，其认真的工作精神和勤奋的工作态度，令我们感动。原中央编译局的领导和研究人员为本丛书的出版作出了积极贡献。原副局长张卫峰在选题立项、主编人选的推荐和丛书的设计上给予热心指导；中央编译出版社原社长和龑先生和我们一起全力推动丛书的出版，贡献了智慧和力量。清华大学马克思主义学院作为项目的主持方，为项目的平台建设和未来学术发展提供了强有力的支持。每本书的作者都殚精竭虑、勤奋写作，奉献了自己的学术和研究成果，成就了如此大规模丛书的出版。我国理论界和翻译界的著名专家陈先达教授、赵家祥教授、宋书声译审等对丛书的出版给予鼎力支持，为丛书的出版立项积极推荐，给我们以巨大鼓舞。我们出版行业的老领导柳斌杰对丛书的出版给予大力支持，提出许多宝贵建议，提升了其出版价值。辽宁出版集团专家委员会的许多成员对该丛书的出版给予了智力和业务上的支持帮助。作为丛书的出版方，我们向他们表示深深的谢意！

一项浩大出版工程的背后，必定有一批人的智慧付出和竭诚奉献。今天，当出版成果摆在读者面前之时，我们由衷地向每一位对本丛书问世作出贡献的人致以崇高的敬意和诚挚的谢意。由于我们水平有限，在编辑出版过程中难免出现疏漏，还望广大读者批评指正。

编　者

2019年7月